高等院校网络教育系列教材

刑事诉讼法

（第二版）

周登谅 编著

華東理工大學出版社
EAST CHINA UNIVERSITY OF SCIENCE AND TECHNOLOGY PRESS
·上海·

图书在版编目(CIP)数据

刑事诉讼法/周登谅编著.—2版.—上海：华东理工大学出版社，2021.2

高等院校网络教育系列教材

ISBN 978-7-5628-6426-4

Ⅰ.①刑… Ⅱ.①周… Ⅲ.①刑事诉讼法—中国—高等学校—教材 Ⅳ.①D925.2

中国版本图书馆CIP数据核字(2021)第004322号

项目统筹 / 左金萍

责任编辑 / 左金萍

装帧设计 / 戚亮轩

出版发行 / 华东理工大学出版社有限公司

地址：上海市梅陇路130号，200237

电话：021-64250306

网址：www.ecustpress.cn

邮箱：zongbianban@ecustpress.cn

印　　刷 / 广东虎彩云印刷有限公司

开　　本 / 787 mm×1092 mm　1/16

印　　张 / 16.5

字　　数 / 412千字

版　　次 / 2014年3月第1版

2021年2月第2版

印　　次 / 2021年2月第1次

定　　价 / 58.00元

第二版前言

刑事诉讼法学是一门理论性和实践性都很强的课程，也是法学体系中一个十分重要的分支学科。

自2007年以来，我有幸担任华东理工大学网络教育学院“刑事诉讼法”这一课程的主讲教师。在教学过程中，我发现网络教学与传统的课堂教学有着较大的差别，同时网络教育学院的学生也有其自身的特点。在教材选用上，目前国内刑事诉讼法学普通高等教育教材的优点在于体系性强，注重基础理论的阐述，对于诉讼程序的介绍也非常详尽；但其问题在于，体例、结构甚至观点千篇一律，可读性较差，学生在自主学习时往往难以抓住重点。而网络教学中，除了主讲教师在授课、辅导、答疑等环节中应积极认真外，一本适合成人自主学习的教材也非常重要，它可以成为连接课堂教学与自主学习的一座桥梁。

鉴于此，我结合近年来网络教学的心得和经验，整合了刑事诉讼法学体系中最基础、最重要的理论和程序，撰写了本课程的教材，所依据的法律主要是2012年修正的《中华人民共和国刑事诉讼法》及相关的司法解释。2018年10月26日，第十三届全国人民代表大会常务委员会第六次会议审议通过了《中华人民共和国刑事诉讼法》修正案。本次修正案对《中华人民共和国刑事诉讼法》作了大幅的调整，增加了新的诉讼程序和制度（如刑事速裁程序、认罪认罚从宽制度、值班律师制度、缺席审判制度等），部分原有概念、制度也发生了变化（如侦查的概念、人民检察院自侦案件的范围、人民法院审理刑事案件时合议庭的组成规则等），大量法条的内容也随之做了调整。因而，《刑事诉讼法》第一版教材的相关内容已经严重滞后，不能满足本课程的教学需要，故对教材的修订十分必要。

本次修订保留了原教材的编写体例，增加了《中华人民共和国刑事诉讼法》中新增的制度和程序，修订了发生变化的概念、法条和制度的内容，并对部分章节进行了整合，从而确保本教材能够与时俱进，既吸收最新立法成果，也能呈现我国刑事司法改革的动态与走向。本教材有如下几个特点。① 以最新立法和有关司法解释为根据，注重基础知识的介绍和分析。

考虑到成人学习的特点,一般只介绍理论界的通说,而不涉及比较复杂的学术争论。② 注重司法实践中经典案例的介绍与分析,除了基础理论知识的介绍外,在每一章中都有案例研讨环节,从而将理论与实践有机地结合起来。③ 编写体例较为新颖,一个完整的章节一般包括学习目标、案例研讨、引言、正文、案例解析、本章小结以及思考题。④ 全书对于相关内容的介绍力求简洁明了,必要时以图表的形式整合知识点,极大地方便了学生进行阅读和思考。

本教材主要适用于通过网络进行法学本科、专科学习的人员,也可作为其他类型成人教育中教学、自学的参考教材。由于编者水平有限,教材中难免出现疏漏和不足,敬请读者不吝赐教,批评指正。

周登谅

2020 年 7 月于华东理工大学

目录

/CONTENTS/

第一章　刑事诉讼法学概述

学习目标

通过本章的学习，你可以……

- ◆ 掌握刑事诉讼的概念、特点
- ◆ 了解刑事诉讼法的渊源
- ◆ 了解刑事诉讼法学的研究对象和学习方法
- ◆ 掌握刑事诉讼法理念的主要内容
- ◆ 掌握刑事诉讼法的制定目的和任务
- ◆ 掌握刑事诉讼主体、客体、职能等基本理论范畴

案例研讨

汪某与胡某是男女朋友。一天晚上,两人在河边散步,行至一座桥上时,因琐事发生争吵。胡某一气之下打了汪某一记耳光,汪某也不示弱,用力推了一下胡某,胡某没有站稳便掉进了河里。两人都不会游泳,胡某在水中挣扎时,汪某试图找绳子去救人,但未找到,后又四处找人去救胡某。等有人赶到河边时,胡某已经淹死。事发后,胡某父母痛不欲生,欲将汪某告上法庭。但汪某家人数次求情,汪某本人也表示今后将像亲生儿子一般对待两位老人。后两家签署了一份协议书:汪家拿出 10 万元赔偿金作为补偿,同时汪某与胡某父母签订了一份赡养协议;对于胡某的死亡,对外宣称是意外,与汪某无关。数日后,有人到公安局报案,称当晚在河边亲眼看到是汪某将胡某推进河里。公安机关随即展开了调查。汪某见无法隐瞒事实后,只得承认是自己将胡某推进河里。但他辩称:第一,案发时,自己曾经设法去救胡某;第二,自己与胡某父母已达成协议,愿意赡养对方,故认为公安机关不应追究他的刑事责任。

问题:本案中汪胡两家的协议书是否有效?司法机关是否有权处理本案?

引 言

刑事诉讼法学是法学的重要组成部分。通过对刑事诉讼法学的学习和研究，可以帮助我们掌握刑事诉讼的一般原理和流程，有助于我们认识实体正义和程序正义的内涵、价值，同时也有助于我们理解如何保障刑事司法的正当性。

第一节 刑事诉讼和刑事诉讼法

一、刑事诉讼的概念

"诉讼"一词是由"诉"和"讼"两字组成的。"诉"，在字形上，从言、从斥，指以言词斥责为诉。其字与"告"相通，有告发、控告的意思。不过，在我国古代典籍中，一般不用"诉"字来表达"控告"的含义，而多使用"告"这一术语。如《秦简》中有"公室告""非公室告""告不审""告不听""诬告"等。"讼"，在字形上，从言，从公，指言之于公为讼。《周易·讼卦》注释道："讼，争也，言之于公也。""讼"，其基本含义是"争辩"，即将争议或纠纷提交官府，在官吏面前争辩是非曲直。值得指出的是，在我国古代法律典籍中，"讼"的内容一般指民事纠纷，而刑事纠纷则多以"狱"字表达。例如，《周礼·秋官·大司寇》中有"以两造禁民讼""以两剂禁民狱"。经学大师郑玄曾注："争罪曰狱，争财曰讼。"因此，"诉讼"一词，从词义上讲，指当事人将特定争议提交至官府，并在官员面前进行争辩以求得解决的过程。至于"诉讼"一词入律文，则始于元朝。元英宗至治三年(公元1323年)编成的《大元通制》中，第十三篇以"诉讼"命名，规定了有关案件的告诉和审判事宜。其后，明清刑律中也有"诉讼"的规定。

在西方，诉讼法中的诉讼，英语为"Procedure"，其含义为"进行、过程、手续、方法"等，我国学者则意译为"程序"。诉讼有狭义和广义之分。狭义的诉讼，是指专门机关在原告、被告双方当事人的参加下，依一定的程序处理案件的活动。然而，诉讼活动不仅包括专门机关及原告、被告双方，也需要证人、代理人、辩护人、鉴定人、翻译人员等人员的参与。实际上，作证、代理、辩护、鉴定、翻译等行为对于案件的正确处理往往具有重要的辅助作用。因而，需要对诉讼做广义的理解，即专门机关在当事人及其他诉讼参与人的参加下，依照一定程序处理案件的活动。现代诉讼根据所要解决的案件性质的不同，可以划分为刑事诉讼、民事诉讼和行政诉讼。

就刑事诉讼而言，它所要解决的中心问题，就是犯罪嫌疑人、被告人的刑事责任问题。刑事诉讼的所有活动，可以说都是围绕这一中心问题而展开的。这一活动具有下列特征。

(1) 刑事诉讼是专门机关行使和实现国家刑罚权的活动。刑事诉讼不同于其他诉讼的关键之处，就在于可以解决犯罪嫌疑人、被告人的刑事责任问题，这既是法律赋予专门机关的权力，也是专门机关应履行的职责。其他的机关、团体、组织或个人均无此权。专门机关根据法律赋予的职权，办理刑事案件和执行刑事裁决，即对刑事案件进行侦查、起诉、审判和执行等活动，这构成了刑事诉讼的主要内容。

(2) 刑事诉讼是专门机关的活动与诉讼参与人的活动的有机结合。从刑事诉讼的开始到终结,专门机关都居于主导地位,但这并不意味着刑事诉讼仅仅是专门机关的活动。如果没有诉讼参与人,尤其是当事人的参加,刑事诉讼活动也就失去了目的和意义。因此,当事人和其他诉讼参与人的活动,同样是刑事诉讼的重要内容。

(3) 刑事诉讼是严格依照法定程序进行的活动。在刑事诉讼过程中,专门机关和诉讼参与人,都必须根据刑事诉讼的程序、规则来实施诉讼行为,如果违反了刑事诉讼活动的客观规律,不依法办案,就可能会造成错案或引起其他法律后果,轻则关系到公民的权利、利益的损害,重则涉及国家的稳定与安危。

(4) 刑事诉讼往往带有一定的强制性。在刑事案件处理过程中,专门机关针对特定的人员,特别是犯罪嫌疑人、被告人,往往会采取一些强制性的措施,以确保案件审理的进行。同时,刑事诉讼的结果往往也会造成被告人自由、财产甚至生命被剥夺,即通过刑罚的实施来达到惩罚犯罪和恢复社会关系的目标。

基于上述分析,我国的刑事诉讼可以这样描述:公安机关、人民检察院、人民法院在当事人和其他诉讼参与人的参加下,依照法律规定的程序,通过理性的争辩与说服,解决被追诉者刑事责任问题的活动。

刑事诉讼同样有狭义和广义两种表现形式。狭义的刑事诉讼,一般仅指审判期间的诉讼活动。侦查与起诉都只是审判前的准备程序,执行则是审判的必然延伸。广义的刑事诉讼,则将侦查、起诉、审判、执行等程序都看作诉讼的组成部分。实际上,当今世界上大多数国家,都是从广义上来规定刑事诉讼程序的。

二、刑事诉讼法的概念与渊源

(一) 刑事诉讼法的概念

刑事诉讼法是国家制定或认可的,有关专门机关和诉讼参与人进行刑事诉讼活动的法律规范的总称。它是专门机关办理刑事案件的主要依据,也是当事人及其他诉讼参与人在刑事诉讼活动中享受权利和履行义务的法律依据。

在刑事诉讼理论上,刑事诉讼法的概念有狭义和广义之分。狭义的刑事诉讼法是单指一部统一的成文的刑事诉讼法典。我国现行的刑事诉讼法典,是在 1979 年 7 月 1 日由第五届全国人民代表大会第二次会议通过的《中华人民共和国刑事诉讼法》(以下简称《刑事诉讼法》),而后在 1996 年 3 月 17 日由第八届全国人民代表大会第四次会议进行了第一次修正,在 2012 年 3 月 14 日由第十一届全国人民代表大会第五次会议进行了第二次修正,在 2018 年 10 月 26 日由第十三届全国人民代表大会常务委员会第六次会议进行了第三次修正。广义的刑事诉讼法,是指有关刑事诉讼程序的全部法律规范。它既包括狭义的刑事诉讼法,也包括国家有关机关指定的一切法律、法规、条例、规定和司法解释中有关刑事诉讼程序的规范。

(二) 刑事诉讼法的渊源

刑事诉讼法的渊源,也称刑事诉讼法的来源,即刑事诉讼法是由何种国家机关创制,并表现为何种法律文件。就我国刑事诉讼法的渊源而言,具体表现为以下方面。

(1) 宪法。宪法是国家的根本大法,规定了我国的社会制度、经济制度、政治制度、国家机构及其活动原则、公民的基本权利和义务,具有最高的法律效力,也是制定一切法律的根据。《刑事诉讼法》第一条明确指出:"根据宪法,制定本法。"

(2) 全国人民代表大会(以下简称"全国人大")及其常务委员会制定的法律。如《中华人民共和国刑事诉讼法》《中华人民共和国监察法》《中华人民共和国人民法院组织法》《中华人民共和国人民检察院组织法》《中华人民共和国律师法》《中华人民共和国国家赔偿法》《中华人民共和国监狱法》等。

(3) 全国人民代表大会常务委员会(以下简称"全国人大常委会")制定的条例、决定和补充规定。如 2004 年 8 月 28 日通过的《全国人民代表大会常务委员会关于完善人民陪审员制度的决定》、2005 年 2 月 28 日通过的《全国人民代表大会常务委员会关于司法鉴定管理问题的决定》等。

(4) 全国人民代表大会及其常务委员会所作的立法解释。如 2012 年 12 月 26 日公布的《最高人民法院、最高人民检察院、公安部、司法部、全国人大常委会法制工作委员会关于实施刑事诉讼法若干问题的规定》(以下简称《六机关规定》)。

(5) 我国最高司法机关就刑事诉讼法的实施所作的司法解释。如最高人民法院 2012 年 11 月 5 日公布的《最高人民法院关于适用〈中华人民共和国刑事诉讼法〉的解释》(以下简称《最高法院解释》),最高人民检察院 2019 年 12 月 2 日公布的《人民检察院刑事诉讼规则》。

(6) 国务院及其主管部门根据宪法和法律依照职权颁布的行政法规、决定和命令、规章中的有关规定及所作的解释。如公安部 2012 年 12 月 13 日公布的《公安机关办理刑事案件程序规定》(以下简称《公安部规定》)。

(7) 有关国际条约。国际条约是国际法的主要渊源,本不属于我国国内法的范畴,但我国缔结或加入的国际条约是经过全国人大常委会批准的,体现了我国的国家意志,故也属于我国国内法渊源之一,具有法律约束力。根据《维也纳条约法公约》第 27 条"当事国不得援引其国内法规定为理由而不履行条约"这一国际惯例,以及《中华人民共和国民法通则》《中华人民共和国民事诉讼法》的有关规定,当国际法与国内法发生冲突时,应当遵循国际法优于国内法的原则,适用国际条约。我国加入的国际条约与《刑事诉讼法》直接有关的主要包括《禁止酷刑和其他残忍、不人道或有辱人格的待遇或处罚公约》《联合国少年司法最低限度标准规则》《联合国反腐败公约》,以及我国政府已签署、尚待批准的《公民权利和政治权利国际公约》。

第二节　刑事诉讼法学的研究对象和学习方法

一、刑事诉讼法学的研究对象

作为一门独立的部门法学,刑事诉讼法学的研究对象具体可以概括为以下四个方面。

(1) 刑事诉讼的基本理论。刑事诉讼法学界对刑事诉讼现象的本质、规律的揭示,对刑事诉讼法的准确含义及价值取向的认识,关于刑事诉讼的结构模式、基本原则与制度、诉讼程序等重要理论,是关于刑事诉讼由感性认识上升到理性认识的结晶和成果。刑事诉讼法学的发展,既要以刑事诉讼立法和司法实践为基础,也要重视刑事诉讼基本理论的研究和探索。

(2) 刑事诉讼的法律规范。我国现行的《刑事诉讼法》是1979年7月颁布的,并于1996年、2012年、2018年分别进行了三次修正。相关法律规范还包括由全国人民代表大会及其常务委员会通过的其他法律,以及关于修改、补充法律的决定中有关刑事诉讼程序的规定和解释,如《中华人民共和国人民法院组织法》《中华人民共和国人民检察院组织法》《中华人民共和国律师法》等法律中有关刑事诉讼程序的规定等。

(3) 我国刑事诉讼的实践。刑事诉讼法学是一门实践性极强的应用型学科,因此刑事诉讼法学不但要研究刑事诉讼的基本理论和法律规范,而且应对其适应和实施情况进行研究,从中总结经验、发现问题。这有利于加深对刑事诉讼法律的理解,检验刑事诉讼立法是否符合刑事诉讼活动的规律和实际需求。

(4) 外国刑事诉讼的立法和司法实践。通过研究外国刑事诉讼的立法和司法实践,比较中外在刑事诉讼立法和司法实践中的差异,可以帮助我们找出自身的问题;通过借鉴外国刑事诉讼的立法和司法实践的成功经验,有助于促进我国刑事诉讼立法的完善和司法实践的发展。

二、刑事诉讼法学的学习方法

(1) 理解基本概念,掌握基本理论。学习刑事诉讼法首先应理解基本概念和基本理论,可以采用比较分析、综合归纳等方法,系统、准确地掌握相关的知识点。通过对基本概念和基本理论的学习,可以帮助我们从宏观上把握刑事诉讼法学的体系,进而学会运用刑事诉讼的基本原理分析司法实务中存在的各种问题。

(2) 理论联系实际。理论是抽象化的实践,往往不易理解,因此在学习的过程中应当将理论与实践结合起来。刑事诉讼法学是一门实践性极强的学科,在学习的过程中有必要关注实践中出现的各种新动态、新情况,并结合相关的理论来分析、解释,只有这样才能逐渐把握本学科的精髓。

(3) 结合有关的部门法学与边缘学科来加深理解。在学习的过程中,不妨结合民事诉讼法学、行政诉讼法学、刑法学、刑事侦查学、证据学、律师学、检察学、审判学等学科的内容,通过学科间的比较、归纳、综合,了解各自的异同点,从而有利于加深对刑事诉讼法学的理解。

第三节 刑事诉讼的基本理念

所谓理念,希腊文的原意是"可见之物",后被引申为"灵魂"的可见形象。柏拉图认为,世界万物的本原是理念,理念是感觉世界的一切事物的根据和原型。理念是绝对完满的,是永恒不变的。哲学家赵汀阳则认为,理念不仅表达了某种东西所以是这种东西的性质,而且表达了这种东西所可能达到的最好状态。①总而言之,理念所表达的乃是一

① 赵汀阳:《天下体系》,中国人民大学出版社2011年版,第27页。

种较为圆满的状态，它可以为我们的制度设计提供标尺、设定目标，并可能成为检验某一制度正当性的标准。就刑事司法而言，也应遵循一定的理念，从而保障其制度设计的正当性。我们认为，刑事诉讼中至少应确立两大理念，即惩罚犯罪与保障人权的理念、程序公正与实体公正的理念。

一、惩罚犯罪与保障人权

惩罚犯罪，是指通过刑事诉讼活动，在准确及时地查明案件事实的基础上，对构成犯罪的被告人公正适用刑法，从而达到抑制犯罪的目标。保障人权，是指在刑事诉讼过程中，保障诉讼参与人尤其是犯罪嫌疑人、被告人的权利免受非法侵害。

在刑事司法中，惩罚犯罪与保障人权应当并重，而不能偏重其一，更不能以牺牲某一方面为代价来追求某一目的。实际上，这也是对司法实践中存在的"重打击、轻保护"问题的反思。在过去的司法实践中，较为突出的问题就是强调追究犯罪，忽视保障人权，使得刑事司法容易沦为单纯的追诉活动。显然，这并不符合现代刑事司法制度设计的初衷。

我们认为，追诉犯罪仅仅是刑事司法的一个组成部分，其正当性不仅来源于打击犯罪、控制犯罪，更重要的是将保障人权作为其重要的内容，只有将两者结合起来，才符合刑事诉讼的内在规律，才能正确指导办案人员进行刑事诉讼活动，维护国家的长治久安。

二、程序公正与实体公正

一般认为，司法公正包括程序公正与实体公正两个方面的内容。

程序公正，又称过程公正，是指刑事案件办理过程中，专门机关和诉讼参与人都必须严格遵循法定的诉讼程序，以确保案件得到公正的处理。具体来说，程序公正包含如下要求：① 严格遵守刑事诉讼法的规定；② 保障当事人和其他诉讼参与人的诉讼权利；③ 严禁刑讯和以其他非法手段取证；④ 司法机关独立行使职权；⑤ 审前程序透明、审判程序公开；⑥ 控辩平等，法院居中裁判；⑦ 按法定期限办案、结案。可见，程序公正的实现，必须从多个方面加以保障，任一环节的缺失或异化都有可能造成程序不公正，而这又可能会造成案件结果的不公正。

实体公正，又称结果公正，是指案件处理结果所体现出来的公正。具体来说，实体公正包含如下要求：① 据以定罪量刑的犯罪事实必须根据可靠的证据加以认定，案件中的证据须确实充分；② 正确适用刑法，准确认定犯罪嫌疑人、被告人是否有罪及其罪名；③ 遵循罪刑相适应原则，依法判处适度的刑罚；④ 如果出现案件事实有疑问或案件证据不充分的情况，应当作出有利于被追诉人的处理；⑤ 对于错误处理的案件，应当依法采取救济方法及时予以纠正和补偿。可见，实体公正侧重于对案件处理结果的关注，尤其是正确适用刑法、准确定罪量刑。然而，需要指出的是，对于实体公正我们需要做全面的、客观的解读，不能认为实体公正仅仅是要实现追诉的成功，实际上避免错误的追诉也是其题中应有之义。

对于程序公正与实体公正的关系，不能简单地套用相辅相成、辩证统一这样的表达，而应该正视它们在司法实践中可能存在的矛盾。对此，有学者指出，当两者出现矛盾时，在一定的情况下应当采取程序优先的原则，如非法证据的排除、程序的终局性等；但在某些情况下，又应采取实体优先的原则，如对于冤假错案造成的错判错杀、冤枉无辜，一旦发现就应该纠错平反，并给予国家赔偿。总之，两者应互相依存、互相联系，不能有先后轻重之分。①

在欧美等国，一般强调程序公正的优先性，如一位美国法官曾经指出："只要程序适用公平，不偏不倚，严厉的实体法也可以忍受。"②而在大陆法系国家，不少学者则持两者并重的观点，如一位德国的法学家就认为："在法治国家的刑事诉讼程序中，对司法程序之合法与否，被视为与对有罪之被告、有罪之判决及法和平之恢复，具有同等之重要性。"③

第四节　刑事诉讼法的制定目的和任务

一、刑事诉讼法的制定目的

我国《刑事诉讼法》第一条即开宗明义地规定："为了保证刑法的正确实施，惩罚犯罪，保护人民，保障国家安全和社会公共安全，维护社会主义社会秩序，根据宪法，制定本法。"众所周知，犯罪是一种具有严重社会危害性的行为，它侵犯公民的合法权利、危害国家安全、破坏经济建设、破坏社会秩序。改革开放以来，由于种种复杂的原因，犯罪率呈现上升的趋势。为了遏制犯罪、维护社会秩序，也为了公正、合法、有效地追诉犯罪，国家制定了一系列的法律，其中就包括刑事诉讼法。从现行立法的规定可以看出，制定刑事诉讼法的目的包括三个方面：① 保证刑法的正确实施；② 惩罚犯罪、保护人民；③ 保障国家安全和社会公共安全，维护社会主义社会秩序。

二、刑事诉讼法的任务

我国刑事诉讼法的立法目的与任务是密切联系的。前者从宏观着眼，后者则规定了具体应完成的任务。《刑事诉讼法》第二条规定："中华人民共和国刑事诉讼法的任务，是保证准确、及时地查明犯罪事实，正确应用法律，惩罚犯罪分子，保障无罪的人不受刑事追究，教育公民自觉遵守法律，积极同犯罪行为作斗争，维护社会主义法制，尊重和保障人权，保护公民的人身权利、财产权利、民主权利和其他权利，保障社会主义建设事业的顺利进行。"对于我国刑事诉讼法的任务，可从如下四个方面理解。

1. 保证准确、及时地查明犯罪事实，正确应用法律，惩罚犯罪分子

准确地查明犯罪事实包括两点。一方面，要求公安、司法机关必须实事求是，一切

---

① 陈光中：《刑事诉讼法（第四版）》，北京大学出版社 2012 年版，第 14 页。

② 宋冰：《程序、正义与现代化——外国法学家在华演讲录》，中国政法大学出版社 1998 年版，第 375 页。

③ ［德］克劳斯·罗科信：《刑事诉讼法》，吴丽琪译，法律出版社 2003 年版，第 5 页。

从实际出发，重证据，重调查研究。特别是要客观、全面地收集各种证据，准确地审查、判断证据，以查明案件事实。另一方面，要求对犯罪嫌疑人、被告人的行为定性准确，做到犯罪事实清楚、证据确实充分。同时，不能在证据不足、事实不清时草率地下结论。

及时，就是要求公安、司法机关严格遵守法定的诉讼期限，尽快完成案件的处理工作。为了保证及时办案，刑事诉讼法对于侦查、起诉、审判程序以及拘留、逮捕等强制措施都有明确的期限要求，公安、司法机关必须严格遵守，不得随意延长。准确和及时是辩证的统一，两者不可偏废。准确是目的和前提，是对案件质的要求；及时是手段，是对案件时间量的要求。

2. 保障无罪的人不受刑事追究

打击犯罪、保障无辜是刑事诉讼法的任务的重要方面。这要求在保证刑法实施、惩罚犯罪分子的同时，也要注意保障无罪的人不受刑事追究。为了保障无罪的人不受刑事追究，要做到如下几点。

第一，要求公安、司法机关必须严格依照法定程序、制度办理案件，纠正“重实体、轻程序”的错误观念。

第二，在刑事诉讼过程中，要切实保障诉讼参与人的各项诉讼权利，特别是要注意保障犯罪嫌疑人、被告人依法享有的辩护权、上诉权等重要权利。

第三，维护司法独立，确保司法机关能够独立、中立地依法、依程序来审理各种刑事案件，同时应加强对诉讼程序的监督。

第四，贯彻“实事求是、有错必纠”的原则，一旦发现在认定事实或者在适用法律中确有错误，应当依照正当程序来加以纠正。

第五，实行“疑罪从无”原则。由于案件事实本身的复杂性，侦查技术设备、手段的局限性和办案的期限性，疑难案件的存在是必然的。对于证据不足、不能认定犯罪事实的案件，应当实行“疑罪从无”原则，在侦查、起诉和审判阶段应当分别作出撤销案件、不起诉和无罪判决的裁决。

3. 教育公民自觉遵守法律，积极同犯罪行为作斗争

在惩罚犯罪、保障无辜的同时，刑事诉讼的运行也要兼顾一些社会效益。① 通过惩罚犯罪，教育公民养成守法的习惯，使得那些有犯罪意图的公民不敢以身试法，或者迷途知返。② 通过对具体案件处理过程的宣传，教育公民充分认识到犯罪的危害性，使他们懂得法律保护什么、反对什么，以及依法应具有的权利和义务，提高其法律意识，增强其法制观念。③ 通过具体案件的处理，教育公民积极同违法犯罪行为作斗争，提高他们与犯罪行为作斗争的积极性和主动性。

4. 维护社会主义法制，尊重和保障人权，保护公民的人身权利、财产权利、民主权利和其他权利，保障社会主义建设事业的顺利进行

这是刑事诉讼法的根本任务。维护社会主义法制，其基本要求就是要做到“有法可依、有法必依、执法必严、违法必究”。尊重和保障人权原则的确立，不仅是贯彻和体现宪法的要求，也是公安、司法机关在刑事诉讼中的基本责任，是对犯罪嫌疑人、被告人、被害人及其他诉讼参与人权益保障的总体性要求。保护公民的人身权利、财产权利、民主权利和其他权利，则表明人权保障的内容是相当广泛的，同时也应注意人权保障的对象既包括犯罪嫌疑人、被告人、被害人等诉讼参与人，也包括其他公民。

第五节 刑事诉讼理论基本范畴

一、刑事诉讼主体

刑事诉讼主体理论的形成肇始于18、19世纪欧洲大陆的宪政改革和司法改革。在此之前,欧洲大陆国家采用的是纠问式的诉讼模式,司法与行政不分,控诉与审判不分,司法官员是唯一的诉讼主体。刑事案件的被告人在诉讼中只是被追究、被拷问的对象。

经过宪政改革和司法改革,欧洲大陆的刑事诉讼中实现了司法与行政的分离、控诉职能与审判职能的分离。同时,被告人不再承担自证其罪的义务并获得了基本的辩护权。一系列的诉讼原则得以确立,其中包括不告不理、审判公开、一事不再理等。被告人的诉讼地位发生了显著的变化,逐渐由诉讼客体转变为诉讼主体。

刑事诉讼主体理论在形成后,便产生了较为深远的影响。研究者一般将其与刑事诉讼法律关系及当事人的权利义务联系起来,从而确定刑事诉讼主体的范围。受苏联刑事诉讼主体理论[①]的影响,中华人民共和国成立后的一段时期内,曾有学者主张将所有参与刑事诉讼的国家机关和诉讼参与人都视为刑事诉讼主体。但也有学者提出不同看法,主张将刑事诉讼主体与刑事诉讼法律关系主体区分开来。

我们认为,科学界定诉讼主体需要把握两个问题。①“诉讼性”是确定刑事诉讼主体范围的法理依据。典型的刑事诉讼程序必须由控、辩、裁三方同时参加,并且都应当发挥特定的作用。既然控、辩、裁三方是刑事诉讼中不可或缺的组成人员,那么这三方都应被视为刑事诉讼主体。②“主体性”是确定刑事诉讼主体范围的哲学依据。从哲学意义上讲,主体是相对于客体而言的。确定刑事诉讼主体在一定程度上也是为了将其与刑事诉讼客体区分开来。作为诉讼主体,其人格必须得到尊重,这种尊重则体现在他能够自主地参与和决定与自身权益有关的事项,而不须依附于他人来决定自己的命运。

基于上述理论依据,我们认为刑事诉讼主体应包括人民法院、检察机关、侦查机关、自诉人、犯罪嫌疑人、被告人。值得指出的是,之所以没有将被害人列入刑事诉讼主体,其原因在于,尽管被害人在刑事诉讼中属于控诉一方并且往往同控诉机关一起执行控诉职能,但是在公诉案件中被害人只能依附于控诉机关,如何追诉犯罪的决定权则主要掌握在控诉机关手中,被害人的主体性便大大削弱。但这并不意味着被害人绝对不可能成为诉讼主体,在自诉案件中被害人就可以以自诉人的身份提起诉讼并成为刑事诉讼主体。因此,我们认为无须将被害人单列为刑事诉讼主体。况且,不将其作为刑事诉讼主体也不意味着被害人的合法

---

① 苏联学者坚持刑事诉讼主体即刑事诉讼法律关系主体的观点,认为“诉讼活动的主体是享有一定权力或有全权侦查和审理刑事案件并积极参加这种案件的诉讼程序的人和机关。法院,这个实行审判的国家政权机关,是诉讼活动的主要主体。此外诉讼活动的主体还包括控诉人、被告人、辩护人、民事原告,以及民事被告。在侦查阶段,诉讼活动的主体是检察长、侦查员、被告人和被害人”。这一观点对中国刑事诉讼法学界产生了极大的影响。转引自陈瑞华:《刑事诉讼的前沿问题》,中国人民大学出版社2000年版,第152页。

权益得不到有效的保护。

另外，就证人、鉴定人、翻译人员和法定代理人、诉讼代理人而言，前三者无法凭自己的意志参加到诉讼中并且与诉讼结果无直接利害关系，后两者的诉讼地位的取得是以被代理人的存在为前提，故而他们不能成为刑事诉讼主体。至于辩护人，其诉讼地位则较为特别。根据刑事诉讼法的规定，辩护人享有广泛的诉讼权利，可以独立地展开辩护工作，但从根本上说，辩护人在诉讼中并不具有自身的利益，其辩护工作的指向仍然是为了维护被告人的合法权益，因而我们认为辩护人也不宜作为刑事诉讼主体。

二、刑事诉讼客体

刑事诉讼客体是指刑事诉讼主体实施诉讼行为、进行刑事诉讼活动所指向的对象。刑事诉讼主体的活动围绕一定的诉讼客体进行，离开诉讼客体，诉讼主体的活动也就失去了目标和对象。

刑事诉讼客体的核心内容是犯罪嫌疑人和被告人的刑事责任问题。其理论基础是案件的单一性和案件的同一性。案件的单一性表现为被告的单一和犯罪事实的单一。遇到有共同犯罪或存在数个独立犯罪事实的情形，都应视为数个案件。案件的单一性的功能在于单一案件确定单一的刑事责任，亦即一案一责任。案件的同一性则是涉及判决与起诉之间的关系。一方面，法院的判决应当受到检察官起诉的犯罪事实的范围的限制，但对于其所引用的法律条文则可以适当变更；另一方面，就法院已作出判决的同一案件，检察官不得就该案件重新起诉。案件的同一性的功能在于，同一案件只能作出一次刑事处罚，亦即一案一处罚。一案一责任、一案一处罚分别从实体法与程序法的角度来界定被告人的刑事责任问题，因而构成了刑事诉讼客体的理论基础。

刑事诉讼客体的诉讼功能有三点。① 为检察机关的起诉提供依据。检察机关只能就同一被告人的单一或数个犯罪行为和共同犯罪的被告人的单一或数个犯罪行为一次性地向法院提起公诉，而对于不同被告人的不同的犯罪行为则应分别提起公诉。② 为法院的审判提供依据。首先，诉讼客体明确了法院审理案件的范围。一般来说，法院只能就检察机关明确提起公诉的案件加以审理，未被起诉的案件则不在审理之列。其次，就同一诉讼客体而言，检察机关若对其进行重复起诉，则法院可以作出不予受理的判决，从而防止同一被告人因相同的案件而遭受数次追诉。最后，针对同一诉讼案件，如果法院已作出生效判决，那么该判决就是终审判决，也就产生了既判力。对此，检察机关若重新起诉，法院应作出终止的判决。③ 为被告人的辩护提供依据。在案件进入审判程序时，被告人及其辩护人进行辩护和防御活动的依据便是诉讼客体。可以说，诉讼客体为被告人明确了辩护的范围和界限。

三、刑事诉讼职能

刑事诉讼职能，是指根据法律的规定，国家专门机关和诉讼参与人在刑事诉讼中所承担的职责和所发挥的特定作用。在刑事诉讼活动中，各个诉讼法律关系的主体都有其特定的诉讼目的。为了实现这些目的，他们担当不同的诉讼角色，通过其具体的行为来发挥不同的功能和作用。

目前的通说认为，刑事诉讼有三种基本职能，即控诉职能、辩护职能和审判职能。这三种职能构成了刑事诉讼程序中最重要的内容,三者相互联系、相互制约。

1. 控诉职能

控诉职能是指特定主体向人民法院提起诉讼并出庭支持公诉,要求追究被告人因其犯罪行为所应承担的刑事责任的职责与功能。在我国,行使控诉职能的主体是公安机关、人民检察院和自诉人。

2. 辩护职能

辩护职能是指针对控诉方的指控,对其进行反驳和申辩的职责与功能。在刑事诉讼中,犯罪嫌疑人、被告人是公诉机关和自诉人所指控的对象,因而辩护职能的主体便是犯罪嫌疑人与被告人。同时,考虑到犯罪嫌疑人、被告人在诉讼中往往难以凭借自身的力量来展开有效的辩护,因而法律规定犯罪嫌疑人、被告人可以聘请辩护人为其辩护。

3. 审判职能

审判职能是指人民法院对刑事案件进行审理并作出裁判所遵循的方式和所发挥的作用。在我国,典型意义上的诉讼便体现在审判阶段。这是因为在审判阶段,控辩双方同时参加并进行相互间的对抗,法庭则居中进行裁判,控、辩、裁三方共同参加并完成审判活动。通过审判活动,控诉与辩护之间进行对抗的效果得以体现,国家法律所规定的诉讼目的也得到实现,因而审判是整个诉讼活动的总结。

案例解析

本案中,对于胡某的死亡,汪某负有不可推卸的责任,这已经是一起较为严重的刑事案件。对此,我国法律不允许通过私下和解的方式加以解决。本案只能由公安机关进行侦查,在查明案件事实后如果认为需要追究汪某的刑事责任,则应移交人民检察院审查起诉,再由人民检察院向人民法院提起公诉。

本章小结

本章是对刑事诉讼基本问题的介绍和分析,主要包括基本概念、研究对象、学习方法,刑事诉讼法的理念,刑事诉讼法的制定目的和任务,刑事诉讼的主体、客体和职能等内容。通过对前述内容的学习,可以帮助我们认识刑事诉讼法学的基本框架,从而为接下来相关制度、理论的学习奠定基础。

思考题

1. 刑事诉讼有哪些特点?
2. 试述实体公正与程序公正的关系。
3. 准确、及时查明犯罪事实的意义何在?
4. 什么是刑事诉讼客体? 确定刑事诉讼客体的价值何在?
5. 在刑事诉讼中,能否让法院承担控诉职能? 为什么?

第二章　刑事诉讼基本原则

学习目标

通过本章的学习，你可以……

- 了解刑事诉讼基本原则的概念、特点及其意义
- 掌握国际通行的刑事诉讼原则的内容
- 掌握我国主要刑事诉讼原则的内容、基本要求

案例研讨

王某与孙某是邻居。一日,两人因琐事发生争吵并扭打起来。王某拿起一把椅子将孙某打倒,致孙某头部钝器伤,创口达 15 余厘米,经治疗共花费 3 万余元,并且造成后遗症。

出院后,孙某向某区公安局报案,公安局以本案属于民间纠纷为由拒绝立案。孙某又向某区人民检察院要求予以解决。人民检察院对孙某提供的材料和线索进行审查后,决定由检察院自侦部门予以立案并展开相应的侦查活动。人民检察院认为案情较为重大,在侦查期间作出逮捕王某的决定,由人民检察院的办案人员将王某逮捕后送至看守所予以羁押。

侦查终结后,本案移送至起诉部门审查起诉。经过审查,承办人认为本案事实清楚、证据确实充分,需要追究王某的刑事责任,故向某区人民法院提起公诉。

问题: 本案的处理中,公安机关、检察机关有哪些不当之处?为什么?

引　言

刑事诉讼基本原则是由刑事诉讼法所规定的，其贯穿于刑事诉讼的全过程或主要诉讼阶段，并对刑事诉讼具有指导作用。刑事诉讼基本原则具有规范性、科学性、概括性、普适性和指导性等特点，具有指导刑事诉讼立法和司法、弥补法律规定的漏洞等功能。

第一节　刑事诉讼基本原则概述

一、刑事诉讼基本原则的概念、特点

刑事诉讼基本原则，是指由刑事诉讼法规定的，贯穿于刑事诉讼的全过程或主要诉讼阶段，专门机关和诉讼参与人进行刑事诉讼活动时必须遵循的基本行为准则。它具有以下特点。

（1）刑事诉讼基本原则是由刑事诉讼法明确规定的法律原则。我国刑事诉讼法规定的基本原则包括两大类。一类是刑事诉讼和其他性质的诉讼必须共同遵守的原则，例如，以事实为根据、以法律为准绳原则，公民在法律面前一律平等原则，保障诉讼参与人的诉讼权利原则等。这类原则为一般原则。另一类是刑事诉讼所独有的基本原则，例如，侦查权、检察权、审判权由专门机关依法行使原则，人民法院、人民检察院依法独立行使职权原则，分工负责、互相配合、互相制约原则，犯罪嫌疑人、被告人有权获得辩护原则等。这类原则为特有原则。

（2）刑事诉讼基本原则体现了刑事诉讼活动的基本规律。刑事诉讼原则的确立，离不开对诉讼规律的把握，并在此基础上成为指导诉讼运行的基本准则。例如，独立行使司法权原则要求人民法院在审理刑事案件时，必须严格遵守宪法和法律的规定，不受行政机关、社会团体和个人的干涉。这一原则的确立正是对司法权的特性和司法权运行规律的深刻把握，只有如此才能维护司法审判中的程序公正。

（3）刑事诉讼基本原则一般贯穿于刑事诉讼全过程，具有普遍的指导意义。刑事诉讼基本原则是规范和调整整个刑事诉讼程序的原则，它们适用于刑事诉讼的各个阶段，国家专门机关（包括其工作人员）和诉讼参与人都应当严格遵守。

（4）刑事诉讼基本原则具有法律约束力。刑事诉讼基本原则虽然较为抽象和概括，但各项具体的诉讼制度和程序都不得与之相悖。可以说，各项具体制度、程序是刑事诉讼基本原则的具体化，诉讼基本原则正是通过具体制度和程序的运行来体现其约束力的。

二、刑事诉讼基本原则的意义

刑事诉讼基本原则是刑事诉讼法确立的基本法律规范，是公安、司法机关长期实践经验和优良传统的总结，反映了刑事诉讼的客观规律和基本要求，对于刑事诉讼立法和司法实践具有重大的指导意义。

首先,合理的刑事诉讼基本原则体系有利于促进我国刑事诉讼立法的科学化。刑事诉讼基本原则是在司法实践中逐渐总结出来并由法律所明确规定的,对刑事诉讼立法具有重要的指导意义。

其次,刑事诉讼基本原则指导着刑事诉讼程序的运行,对公安、司法机关及诉讼参与人正确理解刑事诉讼法,确保刑事诉讼活动的准确、合法、及时进行有重大的指导作用。

最后,刑事诉讼基本原则是与刑事诉讼的目的、任务密切相关的,是指导人们实现刑事诉讼价值目标的重要保证。

三、国际通行的刑事诉讼原则

世界各国在长期的刑事司法实践中,不断总结经验并探索出了一些具有规律性的内容,从而形成了一些带有某种价值追求的刑事诉讼原则。其中较有代表性的原则包括以下五项。

1. 无罪推定原则

无罪推定,是指任何人在未被依法确定有罪之前,应被推定为无罪;犯罪嫌疑人或者被告人没有协助控诉方证明自己有罪的责任,也没有证明自己无罪的义务。对于这一原则,可以从三个方面来理解。首先,这是一种推定,其目标在于确保被追诉人能够获得公正审判的机会,并对控诉方提出了较高的证明要求。其次,这是一种可能被推翻的推定,控诉方可以通过提出充分、有力的证据来证明被告人有罪。最后,犯罪嫌疑人或被告人,即使是因为现行犯罪而被拘捕的,在依法审判确认有罪之前,也不能把他当作罪犯对待,特别是不能采取刑讯逼供等非法手段搜集证据,侵犯其人格尊严;一切限制或剥夺人身自由、损害财产权益的强制措施必须受到法律的严格限制,把可能造成的损害减少到最低限度。

无罪推定原则的确立,是对国家追诉活动的一种制衡,有利于实现控辩双方的平等对抗,同时也有利于被告方能够有效地参与刑事诉讼,维护自身的合法权益。在很多国家,这一原则被视为刑事诉讼制度的基石之一。

2. 禁止强迫自证其罪原则

在其他众多法治国家的宪法中,禁止强迫自证其罪均被确立为一项重要的公民权利,成为公民自由、财产、生命等权利免受任意剥夺的重要保障。禁止强迫自证其罪,是指任何可能提供言词证据的人,包括犯罪嫌疑人、被告人及证人,都不得被强迫作出不利于己的有罪供述。

这一原则的确立,旨在尊重和保障公民(特别是涉嫌犯罪之人)的人格尊严和主体地位,使得诉讼中控辩双方能够公平参与、平等对抗,而不会变成自我指控的工具。为此,各国法律都规定了相应的制度保障,如权利告知制度、沉默权制度、律师帮助制度、非法证据排除规则等。

3. 国家追诉与控审分离原则

国家追诉,是指检察官代表国家向法院提起公诉,要求法院通过审判确定被告人的刑事责任;控审分离,是指刑事诉讼中的追诉权和裁判权应分别由追诉机构(公安机关、检察机关)和裁判机构(法院)来行使,追诉机构不得行使裁判权,裁判机构则不得肩负追诉职能,同时裁判机构的审理裁判对象必须受制于追诉机构的指控范围。

之所以确立这一原则,一方面有利于有效地惩治犯罪,另一方面可以维护基本的程序公正,避免因控审不分而造成的审判不公。

4. 司法独立原则

司法独立,主要有三个方面的要求:一是司法权独立于行政权和立法权,这是从权力分立的角度对司法独立的保障；二是司法独立应是司法机关及其法官的独立，尤其是在个案审理中要确保法官个人的独立性；三是司法活动的独立，即法院的裁判活动不受外界干扰。

另外，联合国《公民权利和政治权利国际公约》第 14 条第 1 款规定："在判定对任何人提出的任何刑事指控或者确定他在一件诉讼案件中的权利和义务时，人人有资格由一个依法设立的合格的、独立的和无偏倚的法庭进行公正的和公开的审讯。"该公约关于法庭的要求可以看成是关于司法独立的最低要求。

5. 禁止重复追究原则

禁止重复追究，是指任何人不得因同一行为而受到两次以上的刑事起诉、审判和科刑。设置这一原则的意义在于，当国家掌握了强大的追诉资源和权力时，如果可以不受限制地对一个公民的同一犯罪行为实施反复的刑事追诉，则很有可能会出现滥用国家追诉权的情况，从而不利于公民合法权益的保护，因而必须对追诉权的行使设定一定的限制。

第二节 职权原则

一、职权原则的含义

职权原则，是指追诉犯罪、裁判案件的权力由国家专门机关专属行使的原则。我国《刑事诉讼法》第三条规定："对刑事案件的侦查、拘留、执行逮捕、预审，由公安机关负责。检察、批准逮捕、检察机关直接受理的案件的侦查、提起公诉，由人民检察院负责。审判由人民法院负责。除法律特别规定的以外，其他任何机关、团体和个人都无权行使这些权力。人民法院、人民检察院和公安机关进行刑事诉讼，必须严格遵守本法和其他法律的有关规定。"

二、职权原则的内容

职权原则可以从以下三个方面来理解。

第一，根据法律的规定，侦查权、检察权和审判权具有专属性与排他性。刑事案件的侦查权，原则上只能由公安机关来行使，除非法律另有规定。例如，国家安全机关对危害国家安全的刑事案件行使侦查权、人民检察院对由其直接受理的案件行使侦查权、军队保卫部门对军队内部发生的刑事案件行使侦查权、监狱对罪犯在监狱内犯罪的案件行使侦查权、海关走私犯罪侦查部门对走私犯罪案件行使侦查权、中国海警局对海上发生的刑事案件行使侦查权等。而检察权只能由人民检察院行使，审判权只能由人民法院行使。除了上述专门机关，其他机关、团体和个人都无权行使这些权力。

第二，侦查权、检察权、审判权必须分别由公安机关、人民检察院、人民法院行使。既不能由其中任何一个机关同时行使这三种权力，也不能相互混淆、相互取代。

第三，公安机关、人民检察院、人民法院行使职权，必须严格遵守法律规定，绝不允许有法不依、滥用权力。

确立这一原则的意义在于：有利于各专门机关正确行使国家权力，保障法律的统一性和权威性;有利于保障刑事诉讼活动及时启动和正常进行,防止相互推诿,保障及时追究犯罪;有利于保障公民合法权益,维护社会秩序。

第三节 独立行使审判权、检察权原则

一、独立行使审判权、检察权原则的内容

我国《刑事诉讼法》第五条规定:“人民法院依照法律规定独立行使审判权,人民检察院依照法律规定独立行使检察权,不受行政机关、社会团体和个人的干涉。”这一规定正是本原则的法律依据。

独立行使审判权、检察权原则主要包括以下三个方面的内容。

第一,人民法院、人民检察院在法律规定的范围内独立行使审判权、检察权,不受行政机关、社会团体和个人的干涉,这也是《中华人民共和国宪法》(以下简称《宪法》)明确赋予人民法院和人民检察院的专门职权。任何行政机关、社会团体和个人不得以任何方式干涉其行使法定职权。

第二,人民法院行使审判权和人民检察院行使检察权,都必须严格遵守宪法和法律的各项规定。它们必须在法定的权限范围内开展工作、行使职权,而不得以任何借口滥用职权。

第三,审判权、检察权是人民法院、人民检察院各自作为一个组织整体独立行使。也就是说,有权独立行使审判权、检察权的是人民法院、人民检察院,而不是某个法官或检察官来独立行使审判权或检察权。

贯彻本原则,有利于保障人民法院、人民检察院正确行使法律赋予的职权,充分发挥其职能作用,防止和排除外在的干扰,维护其权威性,实现司法公正。

二、贯彻本原则的要求

第一,正确处理党的领导和独立行使审判权、检察权的关系。坚持党对司法机关的领导,是我国宪法的明确规定,也是人民法院、人民检察院依法独立行使审判权、检察权的保证。各级人民法院和人民检察院在刑事诉讼中应当自觉接受同级党委的领导和监督。但接受党的领导和监督,并不意味着党组织可以替代司法机关行使司法权,干预具体的业务工作。党的领导应当是组织上和思想上的,而不是具体干涉司法业务工作。

第二,正确处理国家权力机关和独立行使审判权、检察权的关系。根据我国宪法的规定,各级人民法院、人民检察院都是由各级国家权力机关产生,都要对同级国家权力机关负责并报告工作。各级国家权力机关如果发现人民法院、人民检察院处理具体案件有错误,有权提出纠正意见。但是,各级国家权力机关对人民法院和人民检察院的监督应当以集体方式进行,不能代替、包办司法机关的具体工作。

第三,正确处理社会监督和独立行使审判权、检察权的关系。社会监督包括人民群众监督、社会团体监督、新闻舆论监督等。应当协调好人民法院和人民检察院独立行使职权与社

会监督的关系。在司法实践中，人民法院、人民检察院实行审务公开、检务公开，听取各方面的批评和意见，就是接受社会监督的有效形式。这有利于人民法院、人民检察院及时改进工作，更加认真地履行自己的职责，增强法制的权威性。

第四节　专门机关与群众相结合原则

一、专门机关与群众相结合原则的含义和内容

在我国，专门机关主要是指公安机关、人民检察院和人民法院（以下简称“公、检、法”）。专门机关与群众相结合是指公、检、法三机关在刑事诉讼中必须坚持群众路线，充分发挥群众的智慧和力量，把专门机关的业务工作与依靠群众结合起来。《刑事诉讼法》第六条规定，“人民法院、人民检察院和公安机关进行刑事诉讼，必须依靠群众，必须以事实为根据，以法律为准绳。对于一切公民，在适用法律上一律平等，在法律面前，不允许有任何特权。”这是确立本原则的法律依据。

专门机关与群众相结合是我国刑事诉讼中较为独特的一项基本原则，其在现行刑事诉讼法中体现在以下三个方面。

(1) 依靠群众查明案情。例如，《刑事诉讼法》第五十二条规定：“必须保证一切与案件有关或者了解案情的公民，有客观地充分地提供证据的条件，除特殊情况外，可以吸收他们协助调查。”

(2) 为群众揭露犯罪提供保障。例如，《刑事诉讼法》规定：公安机关、人民检察院或者人民法院对于报案、控告、举报，都应当接受；报案、控告、举报可以用书面或者口头提出；公安机关、人民检察院或者人民法院应当保障报案人、控告人、举报人及其近亲属的安全；侦查人员询问证人和被害人，可以到其所在单位、住处或其提出的地点进行。

(3) 通过各种形式接受群众监督。例如，人民法院审判刑事案件时，除法律规定不公开的外，一律公开进行，允许群众旁听，允许新闻记者报道；实行人民陪审员制度；司法机关不予立案的，要将不立案的理由通知控告人，控告人如果不服，可以申请复议等。

二、贯彻本原则的要求

坚持专门机关与群众相结合原则，在司法实践中具有重要意义。正确贯彻本原则，专门机关必须注意以下几个方面的问题。

(1) 办案人员必须牢固树立相信群众、依靠群众的观念。在案件办理中，要相信群众的智慧和力量，要根据案件的需要和具体情况，积极地深入群众进行调查研究、收集证据。

(2) 办案人员应当重视做群众工作，深入实际，引导群众，发挥群众参与诉讼的积极性，同时采取各种措施方便群众参与诉讼。

(3) 办案人员应尊重群众，切实维护他们在诉讼中的合法权益。依法保障报案人、举报人和其他一切证人的合法权益，解除他们的后顾之忧。

第五节　以事实为依据、以法律为准绳原则

一、以事实为依据、以法律为准绳原则的含义

以事实为依据，是指在刑事诉讼中，公安、司法机关及其工作人员对于刑事案件中的实体问题和程序问题作决定时，必须以查证属实的证据和依据这些证据所认定的案件事实为根据。这里的"事实"，是指经查证属实的证据及根据这些证据所认定的事实，包括实体法上的事实和程序法上的事实。实体法上的事实，是指构成犯罪的事实以及证明犯罪情节轻重的事实，如犯罪的时间、地点、手段、目的、过程、危害结果等。程序法上的事实，是指在刑事诉讼过程中有关诉讼程序进展状况的事实，如羁押期限、回避、强制措施的适用等。

以法律为准绳，要求公安、司法机关在办理刑事案件过程中，在作出相关决定时，必须以刑事实体法、刑事程序法及其他法律的规定为标准。具体来说，对于刑事实体问题，要坚持罪刑法定原则；对于刑事程序问题，要严格遵守法定程序。

以事实为依据、以法律为准绳，是正确处理刑事案件不可分割的两个方面。事实是前提和基础，法律是处理案件的标尺，两者互相联系，缺一不可；只有将两者有机结合起来，才能保证刑事诉讼的顺利进行。

二、贯彻本原则的要求

第一，公安、司法机关及其工作人员应当遵循客观规律，客观、全面地收集证据和认定案件事实，以查明事实真相。

第二，必须坚持重证据、重调查研究、不轻信口供的原则，严禁刑讯逼供和以威胁、引诱、欺骗以及其他方法收集证据。

第三，公安、司法人员应当不徇私、不枉法，坚持有法必依、执法必严，忠于事实，忠于法律。

第六节　分工负责、互相配合、互相制约原则

一、分工负责、互相配合、互相制约原则的含义

分工负责，是指公安机关、人民检察院和人民法院在进行刑事诉讼时，应当严格依据法律规定的职权，各负其责，各尽其职，不允许互相取代或者互相推诿。根据我国《刑事诉讼法》的

规定，分工负责主要体现在三个方面。一是诉讼职能上的分工。侦查职能主要由公安机关行使，同时，人民检察院、军队的保卫部门、监狱的侦查部门，可以对法律规定的特定范围的案件行使侦查职能；检察职能由人民检察院行使；审判职能由人民法院行使。二是职权上的分工。公安机关负责侦查、拘留，执行逮捕、预审；人民检察院负责检察、批准逮捕，对直接受理案件的侦查和提起公诉；人民法院负责审判。三是管辖上的分工。其中既有公、检、法三机关的立案分工，也有法院系统审判案件时的级别分工和地区分工，还有专门法院和地方法院受理案件的分工。

互相配合，是指公安机关、人民检察院和人民法院在进行刑事诉讼时，应当在分工负责的基础上，互相支持、互相合作，共同完成揭露犯罪、证实犯罪、惩罚犯罪、保障无罪的人不受刑事追究的诉讼任务。互相配合强调的是公、检、法三机关在诉讼过程中“职责关系”的配合，而不是“职能关系”的配合。所谓“职责关系”，是指公、检、法三机关在办案流程上的衔接关系。一般来说，侦查服务于起诉，而起诉则是为审判做准备。所谓“职能关系”，是指侦查职能、检察职能和审判职能之间的关系。根据诉讼基本原理，各专门机关在行使各自的职能时，不能相互替代，更不能进行无原则的配合。

互相制约，是指公安机关、人民检察院和人民法院在进行刑事诉讼时，根据职能分工和诉讼程序的要求，相互约束，相互制衡，以防止可能发生的偏差和错误，并及时发现和纠正错误。互相制约可以从以下两个方面来理解。① 在公安机关和检察机关之间互相制约。一方面，公安机关逮捕犯罪嫌疑人时须经人民检察院审查批准；人民检察院不予批准的，公安机关有权申请复议和提请复核。另一方面，对公安机关移送起诉的案件，人民检察院经审查认为不符合起诉条件的，有权作出不起诉决定；对人民检察院的不起诉决定有异议的，公安机关可以要求复议和提请复核。② 在检察机关和审判机关之间互相制约。人民法院对人民检察院提起公诉的案件，可以依法作出无罪或者免予刑事处罚的判决；人民检察院认为人民法院的判决、裁定有错误时，有权依法提起抗诉。

二、贯彻本原则的要求

第一，公安机关、人民检察院和人民法院在办案过程中，应严格依照法律规定，积极主动地履行法律赋予各自的职责。

第二，互相配合是一种“职责关系”的配合，而非不讲原则的配合。因而，公、检、法三机关在依法履行职责时，应把握好配合的目的和方式，只有这样才能有效地实现司法公正。

第三，互相制约强调的是公、检、法三机关之间的制衡，目的在于防止各种偏差和错误。在办案过程中，三机关应严格依法行使职权，根据事实和法律来作出判断，从而实现有效的制衡。

第七节　公民适用法律一律平等原则

一、公民适用法律一律平等原则的含义

公民适用法律一律平等原则，是指公安、司法机关在进行刑事诉讼时，不受民族、种族、

性别、职业、职务、社会地位、宗教信仰、家庭出身、教育程度、财产状况等因素的影响,对一切公民的合法权益都依法给予保护,对一切公民的违法犯罪行为都依法予以追究。

具体来说,本原则包含两方面的含义。第一,公安、司法机关在进行刑事诉讼时,对一切公民的犯罪行为,不论其社会地位、家庭出身、财产状况如何,都必须严格依法处理。不允许任何人有凌驾于法律之上的特权。第二,公安、司法机关在进行刑事诉讼时,对于一切公民的合法权益,都必须依法予以保护。包括犯罪嫌疑人、被告人、服刑犯的合法权益,都要依法保护,不得以任何借口限制或者剥夺诉讼参与人依法享有的诉讼权利,侵犯公民的合法权益。

二、贯彻本原则的要求

第一,公安、司法机关在进行刑事诉讼时,必须严格执法,对于任何公民构成犯罪的行为,都要依法进行追究;对所有诉讼参与人都要平等对待,保障其充分行使诉讼权利,平等履行诉讼义务。

第二,公安、司法机关应给予一切公民平等的司法保护权。在刑事诉讼中,对于某些因经济困难或者其他原因没有委托辩护人的,本人及其近亲属可以向法律援助机构提出申请。对符合法律援助条件的,法律援助机构应当指派律师为其提供辩护。犯罪嫌疑人、被告人是盲、聋、哑人,或者是尚未完全丧失辨认或者控制自己行为能力的精神病人,没有委托辩护人的,人民法院、人民检察院和公安机关应当通知法律援助机构指派律师为其提供辩护。犯罪嫌疑人、被告人可能被判处无期徒刑、死刑而没有委托辩护人的,人民法院、人民检察院、公安机关应当通知法律援助机构指派律师为其提供辩护,协助其行使辩护权。未成年犯罪嫌疑人、被告人没有委托辩护人的,人民法院、人民检察院、公安机关应当通知法律援助机构指派律师为其提供辩护。

第八节　法律监督原则

一、法律监督原则的含义

法律监督原则,是指人民检察院对刑事诉讼全过程进行监督,及时发现并纠正违法行为、保证法律的正确实施。法律监督的对象是参加刑事诉讼活动的公安、司法机关;监督的范围是公安、司法机关在刑事诉讼中是否依法办案;监督的目的是保证公安、司法机关在刑事诉讼中正确、有效地执行法律,实现诉讼任务。

在我国,人民检察院是专门的法律监督机关,其他机关都无权实施法律监督。法律监督原则与互相制约原则不同,法律监督是检察机关实施的单向的监督,互相制约则是公、检、法三机关之间互相的监督,互相制约可以看成是法律监督的一种必要的补充。

二、法律监督原则的内容

人民检察院对刑事诉讼的法律监督贯穿于刑事诉讼的全过程,主要包括以下几个方面的内容。

第一，立案监督。人民检察院认为公安机关对应当立案侦查的案件而不立案侦查的，应当要求公安机关说明理由；人民检察院认为其不立案理由不能成立的，有权通知公安机关立案，公安机关接到通知后应当立案。

第二，侦查监督。人民检察院审查逮捕、起诉时，应当审查公安机关的侦查活动是否合法，发现违法情况，应当通知公安机关纠正，公安机关应当将纠正情况通知人民检察院；人民检察院还可以根据需要，派员参加公安机关对重大案件的讨论和其他侦查活动，发现有违法情况，有权要求纠正。

第三，审判监督。人民法院审判公诉案件时，人民检察院应当派员出庭支持公诉，并对审判活动是否合法进行监督；人民检察院发现人民法院审判案件违反法定程序的，有权提出纠正意见；人民检察院认为人民法院的判决、裁定有错误时，有权依法抗诉。

第四，执行监督。人民检察院发现执行机关执行刑罚的活动有违法情况时，应当通知执行机关纠正；人民检察院如果认为人民法院的减刑、假释裁定不当，有权提出书面纠正意见，人民法院应当在法定期限内重新审查。

第九节　使用本民族语言文字进行诉讼原则

一、使用本民族语言文字进行诉讼原则的内容

(1) 各民族公民在刑事诉讼中，无论是当事人还是其他诉讼参与人，都有权使用本民族的语言文字进行诉讼。其内容主要包括：使用本民族的语言进行陈述、回答提问、发表意见、进行辩论；使用本民族的文字制作诉状、书面证词、供述和辩解、鉴定意见等。

(2) 如果诉讼参与人不通晓当地语言、文字，公安、司法机关要为他们提供翻译。这一规定，不仅适用于我国的少数民族公民，也适用于在少数民族地区参与诉讼的汉族公民，还适用于在我国参加诉讼的外国公民和无国籍人。

(3) 在少数民族聚居或者多民族杂居的地区，对案件的审理应当用当地通用的语言进行。起诉书、不起诉决定书、判决书、裁定书及其他诉讼文书，应当用当地通用的一种或几种文字来制作。对于不通晓当地通用文字的诉讼参与人，向其送达的诉讼文书应当用其所通晓的文字，或者聘请翻译人员为其翻译诉讼文书的内容。

二、贯彻本原则的要求

第一，公安、司法人员在办案过程中应认真核实诉讼参与人的身份及相关情况，如果发现其不通晓当地语言、文字，应当为其指定或聘请翻译人员，以确保其能够顺利有效地参与诉讼。

第二，公安、司法人员应树立平等对待所有诉讼参与人的观念，克服大汉族主义和狭隘

民族主义的错误思想，这是实现司法公正的重要保障。

第三，在少数民族地区的司法机关中，应当设立或聘请适当的翻译人员，以保证诉讼的需要，保证司法机关和当地群众联系的需要。

第十节　未经人民法院依法判决，不得确定有罪原则

一、未经人民法院依法判决，不得确定有罪原则的含义

人民法院是我国法定的唯一的审判机关，代表国家统一行使审判权。因而只有人民法院有权审理各类刑事案件，确定刑事被告人是否有罪、所犯何罪等问题。本原则可以从以下两个方面来理解。

(1) 在我国的刑事诉讼中，确定被告人有罪的权力由人民法院统一行使，其他任何机关、团体和个人都无权行使。对被告人的被控行为进行审理，并依法确认其是否有罪、所犯何罪以及科处相应刑罚是法院审判权的题中应有之义，也是世界各国的立法通例。

(2) 人民法院判决被告人有罪，必须严格依照法定程序进行公开、公正的审理，并给予被告人一切辩护上所需的保障。在人民法院依法作出的有罪判决发生法律效力之前，不得将任何人确定有罪。

二、贯彻本原则的意义

第一，有利于在刑事诉讼过程中区分犯罪嫌疑人、被告人和罪犯的不同诉讼地位，有利于切实保障犯罪嫌疑人、被告人的各项诉讼权利。

第二，有利于保障公民合法权益，体现诉讼民主、诉讼文明，有利于实现诉讼公正。未经人民法院依法判决，不得确定有罪原则的确立，反映了我国刑事诉讼更加尊重人权，注重对公民合法权益的保障。

第十一节　保障诉讼参与人依法享有诉讼权利原则

一、保障诉讼参与人依法享有诉讼权利原则的内容

第一，公安机关、人民检察院和人民法院对所有诉讼参与人依法享有的诉讼权利，都应当给予保障。保障诉讼参与人依法享有的诉讼权利，是揭露犯罪、证实犯罪、保障刑事诉讼

顺利进行的必要条件。

第二，对于未成年犯罪嫌疑人、被告人的诉讼权利，依法应当给予特别的保护。由于生理和心理等方面的原因，未成年犯罪嫌疑人、被告人往往缺乏充分、合理地行使其诉讼权利的能力，这不仅会妨碍诉讼的顺利进行，也会影响到对未成年犯罪嫌疑人、被告人的合法权益的保护。因此，在诉讼中，应当尽可能地通过各种途径来保障其合法权益的实现。

第三，赋予诉讼参与人控告权。诉讼参与人在刑事诉讼过程中，如果遭受审判人员、检察人员和侦查人员对其诉讼权利、人身权利的侵犯，有权提出控告。这是赋予诉讼参与人采取法律手段维护自己合法权益的权利。

二、贯彻本原则的要求

第一，审判人员、检察人员和侦查人员必须详尽告知诉讼参与人依法享有的诉讼权利。我国现阶段公民的法律知识较为有限，作为刑事诉讼参与人，其法律知识往往也是有限的，如果不告知他们享有哪些法定诉讼权利、何时可以行使有关诉讼权利，他们的合法权利可能难以及时行使，其合法权益可能得不到有效保护。

第二，公安、司法机关要为诉讼参与人行使诉讼权利提供必要的便利和条件，不得故意刁难和妨碍诉讼参与人行使诉讼权利。例如，《刑事诉讼法》第一百一十条规定："公安机关、人民检察院或者人民法院对于报案、控告、举报，都应当接受。对于不属于自己管辖的，应当移送主管机关处理，并且通知报案人、控告人、举报人；对于不属于自己管辖而又必须采取紧急措施的，应当先采取紧急措施，然后移送主管机关。"

第三，对于未成年犯罪嫌疑人、被告人的诉讼权利，依法应当给予特别的保护。《刑事诉讼法》第二百八十一条规定："对于未成年人刑事案件，在讯问和审判的时候，应当通知未成年犯罪嫌疑人、被告人的法定代理人到场。"

第十二节　认罪认罚从宽原则

一、认罪认罚从宽原则的内容

《刑事诉讼法》第十五条规定："犯罪嫌疑人、被告人自愿如实供述自己的罪行，承认指控的犯罪事实，愿意接受处罚的，可以依法从宽处理。"这一规定确立了我国刑事诉讼中认罪认罚从宽原则。认罪认罚从宽，既是一项基本诉讼原则，又是一项全新的刑事诉讼制度。

贯彻本原则的意义在于：有利于宽严相济的刑事政策具体化、制度化；有利于犯罪嫌疑人、被告人的人权保障；有利于合理配置司法资源，实现司法公正和效率的统一。

二、贯彻本原则的要求

第一，要坚持贯彻宽严相济的刑事政策。充分考虑犯罪嫌疑人、被告人的人身危险性及犯罪行为的社会危害性,结合认罪认罚的具体情况,严格确定是否从宽以及从宽的幅度,做到“该宽则宽,该严则严,宽严相济”。

第二,要坚持罪刑相适应原则。依据犯罪的事实、情节及后果,提出符合法律规定的量刑建议,确保刑罚的幅度与犯罪嫌疑人、被告人所犯罪行相适应。

第三,要坚持证据裁判原则。认罪的情形与从宽量刑的幅度,必须以案件事实为依据,必须严格依照法律的规定收集、固定和审查证据。

第十三节　依法不追究原则

一、依法不追究原则的含义

依法不追究,是指根据我国法律的规定,不追究特定情形下的犯罪嫌疑人、被告人刑事责任的处理方式。根据我国《刑事诉讼法》的规定,依法不追究刑事责任的情形有如下六种。

(1) 情节显著轻微、危害不大,不认为是犯罪的。

(2) 犯罪已过追诉时效期限的。

(3) 经特赦令免除刑罚的。根据我国《宪法》第六十七条规定,全国人民代表大会常务委员会有权决定特赦,特赦可以减轻或者免除罪犯的刑罚。当最高国家权力机关已经发布特赦令,人民法院、人民检察院和公安机关就应当根据特赦令不再追究。

(4) 依照刑法告诉才处理的犯罪,没有告诉或者撤回告诉的。根据《中华人民共和国刑法》(以下简称《刑法》)的规定,告诉才处理的犯罪有侮辱罪、诽谤罪、暴力干涉婚姻自由罪、虐待罪、侵占罪,这些犯罪以被害人的告诉作为追究刑事责任的前提条件,被害人及其法定代理人没有告诉或者告诉后又撤回的,则不予追究刑事责任。

(5) 犯罪嫌疑人、被告人死亡的。我国刑法实行罪责自负原则,犯罪嫌疑人、被告人如果已经死亡,便没了科刑对象,再继续追究刑事责任就无实际意义。

(6) 其他法律规定免予追究刑事责任的。这是指除了《刑事诉讼法》和《刑法》规定的以外,其他法律中规定免予刑事责任的,人民法院、人民检察院和公安机关应当依法不予追究。

二、贯彻本原则的要求

第一,贯彻依法不追究原则,应当根据案件的不同情况和诉讼的不同阶段作出不同的处理。在立案前的审查中,如果发现存在前述六种情形之一的,作出不立案的决定。在立案后的诉讼过程中,发现案件具有前述六种情形之一的,应当根据相应的诉讼程序,作出相应的处理,终止诉讼活动:在侦查阶段,应由侦查机关决定撤销案件;在审查起诉阶段,应由检察机关作出不起诉的决定;在审判阶段,属于《刑事诉讼法》第十六条规定的第一种情形的,应当判决宣告无罪,属于其他五种情形的,应当裁定终止审理,宣告不予追究刑事责任。

第二,实行依法不追究原则,可以保障国家追诉权能够得到统一、正确的行使,防止扩大追诉范围,从而保护公民的合法权益。

第三，实行依法不追究原则，也可以避免司法机关进行无效劳动，节省司法资源，提高诉讼效率。

第十四节　国家主权原则

一、国家主权原则的内容

刑事司法中贯彻执行的国家主权原则，也称追究外国人刑事责任适用我国刑事诉讼法原则。其主要内容包括以下两个方面。

(1) 外国人在我国领域内犯罪，或在我国领域外对我国国家和公民犯罪，凡应当追究刑事责任的，应由我国司法机关依照我国《刑事诉讼法》规定的程序进行追究。这里的外国人，是指不具有中华人民共和国国籍的人，包括具有外国国籍的人、无国籍的人和国籍不明的人。

(2) 对享有外交特权和豁免的外国人犯罪应当追究刑事责任的，通过外交途径解决。这一规定是保证某些从事外交工作的外国人执行职务的需要，也是国际惯例和国与国之间平等互惠原则的要求。根据 1986 年 9 月 5 日公布施行的《中华人民共和国外交特权与豁免条例》的规定，享有外交特权和豁免的人包括：外国驻中国使馆的外交代表以及他们的家属；来中国访问的外国国家元首、政府首脑、外交部长及其他具有同等身份的官员；途径中国的外国驻第三国的外交代表和与其共同生活的配偶及未成年子女；持有中国外交签证或者持有外交护照来中国的外交官员；经中国政府同意给予外交特权和豁免的其他来中国访问的外国人士。

二、贯彻本原则的要求

第一，对于外国人犯罪的案件，凡是依法有管辖权的，应当敢于行使司法管辖权，严格按照我国的法律规定以及我国参加的国际条约的规定，追究其刑事责任。

第二，凡是属于享有外交特权和豁免的人的犯罪案件，我国司法机关不得以任何借口行使刑事司法管辖权，只能通过外交途径解决。同时，对于任何国家，无论强弱、大小，都应同等对待。

案 例 解 析

本案中的不当之处主要包括以下两点。

(1) 根据职权原则的要求，对刑事案件的侦查、拘留、执行逮捕、预审，由公安机关负责。检察、批准逮捕、检察机关直接受理的案件的侦查、提起公诉，由人民检察院负责。本案中，王某涉嫌的犯罪不属于检察机关直接受理的案件范围，因而检察机关不能行使侦查权。同时，检察机关在作出逮捕决定后，只能交由公安机关来执行，而不能自己执行。

(2) 孙某向公安机关报案,公安机关拒绝立案的做法也是错误的。

本章小结

我国刑事诉讼基本原则是公安、司法机关长期实践经验和优良传统的总结,反映了刑事诉讼的客观规律和基本要求,对于刑事诉讼立法和司法实践具有重大的指导意义。

国际通行的刑事诉讼原则,如无罪推定原则、司法独立原则、禁止重复追究原则、国家追诉与控审分离原则、禁止强迫自证其罪原则等,是各国刑事司法长期以来探索和总结的成果,对我国刑事诉讼基本原则体系的完善有着重要的借鉴意义。

我国刑事诉讼基本原则体系虽然与国际上其他国家的基本原则体系有共通的一面,但也有较为独特的内容,如分工负责、互相配合、互相制约原则,法律监督原则,专门机关与群众相结合原则等。

思考题

1. 试比较人民法院独立行使职权与人民检察院独立行使职权的异同。
2. 未经人民法院依法判决,不得确定有罪原则与无罪推定原则有什么关系?
3. 分工负责、互相配合、互相制约原则可能存在的缺陷是什么?
4. 确立使用本民族语言文字进行诉讼原则的意义是什么?

第三章 刑事诉讼基本制度

学习目标

通过本章的学习，你可以……

- 掌握立案管辖的根据与具体内容
- 掌握级别管辖、地区管辖和专门管辖的依据、内容
- 掌握回避的种类、理由和适用的人员
- 掌握回避的具体程序
- 了解辩护制度的概念、特点
- 掌握辩护人的范围、地位、职责、权利和义务
- 掌握辩护的种类和方式
- 了解刑事诉讼代理的主要情形
- 了解刑事法律援助的特点及具体程序
- 掌握刑事附带民事诉讼的概念及主要程序

案例研讨

(一)

某市公安局对一起特大盗窃案件立案侦查,以公安局局长黄某为首组成专案组。经查,犯罪嫌疑人王某、李某、赵某三人涉嫌共同盗窃。在侦查过程中,王某聘请的律师季某在未与王某商量的情况下,向公安机关申请本案的侦查员孙某回避,理由是其与本案的被害人是邻居,且关系密切。侦查科科长立即停止了孙某的侦查工作,孙某为了避免别人的闲话也立即退出了侦查活动。但侦查科科长后经审查认为这不属于法定回避的理由,驳回了回避申请。接着李某申请公安局局长回避,理由是公安局局长与被害人的父亲是大学同学,关系很好。之后,上级公安机关作出了回避决定。本案经市人民检察院起诉至市人民法院,在审理期间,赵某提出书记员刘某原是本案侦查人员,后工作调动至人民法院,不应担任本案书记员;李某提出陪审员林某相貌凶恶,语气严厉,不应参与本案的审判。审判长贾某当庭驳回赵某、李某的回避申请。

问题:本案回避程序有何违法之处?请说明理由。

(二)

王某与谢某有仇。一天下午王某在家中休息,谢某闯入后将其杀死。后谢某为了销毁罪证,将王某尸体移入其邻居赵某家中,并放火烧毁了房屋。在人民法院审理此案时,赵某提起附带民事诉讼,要求被告人谢某赔偿其烧毁房屋所造成的损失。

问题:赵某是否有权提起附带民事诉讼?

引 言

刑事诉讼基本制度主要包括管辖制度、回避制度、辩护与代理制度、刑事法律援助制度和刑事附带民事诉讼制度。其中,管辖制度主要解决公、检、法三机关在受理刑事案件上的权限分工和法院系统内部在审判第一审刑事案件上的权限分工问题。回避制度旨在确保办案人员或其他相关人员保持中立无偏的地位,从而使当事人能够获得公正的对待。辩护与代理制度主要解决刑事诉讼中特定主体的法律帮助问题,通过聘请或指定辩护人、委托诉讼代理人,从而使其能够充分有效地参与诉讼。刑事法律援助制度的设立,旨在使诉讼中因经济困难或其他原因而没有聘请律师的特定主体获得法律帮助。刑事附带民事诉讼制度主要解决犯罪行为给被害人造成的损害赔偿。

第一节 管辖制度

一、刑事管辖概述

刑事诉讼中的管辖,是指公安机关、人民检察院和人民法院在直接受理刑事案件上的权限分工,以及人民法院系统内部在审判第一审刑事案件上的权限分工。

在我国,刑事管辖主要包括两部分的内容,一是立案管辖,二是审判管辖。前者解决公、检、法三机关在受理刑事案件上的分工问题,后者解决人民法院审理第一审刑事案件的分工问题。审判管辖又可以划分为级别管辖、地区管辖和专门管辖。

二、立案管辖

立案管辖,又称职能管辖或部门管辖,是指公安机关、人民检察院和人民法院在直接受理刑事案件上的权限分工。根据我国长期的司法实践经验,刑事诉讼法确立立案管辖的根据主要包括三点。

第一,案件的性质和难易、复杂程度。

第二,立案管辖有利于准确、及时地查明案情,有利于惩罚犯罪分子,并保障无辜的人不受追究。

第三,立案管辖与公安机关、人民检察院和人民法院在刑事诉讼中的具体职责和任务相适应。

据此,我国立案管辖的具体内容包括如下四个方面。

(一)人民法院直接受理的案件

人民法院直接受理的案件被称为自诉案件。根据我国刑事诉讼法的规定,自诉案件包括下列三类。

(1) 告诉才处理的案件。告诉才处理的案件，是指由犯罪行为的直接受害者或其法定代理人提出控告，人民法院才能受理的案件。具体来说，此类案件包括没有严重危害社会秩序和国家利益的侮辱、诽谤案，暴力干涉婚姻自由案，虐待案，侵占案等。如果被害人受到强制、威胁而无法告诉的，人民检察院和被害人的近亲属代为告诉的，人民法院也应当受理。被害人是无行为能力人或者限制行为能力人以及由于年老、患病、盲、聋、哑等原因不能亲自告诉的，其近亲属也可以代为告诉。

(2) 被害人有证据证明的轻微刑事案件。此类案件主要包括：故意伤害案(轻伤)，重婚案，遗弃案，侵犯通信自由案，非法侵入他人住宅案，侵犯知识产权案，生产、销售伪劣商品案，以及属于《刑法》分则第四、五章规定的，对被告人可能判处三年有期徒刑以下刑罚的其他轻微刑事案件。

(3) 被害人有证据证明对被告人侵犯自己人身、财产权利的行为应当依法追究刑事责任，而公安机关或者人民检察院不予追究被告人刑事责任的案件。根据我国刑事诉讼法的规定，被害人对于人民检察院所作出的不起诉决定如果不服的，可以向上一级人民检察院申诉，也可以不经申诉而直接向人民法院提起自诉。

(二) 人民检察院直接受理的案件

根据刑事诉讼法的相关规定，人民检察院可以直接受理的案件包括以下两类。

(1) 人民检察院在对诉讼活动实行法律监督中发现的司法工作人员利用职权实施的非法拘禁、刑讯逼供、非法搜查等侵犯公民权利、损害司法公正的犯罪案件。

(2) 对于公安机关管辖的国家机关工作人员利用职权实施的重大的犯罪案件，需要由人民检察院直接受理的时候，经省级以上人民检察院决定，可以由人民检察院立案侦查。

(三) 公安机关受理的案件

公安机关是我国主要的侦查机关，除了几类法律特别规定的案件外，大多数的刑事案件都由其管辖。

以下几类案件不属于公安机关的管辖范围：① 法律明确规定由人民法院和人民检察院负责管辖的案件；② 国家安全机关负责办理的危害国家安全的案件；③ 军队保卫部门和监狱分别负责办理的发生在军队内部和监狱的犯罪案件；④ 海关缉私部门负责办理的走私犯罪案件。

(四) 立案管辖交叉问题的解决

第一，公安机关与人民检察院立案管辖的交叉问题。根据《人民检察院刑事诉讼规则》第十八条规定："人民检察院办理直接受理侦查的案件涉及公安机关管辖的刑事案件，应当将属于公安机关管辖的刑事案件移送公安机关。如果涉嫌的主罪属于公安机关管辖，由公安机关为主侦查，人民检察院予以配合；如果涉嫌的主罪属于人民检察院管辖，由人民检察院为主侦查，公安机关予以配合。对于一人犯数罪、共同犯罪、共同犯罪的犯罪嫌疑人还实施其他犯罪、多个犯罪嫌疑人实施的犯罪存在关联，并案处理有利于查明案件事实和诉讼进行的，人民检察院可以在职责范围内对相关犯罪案件并案处理。"同时，根据《中华人民共和国监察法》(以下简称《监察法》)的规定，所有行使公权力的公职人员的职务犯罪案件均由监察机关管辖受理，监察机关办理职务违法和职务犯罪案件，应当与审判机关、检察机关、执法部门互相配合、互相制约。被调查人既涉嫌严重职务违法或者职务犯罪，又涉嫌其他违法犯罪的，一般应当由监察机关为主调查，其他机关予以协助。

第二，自诉案件与公诉案件的交叉问题。公安机关或人民检察院在侦查过程中，如果发现被告人还涉嫌人民法院直接受理的案件时，对于告诉才处理的案件，可以告知被害人有权向人民法院提起诉讼；对于人民法院可以受理的其他类型的自诉案件，可以立案侦查，然后在人民检察院提起公诉时，和公诉案件一并移送人民法院，由人民法院合并审理。侦查终结后不提起公诉的，则应直接移送人民法院处理。

三、审判管辖

审判管辖，是指人民法院之间在审判第一审刑事案件上的权限分工。在我国，人民法院系统包括最高人民法院、地方各级人民法院（基层、中级、高级）和专门人民法院，审判管辖解决的就是由哪个法院进行第一审的问题。

审判管辖又可以分为级别管辖、地区管辖和专门管辖。

（一）级别管辖

级别管辖，是指各级人民法院在审判第一审刑事案件上的分工。划分级别管辖主要考虑如下几个因素：各级法院的职责范围和工作负担；案件的性质、严重复杂程度和社会影响范围；可能判处刑罚的轻重。

基于对上述因素的考虑，结合我国刑事诉讼法的相关规定，可以发现级别管辖具有如下特点。

（1）法律对中级人民法院的管辖范围规定得比较具体，对其他法院的管辖范围只做了概括性的规定。中级人民法院管辖的第一审刑事案件包括：危害国家安全、恐怖活动案件；可能判处无期徒刑、死刑的案件。高级人民法院管辖的是全省（自治区、直辖市）性的重大刑事案件。最高人民法院管辖的是全国性的重大刑事案件。除此之外，大量的第一审刑事案件由基层人民法院受理并审判。

（2）原则性与灵活性相结合，上级人民法院可以有条件地管辖下级人民法院管辖的某些案件。根据我国刑事诉讼法的规定，上级人民法院在必要的时候可以审判下级人民法院管辖的第一审刑事案件；下级人民法院认为案情重大、复杂的时候可以请求移送上一级人民法院审判。另外，对于一人犯数罪、共同犯罪和其他需要合并审理的案件，只要其中一人或者一罪属于上级人民法院管辖的，全案由上级人民法院管辖。

（二）地区管辖

地区管辖，是指同级人民法院之间审判第一审刑事案件的分工。如果说级别管辖是从纵向解决上下级法院间的管辖分工，那么地区管辖则是从横向解决同级法院之间的分工。只有同时解决级别管辖和地区管辖才能最终确定某一案件的具体管辖法院。

确定地区管辖的原则有两点。一是以犯罪地法院管辖为主，以被告人居住地法院管辖为辅的原则。这里的犯罪地包括犯罪预备地、犯罪实施地、犯罪结果地、销赃地等。二是以最初受理的法院管辖为主，以主要犯罪地法院管辖为辅的原则。

对于犯罪地和被告人居住地,《最高法院解释》第二条、第三条做了补充解释。① 针对或者利用计算机网络实施的犯罪,犯罪地包括犯罪行为发生地的网站服务器所在地,网络接入地,网站建立者、管理者所在地,被侵害的计算机信息系统及其管理者所在地,被告人、被害人使用的计算机信息系统所在地,以及被害人财产遭受损失地。② 被告人的户籍地为其居住地。经常居住地与户籍地不一致的,经常居住地为其居住地。经常居住地为被告人被追诉前已连续居住一年以上的地方,但住院就医的除外。被告单位登记的住所地为其居住地。主要营业地或者主要办事机构所在地与登记的住所地不一致的,主要营业地或者主要办事机构所在地为其居住地。

此外,依据 2010 年 3 月 15 日发布的《最高人民法院、最高人民检察院、公安部、司法部关于依法惩治拐卖妇女儿童犯罪的意见》第 4 点规定:"拐卖妇女、儿童犯罪案件依法由犯罪地的司法机关管辖。拐卖妇女、儿童犯罪的犯罪地包括拐出地、中转地、拐入地以及拐卖活动的途径地。如果由犯罪嫌疑人、被告人居住地的司法机关管辖更为适宜的,可以由犯罪嫌疑人、被告人居住地的司法机关管辖。"

(三) 专门管辖

专门管辖,是指专门人民法院和地方人民法院之间、专门人民法院之间和每一种专门人民法院系统内部在审判第一审刑事案件上的分工。在我国,可以审理刑事案件的专门法院主要是军事法院。

军事法院主要管辖现役军人犯罪的案件。如果是现役军人和非军人共同实施的犯罪,则分别由军事法院和地方人民法院或者其他专门法院管辖;涉及国家军事秘密的,则全案由军事法院管辖。但是,非军人、随军家属在部队营区内犯罪的,军人在办理退役手续后犯罪的,现役军人入伍前犯罪的以及退役军人在服役期内犯罪的案件,由地方人民法院或军事法院之外的其他专门法院管辖。

(四) 几类特殊的审判管辖

(1) 在中华人民共和国领域外的中国航空器内的犯罪,由该航空器在中国最初降落地的人民法院管辖。

(2) 在中华人民共和国领域外的中国船舶内的犯罪,由该船舶最初停泊的中国口岸所在地的人民法院管辖。

(3) 在国际列车上的犯罪,根据我国与相关国家签订的协定确定管辖;没有协定的,由该列车最初停靠的中国车站所在地或者目的地的铁路运输法院管辖。

(4) 中国公民在中国驻外使领馆内的犯罪,由其主管单位所在地或者原户籍地的人民法院管辖。中国公民在中华人民共和国领域外的犯罪,由其入境地或者离境前居住地的人民法院管辖;被害人是中国公民的,也可由被害人离境前居住地的人民法院管辖。

(5) 外国人在中华人民共和国领域外对中华人民共和国国家或者公民犯罪,根据《中华人民共和国刑法》应当受处罚的,由该外国人入境地、入境后居住地或者被害中国公民离境前居住地的人民法院管辖。

(6) 对中华人民共和国缔结或者参加的国际条约所规定的罪行,中华人民共和国在所承担条约义务的范围内,行使刑事管辖权的,由被告人被抓获地的人民法院管辖。

第二节 回避制度

一、回避概述

回避，是指法律规定的与案件当事人或者案件有利害关系的审判人员、检察人员、侦查人员，以及书记员、鉴定人、翻译人员，不得参加该案诉讼活动的一种制度。回避制度的设立旨在通过使存在法定回避事由的人不参加诉讼来维护司法公正。

二、回避的种类、理由和适用的人员

根据我国刑事诉讼法和相关司法解释的规定，回避有三种类型：自行回避、申请回避和指令回避。

自行回避，是指审判人员、检察人员、侦查人员以及其他相关人员，在刑事诉讼中如果遇有法律规定的应当回避的情形，认为自己不应当在本案中履行职务时主动提出的回避。

申请回避，是指案件的当事人及其法定代理人，如果认为处理案件的办案人员及其他相关人员具有法律规定的应当回避的情形时，依法向有关机关提出要求他们不得在本案中履行职务的请求。

指令回避，是指依照法律规定应当回避的人员，本人没有自行回避，当事人及其代理人也没有申请其回避的，有关机关及其负责人经过审查直接作出回避决定，命令其不得在本案中履行职务的制度。

根据刑事诉讼法的规定，回避的理由主要包括以下五点。

(1) 相关人员是本案的当事人或者当事人的近亲属的。本案的当事人，是指本案的被害人、自诉人、犯罪嫌疑人、被告人、附带民事诉讼的原告人和被告人；当事人的近亲属，是指上述人员的夫、妻、父、母、子、女、同胞兄弟姐妹。

(2) 相关人员本人或者其近亲属和本案有利害关系的。

(3) 相关人员担任过本案证人、鉴定人、辩护人或者诉讼代理人的。

(4) 相关人员与本案当事人有其他利害关系，可能影响案件公正处理的。

(5) 相关人员作为审判人员、检察人员、侦查人员接受当事人及其委托的人的请客送礼，或者违反规定会见当事人及其委托的人。

在刑事诉讼中，适用回避制度的人员包括以下三个方面。

(1) 审判人员、检察人员、侦查人员、书记员、翻译人员、鉴定人。其中，就审判人员而言，既包括直接审理案件的审判员、助理审判员和人民陪审员，也包括有权参与案件讨论和作出处理决定的法院院长、庭长以及审判委员会其他成员。另外，根据《中华人民共和国律师法》(以下简称《律师法》)和《最高法院解释》，审判人员及法院其他工作人员离任不满两年的，法院不予准许其担任该法院所审理案件的诉讼代理人、辩护人；审判人员及法院其他工作人员的配偶、子女、父母,也不得担任其所在法院的案件诉讼代理人、辩护人。就检察人员而言,包括直接负责自侦案件的侦查和直接负责公诉案件的批准逮捕、审查起诉、出庭支持公诉的检察人员,以及有权参与案件讨论和作出处理决定的检察长和检察委员会委员。

(2) 根据《最高人民法院关于审判人员严格执行回避制度的若干规定》的要求,刑事诉讼中的执行人员在执行过程中遇到法律和最高人民法院司法解释规定的应当回避情形时,也应当予以回避。

(3) 回避制度不适用于诉讼代理人和辩护人。

三、回避的程序

(一) 回避的提起

回避的提起分为回避的提出和回避的申请。回避的提出是办案人员本人在遇到应当回避的情形时,以书面或口头的方式,主动提出不在本案中履行职务的请求。回避的申请是当事人及其法定代理人、辩护人、诉讼代理人在发现办案人员或其他相关人员具有应当回避的情形时提出的,要求他们不得在本案中履行职务的申请。在侦查、起诉和审判阶段,办案人员应告知当事人及其法定代理人、辩护人、诉讼代理人有权申请回避。

(二) 回避的审查决定

根据我国《刑事诉讼法》的规定,审判人员、检察人员、侦查人员的回避,应当分别由人民法院院长、人民检察院检察长、公安机关负责人决定。人民法院院长的回避,由本院审判委员会决定。人民检察院检察长、公安机关负责人的回避,由同级人民检察院检察委员会决定。书记员、翻译人员、鉴定人的回避,应当根据其所处诉讼阶段分别由人民法院院长、人民检察院检察长、公安机关负责人决定。

办案人员应当回避的,如果本人没有自行回避,当事人或其法定代理人也没有申请其回避的,人民法院院长、人民检察院检察长、公安机关负责人或者审判委员会、检察委员会应当决定其回避。

一般来说,需要回避的人员在有关人员或者组织作出是否回避的决定前,应当暂停履行其在该案中的职务,以保证诉讼活动的公正进行。但是,在对侦查人员的回避审查决定过程中,侦查人员不停止对案件的侦查。

(三) 回避的复议问题

对于当事人及其法定代理人、辩护人、诉讼代理人提出的回避申请,办案机关在经过审查后可以作出回避的决定或驳回申请回避的决定。但对于驳回申请回避的决定,当事人及其法定代理人、辩护人、诉讼代理人可以申请复议一次。

根据我国相关司法解释的规定,公安机关或检察机关在作出驳回申请回避的决定后,应当告知当事人及其法定代理人、辩护人、诉讼代理人,如不服这一决定,可以在收到"驳回申请回避决定书"后五日内向原决定机关申请复议一次。当事人及其法定代理人、辩护人、诉讼代理人申请复议的,决定机关应在三日内作出复议决定书并书面通知申请人。

第三节 辩护与代理制度

一、辩护制度概述

辩护制度，是指法律规定的关于辩护权、辩护种类、辩护方式、辩护人的范围、辩护人的责任、辩护人的权利义务等一系列规则和制度的总称。它是“犯罪嫌疑人、被告人有权获得辩护”这一宪法原则在刑事诉讼中的体现和保障。值得强调的是，辩护权是犯罪嫌疑人、被告人最基本的诉讼权利，它具有如下几个特点：贯穿于刑事诉讼的整个过程，不受诉讼阶段的限制；不受罪行轻重、犯罪性质的限制；不受案件调查情况的限制；不受犯罪嫌疑人、被告人认罪态度的限制。

当代的刑事辩护既包括犯罪嫌疑人、被告人的自行辩护，也包括他人（尤其是律师作为辩护人）的代为辩护。后者在司法实践中发挥了极为重要的作用，可以说辩护制度的有效运作在很大程度上取决于律师辩护的有效进行。但自行辩护与代为辩护也存在一定的区别，这表现为以下三点。① 自行辩护的主体是案件的当事人，是被指控犯罪并可能要承担刑事责任的人。代为辩护的主体不是当事人，不是为了自己的利益，而是为了维护被追诉人的利益进行辩护。② 自行辩护是犯罪嫌疑人、被告人的权利，可以行使，也可以放弃。代为辩护则是辩护人的职责，不得随意放弃。③ 犯罪嫌疑人、被告人自行辩护不受诉讼阶段的限制，在整个诉讼过程中，犯罪嫌疑人、被告人都享有自行辩护的权利。辩护人的辩护必须有合法的委托或指定，而且只能在法律规定的诉讼阶段才能参加诉讼。

二、辩护人的范围

辩护人，是指接受犯罪嫌疑人、被告人的委托或法律援助机构的指派，帮助犯罪嫌疑人、被告人行使辩护权，维护其合法权益的人。每名犯罪嫌疑人或被告人最多可以聘请两名辩护人，而同案的犯罪嫌疑人不得聘请同一名律师。

根据刑事诉讼法的规定，辩护人的范围包括：律师，人民团体或者犯罪嫌疑人、被告人所在单位推荐的人，犯罪嫌疑人、被告人的监护人、亲友。

依据规定，不得担任辩护人的人员如表 3-1 所示。

表 3-1 不得担任辩护人的人员

不得担任辩护人的人员	特 点
正在被执行刑罚或者处于缓刑、假释考验期间的人	
依法被剥夺、限制人身自由的人	
无行为能力或者限制行为能力的人	

续 表

<table>
<tr><th>不得担任辩护人的人员</th><th>特　点</th></tr>
<tr><td>公安机关、人民检察院、人民法院、国家安全部、监狱的现职人员</td><td rowspan="5">这五类人员如果是被告人的近亲属或者监护人,由被告人委托担任辩护人的,人民法院可以准许</td></tr>
<tr><td>人民陪审员</td></tr>
<tr><td>与本案审理结果有利害关系的人</td></tr>
<tr><td>外国人或无国籍人</td></tr>
<tr><td>被开除公职和被吊销律师、公证员执业证书的人</td></tr>
<tr><td>依据《律师法》第十一条的规定,律师担任各级人民代表大会常务委员会组成人员的,任职期间不得从事诉讼代理或者辩护业务</td><td></td></tr>
</table>

三、辩护人的诉讼地位和职责

辩护人在刑事诉讼中的法律地位是独立的诉讼参与人,是犯罪嫌疑人、被告人合法权益的维护者。辩护人既不受公诉人意见的左右,也不受犯罪嫌疑人、被告人无理要求的约束。

值得指出的是,修订后的《刑事诉讼法》明确了侦查阶段的律师辩护权。例如,《刑事诉讼法》第三十八条规定:"辩护律师在侦查期间可以为犯罪嫌疑人提供法律帮助;代理申诉、控告;申请变更强制措施;向侦查机关了解犯罪嫌疑人涉嫌的罪名和案件有关情况,提出意见。"

《刑事诉讼法》第三十九条规定:"辩护律师可以同在押的犯罪嫌疑人、被告人会见和通信。其他辩护人经人民法院、人民检察院许可,也可以同在押的犯罪嫌疑人、被告人会见和通信。""辩护律师会见在押的犯罪嫌疑人、被告人,可以了解案件有关情况,提供法律咨询等;自案件移送审查起诉之日起,可以向犯罪嫌疑人、被告人核实有关证据。辩护律师会见犯罪嫌疑人、被告人时不被监听。"

在刑事诉讼中,辩护人的职责主要有以下四点。

(1) 依事实和法律来维护犯罪嫌疑人、被告人的合法权益,而不得帮助犯罪嫌疑人、被告人编造口供,串供,伪造、毁灭证据或者威胁、引诱证人提供不实证据。

(2) 通过提出证明犯罪嫌疑人、被告人无罪、罪轻或者减轻、免除其刑事责任的材料和意见,来维护其合法权益。

(3) 辩护人收集的有关犯罪嫌疑人不在犯罪现场、未达到刑事责任年龄、属于依法不负刑事责任的精神病人的证据,应当及时告知公安机关、人民检察院。

(4) 辩护律师对在执业活动中知悉的委托人的有关情况和信息,有权予以保密。但是,辩护律师在执业活动中知悉委托人或者其他人,准备或者正在实施危害国家安全、公共安全以及严重危害他人人身安全的犯罪的,应当及时告知司法机关。

四、辩护的种类和方式

根据刑事诉讼法的规定,我国辩护制度中辩护的种类有三种。

(一) 自行辩护

自行辩护,是指犯罪嫌疑人、被告人针对指控进行反驳、申辩和辩解的行为。自行辩护贯穿于整个刑事诉讼过程中，是犯罪嫌疑人、被告人进行辩护的最重要的途径。

（二）委托辩护

委托辩护，是指犯罪嫌疑人或被告人为维护其合法权益，依法委托律师或者其他公民协助其进行辩护。在自诉案件中，被告人有权随时委托辩护人。在公诉案件中，犯罪嫌疑人自被侦查机关第一次讯问或者采取强制措施之日起，有权委托辩护人。但在侦查期间，只能委托律师作为辩护人。

（三）指定辩护

指定辩护，是指犯罪嫌疑人、被告人因经济困难或者其他原因而无力聘请辩护人的，人民法院、人民检察院和公安机关应当通知法律援助机构指派律师为其提供辩护。

根据《刑事诉讼法》和《最高法院解释》的规定，在遇有下列情形时，人民法院、人民检察院和公安机关应当通知法律援助机构指派律师为其提供辩护：① 犯罪嫌疑人、被告人是盲、聋、哑人，或者是尚未完全丧失辨认或者控制自己行为能力的精神病人，没有委托辩护人的；② 犯罪嫌疑人、被告人可能被判处无期徒刑、死刑，没有委托辩护人的；③ 未成年犯罪嫌疑人、被告人没有委托辩护人的；④ 高级人民法院复核死刑案件，被告人没有委托辩护人的；⑤ 人民法院缺席审判案件，被告人及其近亲属没有委托辩护人的。

此外，根据《最高法院解释》第四十三条的规定，具有下列情形之一，被告人没有委托辩护人的，人民法院可以通知法律援助机构指派律师为其提供辩护：① 共同犯罪案件中，其他被告人已经委托辩护人；② 有重大社会影响的案件；③ 人民检察院抗诉的案件；④ 被告人的行为可能不构成犯罪；⑤ 有必要指派律师提供辩护的其他情形。

在我国，进行辩护的方式有两种，一是口头辩护，二是书面辩护。在司法实务中，这两种方式常常会根据实际需要而交织使用。

五、辩护人的权利和义务

根据相关法律的规定，辩护人享有的权利如表 3-2 所示。

表 3-2 辩护人享有的权利

辩护人享有的权利
人身保障权与执业豁免权（《律师法》第三十七条）
独立辩护权（《律师法》第三十一条和第三十二条第二款隐含了这一原则；中华全国律师协会制定的《律师办理刑事案件指引》第五条则作了明确的规定）
阅卷权、会见通信权（《刑事诉讼法》第三十九条、四十条；《律师法》第三十三条、三十四条）
调查取证权（《刑事诉讼法》第四十一条、四十三条；《律师法》第三十五条）
提出意见权（《刑事诉讼法》第一百七十三条）
获知开庭日期权（《刑事诉讼法》第一百八十七条）
参加法庭调查和法庭辩论权（《刑事诉讼法》第一百九十一条、一百九十二条、一百九十四条、一百九十五条、一百九十七条、一百九十八条；）
保守职业秘密的权利（《刑事诉讼法》第四十八条）

续 表

辩护人享有的权利
经被告人同意,提出上诉的权利(《刑事诉讼法》第二百二十七条)
要求变更、解除强制措施的权利(《刑事诉讼法》第九十七条、九十九条)
申诉、控告权(《刑事诉讼法》第四十九条)
拒绝辩护权(《律师法》第三十二条)

根据我国《刑事诉讼法》和《律师法》的规定,辩护人具有的义务如表 3-3 所示。

表 3-3 辩护人具有的义务

	辩护人具有的义务
《刑事诉讼法》的规定	在执业活动中知悉委托人或者其他人,准备或者正在实施危害国家安全、公共安全以及严重危害他人人身安全的犯罪的,应当及时告知司法机关
	参加法庭审理时应遵守法庭规则
	未经人民检察院、人民法院的许可,不得向被害人或者其近亲属及被害人提供的证人收集与本案有关的材料
	不得帮助犯罪嫌疑人、被告人串供、隐匿、毁灭、伪造证据;不得威胁、引诱证人改变证言或者作伪证
《律师法》的规定	应当向法庭出示物证,让当事人辨认,对未到庭的证人证言笔录、鉴定意见和其他作为证据的文书,应当当庭宣读
	不得私自接受委托,私自向委托人收取费用,收受委托人的财物
	不得违反规定会见法官、检察官、仲裁员以及其他有关工作人员
	不得向法官、检察官、仲裁员以及其他有关工作人员行贿
	不得接受对方当事人的财物或者其他利益,与对方当事人或者第三人恶意串通,侵害委托人的权益
	不得提供虚假证据或者威胁、利诱他人提供虚假证据,不得妨碍对方当事人合法取得证据
	不得干扰法庭秩序,妨碍诉讼的正常进行
	不得煽动、教唆当事人采取扰乱公共秩序、危害公共安全等非法手段解决争议
	保守履行职责过程中知悉的国家秘密和当事人的商业秘密,不得泄露当事人的隐私
	曾经担任法官、检察官的律师,从人民法院、人民检察院离任后两年内,不得担任诉讼代理人或者辩护人
	必须按照国家规定承担法律援助义务
	无正当理由,不得拒绝辩护

六、刑事诉讼代理

刑事诉讼代理,是指代理人接受公诉案件的被害人及其法定代理人或者近亲属、自诉案件的自诉人及其法定代理人以及附带民事诉讼的当事人及其法定代理人的委托,以被代理人的名义参加诉讼,由被代理人承担代理行为的法律后果的一项法律制度。

刑事诉讼中的代理分为法定代理和委托代理两种,前者是基于法律的规定,后者是基于被代理人的委托授权。两者相同之处在于,代理人必须在代理权限范围内活动,其法律行为的后果由被代理人承担；不同之处在于，由于代理产生的根据不同，导致代理人的范围、权限、权利与义务等方面均有不同。

根据我国刑事诉讼法的规定，下列人员可以被委托为诉讼代理人：律师，人民团体或者被代理人所在单位推荐的人，被代理人的监护人、亲友。正在被执行刑罚或者依法被剥夺、限制人身自由的人，不得担任诉讼代理人。

在我国，刑事诉讼代理主要包括以下几种情况。

（一）自诉案件中的代理

在自诉案件中，自诉人及其法定代理人有权随时委托诉讼代理人参加诉讼。被告人在接到自诉人的诉状后，委托辩护律师的过程中，如果要提起反诉，可以同时委托该律师兼作诉讼代理人。

自诉案件中代理律师的权利主要包括：

（1）经授权一般代理后，有纠正委托人起诉事实的权利；

（2）可以代自诉人向人民法院提起诉讼（包括拟写诉状）；

（3）有权持单位介绍信和执业证件向有关单位进行访问、调查本案案情；

（4）可以到人民法院查阅人民检察院不起诉、被害人起诉后人民检察院移送给人民法院的有关案卷材料；

（5）人民法院开庭审理时代理律师有权应人民法院的通知到庭履行职务；

（6）经自诉人授权，有权代委托人申请法庭组成人员、书记员等依法回避；

（7）在庭审中经审判长许可可以向被告人发问，可以申请审判长对证人、鉴定人等询问或者请求审判长许可直接发问，申请通知新的证人到庭、调取新的物证、申请重新鉴定或者勘验；

（8）法庭调查后，有权发言并且可以和被告方展开辩论；

（9）有权代自诉人阅读审判笔录，如果认为有错误或遗漏，有权请求补充或改正；

（10）对司法工作人员非法剥夺自诉人诉讼权利和人身侮辱等侵权行为，有权提出控告。

自诉案件中代理律师的义务主要包括：

（1）按照人民法院的通知及时到庭依法履行职务，不得借故妨碍诉讼的正常进行；

（2）依法出庭履行职务时，应严格遵守法庭的规则与秩序，严格遵守和执行法律规定的程序；

（3）协助自诉人担负举证义务；

（4）对于人民法院已经生效的判决、裁定或者调解协议，代理律师认为是正确的，则有义务教育委托人认真遵守执行；

（5）对于执业中接触到的国家机密、商业秘密和个人隐私，应当严格保守秘密；

（6）履行《律师法》规定的其他义务。

（二）公诉案件中的代理

公诉案件中，被害人及其法定代理人或者近亲属，自案件移送审查起诉之日起，有权委托诉讼代理人参加诉讼。这里的诉讼，既包括人民检察院提起公诉阶段的活动，也包括人民法院的审判活动。人民检察院有告知被害人及其法定代理人或者近亲属委托诉讼代理人的义务。在诉讼进行中，诉讼代理人承担的是控诉职能。

公诉案件中代理人的权利主要包括：有权代理委托人向公安、司法机关控告犯罪；可以收集、阅读与本案有关的材料；对于人民检察院不起诉的案件，被害人如果不服，代理律师有权在被害人收到不起诉决定书后七日内，代其向人民检察院提出申诉，也可以经被害人授权代被害人向人民法院提起自诉；在法庭审理阶段，经审判长同意，可以向被告人、证人发问，可以参加法庭辩论等。

（三）附带民事诉讼中的代理

在公诉或自诉案件中，附带民事诉讼的当事人及其法定代理人可以委托诉讼代理人参加诉讼、维护其合法权益。所不同的是，公诉案件中委托诉讼代理人的时间是自案件移送审查起诉之日起，而自诉案件中则可以随时委托诉讼代理人。对此，人民检察院和人民法院都有告知义务，人民检察院自收到移送审查起诉的案件材料之日起三日内应当告知附带民事诉讼的当事人或法定代理人有权委托诉讼代理人，人民法院自受理自诉案件之日起三日内应当告知。

附带民事诉讼中的诉讼代理，分为一般代理和特别授权代理。特别授权代理需要在授权委托书中注明授权的内容，如代为承认、放弃或变更诉讼请求，进行和解、调解等。委托书应由委托人签字后送交受案的人民法院。诉讼代理人必须在委托书授权的范围内进行诉讼活动，否则无效。

第四节　刑事法律援助制度

一、刑事法律援助概述

刑事法律援助，是指在刑事诉讼中，负有法律援助责任的机构和人员对需要得到法律服务而又经济困难的犯罪嫌疑人、被告人及特殊案件的当事人，为维护其合法权益而依照法律的规定提供法律帮助的制度。

我国的刑事法律援助制度具有以下几个特点。

（一）实施援助的强制性

刑事法律援助的实施具有一定的强制性，这表现在两个方面。一是对于办案机关（公、检、法）而言，如果犯罪嫌疑人、被告人可能被判处无期徒刑或死刑，或者犯罪嫌疑人、被告人是盲、聋、哑人，或者是尚未完全丧失辨认或者控制自己行为能力的精神病人，或者是未成年人，若上述人员没有委托辩护人，则不论是否因为经济困难或其他原因，均应为其指定辩护。二是对于法律援助机构而言，在办案机关发出援助通知之后，就必须为犯罪嫌疑人、被告人提供法律援助服务。

（二）受援对象的特定性

根据我国《刑事诉讼法》和《法律援助条例》的规定，刑事诉讼中法律援助的对象是犯罪嫌疑人和被告人。

具体来说，有四种情况可能会导致法律援助。一是犯罪嫌疑人、被告人因经济困难或者其他原因没有委托辩护人的，本人及其近亲属可以向法律援助机构提出申请。对符合法律援助条件的，法律援助机构应当指派律师为其提供辩护。二是犯罪嫌疑人、被告人是盲、聋、哑人，或者是尚未完全丧失辨认或者控制自己行为能力的精神病人，或者是未成年人，而没有委托辩护人的，人民法院、人民检察院和公安机关应当通知法律援助机构指派律师为其提供辩护。三是犯罪嫌疑人、被告人可能被判处无期徒刑、死刑，没有委托辩护人的，人民法院、人民检察院和公安机关应当通知法律援助机构指派律师为其提供辩护。四是在缺席审判案件中，被告人及其近亲属没有委托辩护人的，人民法院应当通知法律援助机构指派律师为其提供辩护。

（三）受援阶段的完整化

《法律援助条例》第十一条规定，"犯罪嫌疑人在被侦查机关第一次讯问后或者采取强制措施之日起，因经济困难没有聘请律师的"，可以向法律援助机构申请法律援助。修订后的《刑事诉讼法》也将法律援助拓展至侦查阶段，因而从侦查到审判阶段，犯罪嫌疑人、被告人因经济困难或者其他原因没有委托辩护人的，本人及其近亲属可以向法律援助机构提出申请；同时在特定情况下，办案机关应当通知法律援助机构指派律师为犯罪嫌疑人或被告人提供辩护。这意味着，法律援助将贯穿于刑事诉讼的全过程，从而能够更为有效地实现对犯罪嫌疑人、被告人合法权益的保护。

（四）援助形式的多样性

刑事法律援助工作可表现为在审前程序中为犯罪嫌疑人提供法律帮助，代理申诉、控告，申请变更强制措施，向侦查机关了解犯罪嫌疑人涉嫌的罪名和案件情况并提出意见；在法庭审理阶段的刑事辩护活动等。

二、刑事法律援助的具体程序

根据《法律援助条例》的规定，我国刑事法律援助的程序主要包括以下内容。

（一）法律援助的申请

犯罪嫌疑人、被告人申请法律援助的，应当向审理案件的人民法院所在地的法律援助机构提出申请。被羁押的犯罪嫌疑人的申请由看守所在二十四小时内转交法律援助机构，申请法律援助所需提交的有关证件、证明材料由看守所通知申请人的法定代理人或者近亲属协助提供。

申请法律援助时应当提交下列证件或证明材料：① 身份证或者其他有效的身份证明，代理申请人还应当提交有代理权的证明；② 经济困难的证明；③ 与所申请法律援助事项有关的案件材料。申请应当采用书面形式，填写申请表；以书面形式提出申请确有困难的，可以口头申请，由法律援助机构工作人员或者代为转交申请的有关机构工作人员作书面记录。

（二）法律援助的审查

法律援助机构在收到申请后，应当进行审查。认为申请人提交的证件、证明材料不齐全的，可以要求申请人作出必要的补充或者说明，申请人未按要求作出补充或者说明的，视为撤销申请；认为申请人提交的证件、证明材料需要查证的，由法律援助机构向有关机关、单位查证。对符合法律援助条件的,法律援助机构应当及时决定提供法律援助;对不符合法律援助条件的,应当书面告知申请人理由。

(三)法律援助的异议

申请人对法律援助机构作出的不符合法律援助条件的通知有异议的,可以向确定该法律援助机构的司法行政部门提出,司法行政部门应当在收到异议之日起五个工作日内进行审查,经审查认为申请人符合法律援助条件的,应当以书面形式责令法律援助机构及时对该申请人提供法律援助。

(四)法律援助的实施

由人民法院指定辩护的案件,人民法院在开庭十日前将指定辩护通知书和起诉书副本或者判决书副本送交其所在地的法律援助机构;人民法院不在其所在地审判的,可以将指定辩护通知书和起诉书副本或者判决书副本送交审判地的法律援助机构。

法律援助机构可以指派律师事务所安排律师或者安排本机构的工作人员办理法律援助案件;也可以根据其他社会组织的要求,安排其所属人员办理法律援助案件。对人民法院指定辩护的案件,法律援助机构应当在开庭三日前将确定的承办人员名单回复作出指定的人民法院。

受指派办理法律援助案件的律师或者接受安排办理法律援助案件的社会组织人员在案件结案时,应当向法律援助机构提交有关的法律文书副本或者复印件以及结案报告等材料。

(五)法律援助的终止

根据《法律援助条例》的规定,办理法律援助案件的人员遇有下列情形之一的,应当向法律援助机构报告,法律援助机构经审查核实的,应当终止该项法律援助:① 受援人的经济收入状况发生变化,不再符合法律援助条件的;② 案件终止审理或者已被撤销的;③ 受援人又自行委托律师或者其他代理人的;④ 受援人要求终止法律援助的。

三、法律援助值班律师制度

2014 年,中央全面深化体制改革领导小组正式将“在法院、看守所设置法律援助值班律师办公室”列为司法体制改革的重要内容,将法律援助值班律师制度纳入国家司法体制改革的整体框架之中。最高人民法院、最高人民检察院、公安部、国家安全部、司法部于 2016 年 11 月印发的《关于在部分地区开展刑事案件认罪认罚从宽制度试点工作的办法》、2017 年 8 月印发的《关于开展法律援助值班律师工作的意见》均明确规定了法律援助值班律师制度。

法律援助机构可以根据人民法院、看守所实际工作需要,通过设立法律援助工作站派驻值班律师,及时安排值班律师等形式,为没有委托辩护人且认罪认罚的犯罪嫌疑人、被告人提供法律咨询、程序选择、申请变更强制措施等法律帮助。

2018 年 10 月修正的《刑事诉讼法》对法律援助值班律师制度作了以下明确的规定。① 值班律师的派驻,由法律援助机构负责。② 派驻值班律师的场所为人民法院、看守所等。③ 值班律师的职责是为犯罪嫌疑人、被告人提供法律咨询、程序选择建议、申请变更强制措施、对案件处理提出意见等法律帮助。④ 办案机关的告知义务。人民法院、人民检察院、看守所应当告知犯罪嫌疑人、被告人有权约见值班律师，并为犯罪嫌疑人、被告人约见值班律师提供便利。

第五节 刑事附带民事诉讼制度

一、刑事附带民事诉讼的概念和意义

刑事附带民事诉讼，是指司法机关在刑事诉讼过程中，根据被害人等的申请，为处理被告人的犯罪行为所造成的物质损害赔偿而进行的合并审理的制度。

凡是刑事被告人的犯罪行为给被害人的人身和财产造成损害的，被害一方均可以通过附带民事诉讼的方式要求赔偿，由人民法院审理刑事案件的同一审判组织依法处理，不允许用其他诉讼方式来处理这种损害赔偿。

刑事附带民事诉讼的意义在于：① 通过刑事附带民事诉讼，解决犯罪行为给被害人造成的损害赔偿，可以弥补或减少犯罪分子给国家、集体或公民个人造成的损失，有效地保护国家和人民的利益；② 使犯罪分子在受到刑事处罚的同时受到民事制裁，不让他们在经济上侵害他人利益；③ 可以减少当事人的诉累，节省司法资源，提高办案效率。

二、刑事附带民事诉讼的提起

（一）提起的主体

根据《刑事诉讼法》第一百零一条的规定，提起的主体包括被害人、已死亡或丧失行为能力的被害人的法定代理人、近亲属。当集体和国有财产因犯罪遭受损失时，人民检察院可以提起附带民事诉讼。

（二）提起的客体

提起的客体就是附带民事诉讼的赔偿范围，即被害人因人身权利或财产受到犯罪侵犯而实际或必然遭受的物质损失。人身损害赔偿范围包括医疗费、误工费、护理费、交通费、住院伙食补助费、被扶养人生活费和丧葬费；财产损害赔偿以被告人的犯罪行为直接给被害人造成的实际损失为限，不包括间接损失。因被犯罪人侵占、使用或处置而造成的财产减损、灭失，被害人应当向有关司法机关要求依法追缴发还、责令退赔等予以维权。在确定附带民事诉讼的赔偿范围时应注意，精神损害不在赔偿范围之列。

（三）提起的对象

提起的对象就是附带民事诉讼的被告人。一般情况下刑事被告人也就是附带民事诉讼的被告。特殊情况下，未被追究刑事责任的其他共同致害人、共同犯罪案件中未成年被告人或无刑事责任能力致害人的监护人、共同犯罪案件中已死亡犯罪人的遗产继承人或财产保管人、单位犯罪案件中的单位和其他与犯罪相关的民事责任承担者（如在交通肇事，生产、销

售伪劣商品,侵犯知识产权等犯罪中),按照职务关系、劳务关系、临时监护关系等该承担民事责任的行为人之外的其他自然人或组织,应为附带民事诉讼的被告。

(四)提起的条件

提起的条件包括:被告人的行为必须构成犯罪;被害人的物质损失必须是被告人的犯罪行为所直接造成的;只能在刑事诉讼过程中提起。以上三个条件必须同时具备,缺一不可。需要特别指出的是,由于附带民事诉讼是一种特殊的民事诉讼,所以它同人民法院民事法庭受理的普通民事案件不同,在提起时有以下几个方面的特点:① 司法机关可以主动关心,告知被害人提起;② 附带民事诉讼的原告如果不知道被告人的具体情况,可以不指明被告人;③ 对于人身损害的赔偿数额,可以待到实体审理时提出。

(五)提起的方式

我国刑事诉讼法对提起的方式没有明确的规定。一般认为,可从国情出发,从方便当事人参加诉讼着想,被害人可以口头的或书面的方式提起。但无论用口头或书面的方式,都应当说明附带民事原告和被告的姓名、年龄、职业、住址,被控告的罪行,因犯罪行为所遭受损失的种类和程序及有关证据,具体的赔偿请求等。人民检察院法定代表国家行使附带民事诉讼提起权时,必须以书面方式进行。

三、刑事附带民事诉讼的审理

人民法院审理附带民事案件时可以进行调解。《刑事诉讼法》第一百零三条规定:"人民法院审理附带民事诉讼案件,可以进行调解,或者根据物质损失情况作出判决、裁定。"人民法院审理附带民事诉讼案件,除人民检察院提起的以外,可以调解。调解适用于第一审和第二审的附带民事诉讼案件。在庭审前、庭审中、庭审后、宣判前,审判人员均可以进行调解。调解应当坚持自愿、平等、合法的原则,经过调解,达成调解协议的,审判人员应当制作调解书,调解书经双方当事人签收后即发生法律效力。调解达成协议并当庭执行完毕的,可以不制作调解书,但应当记入笔录,经双方当事人、审判人员、书记员签名或者盖章即发生法律效力。人民法院对附带民事诉讼案件进行调解,应当及时,不能久调不决。对于附带民事部分积极参与调解,已经赔偿了被害人的物质损失的被告人,法院可以在量刑时酌情予以考虑。

人民法院应当合并审判。《刑事诉讼法》第一百零四条规定:"附带民事诉讼应当同刑事案件一并审判,只有为了防止刑事案件审判的过分迟延,才可以在刑事案件审判后,由同一审判组织继续审理附带民事诉讼。"据此,一般情况下,附带民事诉讼,要由人民法院刑事法庭同一合议庭通过同一程序、同一判决,与刑事案件一并审判。但是,在附带民事部分的情况较为复杂,被害人遭受的物质损失或者被告人的赔偿能力一时难以确定,或者附带民事诉讼当事人因故不能到庭等情况下,如果附带民事诉讼同刑事部分一并审判,会影响刑事部分在法定时间内审结的,合议庭也可以先审判刑事部分,再审判附带民事诉讼。如果同一合议庭的成员确实无法继续参加审判的,经事先告知双方当事人,可以更换合议庭成员。附带民事判决对案件事实的认定不得同刑事判决相抵触。附带民事诉讼的延期审理,一般不影响刑事判决的生效。

案例解析

(一)

侦查阶段介入诉讼的律师季某无权申请回避，只有案件的当事人及其法定代理人有权提出回避申请。

对侦查员孙某的回避作出决定前，不应停止其侦查工作，孙某也不应当立即退出侦查活动，因为对侦查人员的回避作出决定前，侦查人员不能停止对案件的侦查。

孙某回避与否不应由侦查科科长来决定。侦查员的回避，应由公安机关负责人决定。

公安局局长的回避不应由上级公安机关来作决定。公安机关负责人的回避，应由同级人民检察院检察委员会决定。

审判长贾某无权决定人民法院书记员刘某的回避问题，人民法院书记员的回避问题应由人民法院院长决定；不应驳回对书记员刘某的回避申请，因为参加过本案侦查的侦查人员，若调至人民法院工作，不得再参与本案的审判工作。

(二)

我国《刑事诉讼法》第一百零一条规定："被害人由于被告人的犯罪行为而遭受物质损失的，在刑事诉讼过程中，有权提起附带民事诉讼。"本案中，被告人谢某焚尸灭迹，烧毁了赵某的房屋，因此赵某是因谢某的犯罪行为而遭受物质损失，他是谢某犯罪行为的受害者。故赵某有权在刑事诉讼期间提起附带民事诉讼。

本章小结

管辖制度有助于明确专门机关的案件管辖范围、权限和职责，防止案件受理中出现相互争执或推诿的现象，从而保证案件得到及时的处理和解决；有利于机关、团体、企事业单位和公民等主体行使报案、举报、控告、起诉等方面的权利；有利于创造公平的审判环境。

回避制度的实行可以有效地避免办案人员因与案件有利害关系而故意偏袒或徇私舞弊；有利于消除当事人及其法定代理人的思想顾虑，增强其对办案机关及办案人员的信任；有利于维护司法机关的权威；另外也能起到保护司法人员的作用。

辩护制度的实行有利于辩护律师运用事实和法律维护犯罪嫌疑人、被告人的合法权益；有利于办案机关正确处理案件，防止办案人员主观臆断，做到兼听则明，从而避免冤假错案的发生。代理制度有利于维护自诉人、公诉案件被害人、附带民事诉讼当事人的诉讼权利；有利于敦促司法机关严格按照诉讼程序及时查明事实，分清是非，正确适用法律，公正处理案件。

刑事法律援助制度的实行可以使因经济困难而无力聘请律师，或者特殊案件中没有聘请辩护人的被告人获得律师的帮助，从而在诉讼中维护其合法权益。同时，刑事法律援助也体现了对公民在诉讼中的人权的保障和关怀，这对于促进司法公正、维护社会正义具有重要的意义。

刑事附带民事诉讼制度的实行可以在一定程度上弥补犯罪行为给被害人造成的物质损

失,使犯罪人在受到刑事处罚的同时受到民事制裁。同时,附带民事诉讼可以减少当事人的诉累,节省司法资源,提高办案效率。

总之,刑事诉讼基本制度的有效运作,对于维护司法公正、增强司法的公信力、保障当事人的合法权益,都具有非常重要的促进作用。

思 考 题

1. 公安机关在侦查某盗窃案的过程中,如果发现犯罪嫌疑人还涉嫌侵占罪,此时侦查人员该如何处理?如果发现其涉嫌的是假冒注册商标罪,该如何处理?

2. 在一起故意伤害案的审理过程中,辩护律师张某发现本案的书记员与被害人是大学同学,因而认为其不应参加庭审,那么张某能否向法庭提出回避请求呢?

3. 某中级人民法院在审理被告人顾某涉嫌故意杀人罪和抢劫罪的案件中,为顾某指定了一名辩护律师冯某。在庭审中,顾某认为冯某水平太差因而当庭拒绝冯某再为其辩护,对此,人民法院该如何处理?

第四章　刑事诉讼中的专门机关

学习目标

通过本章的学习，你可以……

- 了解人民法院的性质、任务、职责
- 掌握各级人民法院审理刑事案件的范围
- 掌握人民检察院的性质、职权、组织设置及领导体制
- 了解公安机关的性质、任务、职能
- 了解公、检、法以外的其他专门机关的职责

案例研讨

徐某,男,21岁,无业。2009年6月的一天傍晚,徐某到某大学校园内闲逛,行至某教学楼时,发现其中的一个教室里自修的学生纷纷离开,但不少课桌上都留有一些书本甚至财物,于是趁机溜进该教室,将学生们留在教室里的值钱物品装在自己随身所带的包里。正当徐某欲携赃物溜出校园之际,被该大学保卫处聘请的保安人员拦住,原来保安人员早已通过监控摄像头看到徐某作案的全过程。保安人员在对徐某进行讯问后制作了讯问笔录,然后将徐某连同讯问笔录和缴获的赃物送至附近的派出所。该区公安分局的侦查人员迅速对徐某进行了讯问,并组织学生辨认了徐某所盗取的物品及财物。侦查终结后,该区公安分局将此案移送该区人民检察院审查起诉。该区人民检察院审查后,在法定期间内向该区人民法院提起公诉。徐某委托了辩护律师。人民法院依法判处徐某有期徒刑两年。徐某不服,提起上诉。该市中级人民法院经过审理,驳回了上诉,维持原判。后徐某被送往监狱服刑。

问题:本案中,该大学的保卫处属于我国刑事诉讼中的专门机关吗?保安人员的处理是否恰当呢?

引 言

刑事诉讼中的专门机关，是指依照法定职权进行刑事诉讼活动的国家机关，主要包括公安机关、人民检察院和人民法院。另外，还包括国家安全机关、军队保卫部门、监狱、海关走私犯罪侦查部门、中国海警局等。在刑事诉讼中，各专门机关依法分别行使侦查、检察、审判、执行等职权，分工负责、互相配合、互相制约，共同完成追诉犯罪与保护人权的任务。

第一节 人民法院

一、人民法院的性质、任务和职权

根据我国《宪法》第一百二十八条和《中华人民共和国人民法院组织法》(以下简称《人民法院组织法》)第二条的规定，人民法院是国家的审判机关。人民法院通过审判刑事案件、民事案件、行政案件以及法律规定的其他案件，惩罚犯罪，保障无罪的人不受刑事追究，解决民事、行政纠纷，保护个人和组织的合法权益，监督行政机关依法行使职权，维护国家安全和社会秩序，维护社会公平正义，维护国家法制统一、尊严和权威，保障中国特色社会主义建设的顺利进行。

《刑事诉讼法》第三条规定："审判由人民法院负责。"第十二条规定："未经人民法院依法判决，对任何人都不得确定有罪。"可见，人民法院是唯一有权审理和判决刑事案件的专门机关，只有经过人民法院审判，才能确定被告人是否有罪、所犯何罪、应否判处刑罚及判处何种刑罚。

人民法院主要享有以下职权：① 各类案件的审判权；② 强制措施决定权，即对特定案件中犯罪嫌疑人、被告人决定采取逮捕、拘传等强制措施的权力；③ 强制性措施决定权，即在必要时候可以进行勘验、检查、扣押、鉴定和查询、冻结等；④ 部分判决和裁定的执行权；⑤ 司法建议权。

二、人民法院的组织体系和领导体制

依据《人民法院组织法》第十二条的规定，人民法院分为最高人民法院、地方各级人民法院、专门人民法院。依据《人民法院组织法》第十三条的规定，地方各级人民法院分为高级人民法院、中级人民法院和基层人民法院。

最高人民法院是我国最高审判机关。最高人民法院审判下列案件：① 法律规定由其管辖的和其认为应当由自己管辖的第一审案件；② 对高级人民法院判决和裁定的上诉、抗诉案件；③ 按照全国人民代表大会常务委员会的规定提起的上诉、抗诉案件；④ 按照审判监督程序提起的再审案件；⑤ 高级人民法院报请核准的死刑案件。

省、自治区、直辖市设高级人民法院。高级人民法院审判下列案件：① 法律规定由其

管辖的第一审案件；② 下级人民法院报请审理的第一审案件；③ 最高人民法院指定管辖的第一审案件；④ 对中级人民法院判决和裁定的上诉、抗诉案件；⑤ 按照审判监督程序提起的再审案件；⑥ 中级人民法院报请复核的死刑案件。

省和自治区的各地区、省和自治区所辖市、自治州(盟)以及直辖市设中级人民法院。中级人民法院审判下列案件：① 法律规定由其管辖的第一审案件；② 基层人民法院报请审理的第一审案件；③ 上级人民法院指定管辖的第一审案件；④ 对基层人民法院判决和裁定的上诉、抗诉案件；⑤ 按照审判监督程序提起的再审案件。根据《刑事诉讼法》第二十一条的规定，中级人民法院管辖下列第一审刑事案件：① 危害国家安全、恐怖活动案件；② 可能判处无期徒刑、死刑的案件。

市辖区、县、自治县、县级市、旗设基层人民法院。基层人民法院根据地区、人口和案件情况可以设立若干人民法庭，行使部分审判权。人民法庭是基层人民法院的组成部分，它的判决和裁定就是基层人民法院的判决和裁定。基层人民法院受理除上级人民法院管辖的第一审案件外的所有第一审案件。

专门人民法院是在上述普通法院之外设立的专门性人民法院。专门人民法院包括军事法院和海事法院、知识产权法院、金融法院等。

人民法院上下级之间是监督与被监督的关系。根据《宪法》《人民法院组织法》及《刑事诉讼法》的相关规定，上级人民法院监督下级人民法院的审判工作，最高人民法院监督地方各级人民法院和专门人民法院的审判工作。人民法院的监督不是通过对具体案件的指导实现的，各级人民法院依照职权独立地进行审判，上级人民法院不应对下级人民法院正在审理的案件作出决定，指令下级人民法院执行。下级人民法院也不应将案件在判决之前报送上级人民法院，请求审查批示。上级人民法院应当通过第二审程序、审判监督程序、死刑复核程序维持下级人民法院正确的判决和裁定，纠正错误的判决和裁定来实现监督。

三、人民陪审员制度

人民陪审员制度，是指人民法院在审判案件时吸收非职业法官作为陪审员，与职业法官一起审判案件的一种司法制度。人民陪审员制度是我国司法民主的要求，是我国坚持走群众路线的重要体现，也是司法公正的重要保障。

在我国，公民担任人民陪审员，应当具备下列条件：① 拥护中华人民共和国宪法；② 年满二十八周岁；③ 遵纪守法、品行良好、公道正派；④ 具有正常履行职责的身体条件。担任人民陪审员，一般应当具有高中以上文化程度。

人民法院审判第一审刑事、民事、行政案件，有下列情形之一的，由人民陪审员和法官组成合议庭进行：① 涉及群体利益、公共利益的；② 人民群众广泛关注或者其他社会影响较大的；③ 案情复杂或者有其他情形，需要由人民陪审员参加审判的。

人民法院审判下列第一审案件，由人民陪审员和法官组成七人合议庭进行：① 可能判处十年以上有期徒刑、无期徒刑、死刑，社会影响重大的刑事案件；② 根据民事诉讼法、行政诉讼法提起的公益诉讼案件；③ 涉及征地拆迁、生态环境保护、食品药品安全，社会影响重大的案件；④ 其他社会影响重大的案件。

人民陪审员在人民法院执行职务期间，是其所参加的审判庭的组成人员，除不能担任审判长外，同审判员有同等权利，对事实认定、法律适用独立行使表决权，承担同等义务。人民陪审员参加三人合议庭审判案件，对事实认定、法律适用，独立发表意见，行使表决权。人民陪审员参加七人合议庭审判案件，对事实认定，独立发表意见，并与法官共同表决；对法律适用，可以发表意见，但不参加表决。

合议庭评议案件，实行少数服从多数的原则。人民陪审员同合议庭其他组成人员意见有分歧的，应当将其意见写入笔录。合议庭组成人员意见有重大分歧的，人民陪审员或者法官可以要求合议庭将案件提请院长决定是否提交审判委员会讨论决定。

另外，在案件审理过程中，人民陪审员要遵守法律法规，维护司法公正和司法形象，保守审判秘密，注重司法礼仪，不得徇私舞弊、贪赃枉法等。

第二节　人民检察院

一、人民检察院的性质和职权

根据我国《宪法》第一百三十四条、《中华人民共和国人民检察院组织法》（以下简称《人民检察院组织法》）第二条的规定，人民检察院是国家的法律监督机关，是代表国家行使检察权的专门机关。

根据《刑事诉讼法》第三条和第八条的规定，人民检察院在刑事诉讼中的职权包括三个方面：检察机关直接受理的案件的侦查权；公诉权；法律监督权。

二、人民检察院的组织体系和领导体制

根据《宪法》和《人民检察院组织法》的规定，人民检察院的组织设置包括三个方面。

1. 最高人民检察院

最高人民检察院是国家的最高检察机关。其主要职责包括：领导地方各级人民检察院和专门人民检察院的工作；对全国的重大刑事案件行使检察权；对各级人民检察院已经发生效力的判决和裁定，如果发现确有错误，按照审判监督程序提出抗诉；依法对监管场所的执法活动实行监督；依法对诉讼活动实行监督；依照法律规定提起公益诉讼；对最高人民法院的死刑复核活动实行监督；对报请核准追诉的案件进行审查，决定是否追诉；对检察过程中具体应用法律问题进行解释；发布指导性案例；制定检察工作条例、细则和办法；管理和规定各级人民检察院的人员编制。

2. 地方各级人民检察院

地方各级人民检察院分为三个类型：① 省级人民检察院，包括省、自治区、直辖市人民检察院；② 设区的市级人民检察院，包括省、自治区辖市人民检察院，自治州人民检察院，省、自治区、直辖市人民检察院分院；③ 基层人民检察院，包括县、自治县、不设区的市、市辖区人民检察院。地方各级人民检察院的主要职责包括：依照法律规定对有关刑事案件行使侦查权；对刑事案件进行审查，批准或者决定是否逮捕犯罪嫌疑人；对刑事案件进行审查，决定是否提起公诉，对决定提起公诉的案件支持公诉；依照法律规定提起公益诉讼；对诉讼活

动实行法律监督；对判决、裁定等生效法律文书的执行工作实行法律监督；对监狱、看守所的执法活动实行法律监督。

3. 专门人民检察院

专门人民检察院是在最高人民检察院领导下，在特定的行业部门和组织系统内设立的检察机关。我国的专门人民检察院是中国人民解放军军事检察院。军事检察院是设立在中国人民解放军中的专门法律监督机关，对现役军人实施的违反职责罪和其他刑事案件依法行使检察权。

我国检察机关实行双重领导体制：一方面，各级人民检察院由同级人民代表大会产生，对它负责，受它监督；另一方面，最高人民检察院领导地方各级人民检察院和专门人民检察院的工作，上级人民检察院领导下级人民检察院的工作，并可以直接参与指挥下级检察院的办案活动。在刑事诉讼中，这种领导与被领导的关系表现为上级人民检察院可以直接参加并领导下级人民检察院对自侦案件的侦查工作；可以对下级人民检察院的审查批捕和审查起诉活动进行指导和作出指示；对上级检察机关的指令或决定，下级检察机关应当执行；上级检察机关可以决定撤销下级检察机关不正确的不起诉决定，可以向同级人民法院撤回下级人民检察院对同级人民法院提起的不正确的抗诉；最高人民检察院通过对检察工作具体应用法律问题的解释指导各级人民检察院的工作。

第三节　公安机关

一、公安机关的性质、任务和职权

我国公安机关是各级行政机关即各级人民政府的组成部分，是国家的治安保卫机关。从性质上来看，公安机关属同级人民政府的一个职能部门，在性质上属于行政机关。

公安机关的任务是维护社会秩序，预防犯罪，侦查和打击危害国家安全的犯罪和其他刑事犯罪，保护国家、集体和个人所有的合法财产，保护公民的人身安全和其他合法权益，保卫人民民主专政，保护社会主义制度，保障社会主义现代化建设事业的顺利进行。

在刑事诉讼中，公安机关的主要任务是负责刑事案件的侦查和部分刑罚的执行。公安机关有权进行勘验、检查、搜查、扣押、鉴定、通缉、讯问犯罪嫌疑人，询问证人和被害人等活动；有权采用拘传、取保候审、监视居住、拘留等强制措施；有权提请检察机关批准逮捕，对人民检察院不批准逮捕的决定有权要求复议和提请复核；逮捕犯罪嫌疑人一律由公安机关执行，并负责对在押犯罪嫌疑人看管；对侦查终结的案件，有权提出起诉意见。此外，对于判处剥夺政治权利、拘役等刑罚，公安机关有执行、监督和考察的权能。

二、公安机关的组织体系和领导体制

公安机关均设置在各级人民政府之中。中央人民政府即国务院设有公安部，是全国公安机关的领导机关；省、自治区、直辖市的人民政府设有公安厅(局)；地区、省或者自治区辖市、自治州人民政府设有公安处(局);县、自治县、县级市人民政府设有公安局,直辖市和其他设区的市的市辖区人民政府设有公安分局。海关、铁路、民航、水运等系统的公安部门,是公安机关的组成部分。公安派出所是基层公安机关的派出机构,履行基层公安机关的部分职责。

我国公安机关实行统一领导,分级管理,条块结合、以块为主的领导体制。

1. 统一领导

全国公安机关必须接受党和政府的领导,在党委和政府的领导下履行职责。公安部在党中央和国务院的领导下开展工作,地方公安机关必须接受公安部的统一领导。

2. 分级管理

中央和地方公安机关分别接受中央和地方人民政府以及同级党委的领导,专门公安机关分别接受本部门的行政领导和公安部的业务领导。

3. 条块结合、以块为主

"条"是指全国公安系统内部从上至下的领导关系,"块"是指县级以上各级党委、政府对同级公安机关的领导关系。在这种双重领导体制下,以同级党委和政府对公安机关的领导为主。

第四节　其他专门机关

刑事诉讼中的专门机关除了人民法院、人民检察院、公安机关之外,还有其他机关参与刑事诉讼,担负重要的刑事诉讼职能。

一、国家安全机关

国家安全机关是国家的安全保卫机关,是各级人民政府的组成部分。为了适应改革开放形势下对敌斗争的需要,加强同危害国家安全的犯罪做斗争,有效地保卫国家安全,1983年6月,第六届全国人民代表大会第一次会议决定设立国家安全机关。根据《全国人民代表大会常务委员会关于国家安全机关行使公安机关的侦查、拘留、预审和执行逮捕的职权的决定》,国家安全机关承担原由公安机关主管的间谍、特务案件的侦查工作。《刑事诉讼法》第四条规定:"国家安全机关依照法律规定,办理危害国家安全的刑事案件,行使与公安机关相同的职权。"由此进一步明确了国家安全机关在刑事诉讼中的地位和职权。

二、军队保卫部门

军队保卫部门是中国人民解放军的政治安全保卫机关,负责侦查军队内部发生的刑事案件。1993年12月29日,第八届全国人民代表大会常务委员会第五次会议通过的《全国人民代表大会常务委员会关于中国人民解放军保卫部门对军队内部发生的刑事案件行使公安机关的侦查、拘留、预审和执行逮捕的职权的决定》规定,中国人民解放军保卫部门承担军队内部发生的刑事案件的侦查工作,同公安机关对刑事案件的侦查工作性质相同。军队保卫部门在刑事诉讼中,可以行使宪法和法律规定的公安机关的侦查、拘留、预审和执行逮捕的职权。

三、监狱

罪犯在监狱内犯罪的案件，由监狱进行侦查。在侦查中，监狱享有同公安机关侦查案件相同的职权，如讯问犯罪嫌疑人、询问证人、勘验、检查、搜查、扣押、鉴定等。侦查终结后，监狱认为应当追究犯罪嫌疑人刑事责任的，可将起诉意见书、案件材料和主要证据等一并移送人民检察院审查起诉。此外，根据《刑事诉讼法》和《中华人民共和国监狱法》的有关规定，监狱在刑事诉讼过程中还享有一些其他职权。例如，在罪犯服刑期间，发现在判决时所没有发现的新的罪行，有权移送人民检察院处理；对罪犯应予监外执行的，有权提出书面意见，报省、自治区、直辖市监狱管理机关批准；被判处死刑缓期的罪犯，在执行期间，如果没有故意犯罪的，两年后有权提出减刑建议，报省、自治区、直辖市监狱管理机关审核后，报请相应的高级人民法院裁定；对罪犯在执行期间具备法定的减刑、假释条件的，有权提出减刑或假释建议，报人民法院审核裁定；在刑罚执行过程中，如果认为判决确有错误或罪犯提出申诉的，有权转交人民检察院或人民法院处理。

四、海关走私犯罪侦查部门

为了加大对走私犯罪的打击力度，1999 年 1 月，经国务院批准，组建了走私犯罪侦查局（公安部二十四局），设在海关总署，受海关总署和公安部双重领导，以海关总署领导为主。走私犯罪侦查局在广东分署、各直属海关及其分支机构设立了 42 个走私犯罪侦查分局和 116 个走私犯罪侦查支局。2001 年，经国务院批准，海关总署广东分署、部分直属海关走私犯罪侦查分局列入所在省、自治区、直辖市公安厅（局）序列。2002 年 12 月，经国务院办公厅批准，海关总署走私犯罪侦查局更名为海关总署缉私局，各海关走私犯罪侦查分局更名为海关缉私局，各海关走私犯罪侦查支局更名为海关缉私分局。缉私警察是对走私犯罪案件依法进行侦查、拘留、执行逮捕、预审的专职刑警队伍。各走私犯罪侦查机关负责其所在海关业务管辖区域内的走私犯罪案件的侦查工作。

五、中国海警局

中国海警局履行海上维权执法职责，对海上发生的刑事案件行使侦查权。2013 年 7 月 9 日，新版国家海洋局“三定”方案——《国家海洋局主要职责内设机构和人员编制规定》公布。2013 年 7 月 22 日，重组后的国家海洋局和中国海警局正式挂牌，中国海警局正式成立。2018 年 6 月 22 日，为了贯彻落实党的十九大和十九届三中全会精神，按照党中央批准的《深化党和国家机构改革方案》和《武警部队改革实施方案》决策部署，海警队伍整体划归中国人民武装警察部队领导指挥，调整组建中国人民武装警察部队海警总队，称中国海警局，中国海警局统一履行海上维权执法职责。根据 2018 年 6 月 22 日第十三届全国人民代表大会常务委员会第三次会议通过的《全国人民代表大会常务委员会关于中国海警局行使海上维权执法职权的决定》，中国海警局履行海上维权执法职责，包括执行打击海上违法犯罪活动、维护海上治安和安全保卫、海洋资源开发利用、海洋生态环境保护、海洋渔业管理、海上缉私等方面的执法任务，以及协调指导地方海上执法工作。

六、食品药品犯罪侦查机关

近年来，我国食品、药品安全面临着严峻的考验，尤其是制售假冒伪劣药品的案件屡有发生，这已经对人们的日常生活构成了严重的威胁。为了加强对食品药品犯罪的治理，2011年5月，辽宁省公安厅设立了食品药品犯罪侦查总队，这是全国省级公安机关当中成立的首个专门打击食品药品领域犯罪的专门机构。其主要职责包括：① 依法履行组织、协调和指挥食品药品等领域犯罪案件的侦办；② 承办中央、省和公安部交办的大要案件的查处；③ 组织指挥跨区域案件和集中专项整治行动；④ 配合和协调工商、卫生、药监、质监等行政管理和行政执法部门开展行政监管以及联合执法等多项职能。随后，全国有不少城市，如北京、上海、沈阳、辽阳、鞍山、丹东、广州、武汉、成都等，纷纷组建成立食品药品犯罪侦查支(大)队。这表明，打击食品药品违法犯罪已经引起国家和政府的足够重视，并且朝着专业化、常态化的方向发展。

案例解析

本案中，该大学的保卫处并非我国刑事诉讼的专门机关，保安人员的处理也是不恰当的。因为，我国刑事诉讼中的专门机关一般来说是指公安机关、人民检察院和人民法院，只有这些机关的办案人员才有权依照法律的规定处理案件。在本案中，对徐某进行讯问的权力应归属公安机关，刑事诉讼的专门机关是区公安分局、区人民检察院、区人民法院、市中级人民法院和监狱。

本章小结

刑事诉讼中的专门机关主要包括公安机关、人民检察院和人民法院。它们在刑事诉讼中承担着侦查、检察、审判等重要的诉讼职能，从而实现追诉犯罪、保障人权、解决刑事纠纷的目标。人民法院是我国的审判机关，其主要任务是审判刑事案件、民事案件和行政案件，并且通过审判活动，解决各类纠纷。人民法院是唯一有权审理和判决刑事案件的专门机关，只有经过人民法院审判，才能确定被告人是否有罪、所犯何罪、应否判处刑罚及判处何种刑罚。人民检察院是国家的法律监督机关，是代表国家行使检察权的专门机关。其主要职权包括直接受理案件的侦查权、公诉权、法律监督权。公安机关是国家的治安保卫机关，从性质上来看，公安机关属于行政机关。在刑事诉讼中，公安机关的主要任务是负责刑事案件的侦查和部分刑罚的执行。

思考题

1. 人民法院、人民检察院和公安机关在进行刑事诉讼时各自的职权是什么？
2. 如何理解上下级人民法院之间的监督与被监督的关系？

第五章　刑事证据

学习目标

通过本章的学习，你可以……

- ◆ 了解刑事证据的概念、要求及其作用
- ◆ 掌握刑事证据的种类、特点
- ◆ 了解刑事证据的分类及其价值
- ◆ 掌握刑事证据规则的主要内容
- ◆ 了解证明对象的内容及其范围
- ◆ 掌握证明责任的概念及其承担规则
- ◆ 掌握我国刑事诉讼中的证明标准

案例研讨

（一）

同班同学甲与乙在家中聊天。甲告诉乙说："昨天放学后我看到隔壁班的丙翻窗爬进了教师办公室，好像老师们都走了，我当时很好奇，就在一旁偷偷地看，大概 15 分钟之后，丙又翻窗出来，手里多了一包东西，他跳下窗台后，手里的东西散落到地上，我看到了最起码有四五部手机，还有 PSP 游戏机一个，另外还有几张一百块的钞票。"甲还告诉乙："丙这个人很凶的，经常欺负低年级的学生，你要当心，这事最好别对别人说啊……"乙认为这显然是一起入室盗窃案件，当日就将甲所讲的情况向当地公安机关反映。公安机关依法立案侦查，并找到甲核实情况，甲把当时看到的情况如实地向侦查人员作了陈述。丙被拘留后，对入室盗窃的过程作了供述。公安机关从丙的家中查获被盗的手机、PSP 游戏机，但现金已经被丙挥霍掉了。

问题： 本案中甲向公安机关所作的陈述、丙在被拘留后的供述、被盗的手机和 PSP，分别属于刑事诉讼证据中的哪一种？乙向公安机关的检举是直接证据还是间接证据？是原始证据还是传来证据？为什么？

（二）

许某因故意杀人被提起公诉，在审判过程中，许某提出让当时在现场的某中学学生江某为自己作证（江某 14 岁）。人民法院认为江某是未成年人，依照法律规定年幼的人没有作证资格，因而没有同意让江某作证。

问题： 江某是否可以作为本案的证人？

第一节 刑事证据概述

一、刑事证据的概念

刑事证据，是指在刑事诉讼过程中，以法律规定的形式表现出来的，能够用于证明案件事实情况的各种材料。证据必须经过查证属实，才能作为定案的根据。

根据《刑事诉讼法》的规定，刑事证据包括：① 物证；② 书证；③ 证人证言；④ 被害人陈述；⑤ 犯罪嫌疑人、被告人供述和辩解；⑥ 鉴定意见；⑦ 勘验、检查、辨认、侦查实验等笔录；⑧ 视听资料、电子数据。

二、刑事证据的要求

作为证明案件事实的材料，刑事证据应当具备证据能力和证明力。

（一）证据能力

证据能力，是指一定的材料作为诉讼证据的法律上的资格。在大陆法系国家，证据能力需满足两个方面的要件：一是消极要件，是指证据使用之禁止，如以强暴、胁迫等非法方法所得之证据，不得作为定案根据；二是积极要件，即证据必须经过严格之调查程序后，始能取得证据能力，才能作为定案根据。

在我国，根据《刑事诉讼法》第五十二条、五十六条的规定，审判人员、检察人员、侦查人员必须依照法定程序，收集能够证实犯罪嫌疑人、被告人有罪或者无罪、犯罪情节轻重的各种证据。严禁刑讯逼供和以威胁、引诱、欺骗以及其他非法方法收集证据，不得强迫任何人证实自己有罪。采用刑讯逼供等非法方法收集的犯罪嫌疑人、被告人供述和采用暴力、威胁等非法方法收集的证人证言、被害人陈述，应当予以排除。收集物证、书证不符合法定程序，可能严重影响司法公正的，应当予以补正或者作出合理解释；不能补正或者作出合理解释的，对该证据应当予以排除。在侦查、审查起诉、审判时发现有应当排除的证据的，应当依法予以排除，不得作为起诉意见、起诉决定和判决的依据。

基于此，证据能力至少应包含以下几项要求：① 证据必须由法定人员依照法定程序收集；② 严禁刑讯逼供和以威胁、引诱、欺骗以及其他非法方法收集证据，否则应予以排除或责令补正；③ 证据应具备立法规定的法定形式或要件。

（二）证明力

证明力，是指一个证据所具有的能够证明某一事实存在或不存在的能力。任何证据要转化为定案依据，必须具有证明力。在大陆法系国家，证据的证明力大小、强弱要由裁判者根据自己的理性、经验和良心进行裁判，法律不作任何限制性规定。

证明力至少包含两项要求：真实性与相关性。真实性，是指证据本身必须是真实存在的，而不能是伪造、变造的；同时证据所包含或记录的信息必须是可靠和可信的，而不能是虚假的。《刑事诉讼法》第五十条规定："证据必须经过查证属实，才能作为定案的根据。"相关性，是指证据所包含的证据事实与所要证明的案件事实存在联系。具体来说，一项证据的存在，使得某一证据事实得到证明，而这些证据事实的成立，又可以导致某一作为证明对象的案件事实的成立变得更具有可能性，或者变得可能性更小一些。

三、刑事证据的作用

(1) 证据是查明案情、正确处理案件的基础。公安、司法机关进行刑事诉讼，必须以事实为根据，以法律为准绳。以事实为根据，就是要以已经查明的案件事实为基础，其核心是以证据作为查明和判定案件事实的唯一手段。

(2) 证据是揭露和证实犯罪的重要手段，也是使无罪的人不受刑事追究的重要保障。犯罪事实发生后，只有准确、及时、细致地调查、收集证据和运用证据，才能有效地揭露和证实犯罪，促使犯罪分子认罪服法。同时，只有运用确实、充分的证据，才能查清案件事实，保障无罪的人不受刑事追究。

第二节 刑事证据的种类

证据种类，是指根据证据的各种表现形式，在法律上对证据所作的划分。《刑事诉讼法》第五十条规定了八种刑事证据种类，即物证，书证，证人证言，被害人陈述，犯罪嫌疑人、被告人供述和辩解，鉴定意见，勘验、检查、辨认、侦查实验等笔录，视听资料、电子数据。不具备法定表现形式的证据不得作为定案的根据。

一、物证

(一) 物证的概念和表现形式

物证，是指以外部特征、存在状况与内在属性等证明案件真实情况的实物和痕迹。

物证主要表现为实物和物质痕迹两种类型。前者包括作案工具、赃款赃物、尸体以及犯罪嫌疑人遗留在现场的毛发、纽扣、书本、衣服等物品；后者包括物品上的划痕，被害人身上的抓痕、咬痕，犯罪嫌疑人在作案现场留下的指纹、脚印、手印、血迹等。

(二) 物证的特点

(1) 物证是以其外部特征、存在状况和内在的物质属性对案件事实发挥证明作用的。

(2) 物证对案件事实的证明具有间接性。物证所包含的信息内容只能反映案件事实的某个片段，必须与其他证据相结合才能实现对案件事实的确定。

(3) 物证具有较强的客观性。与言词证据相比，物证不易因人的主观因素的影响而发生变化,但可能因自然因素的影响而灭失。

(三) 物证的作用

(1) 物证是查明案件事实的重要手段。
(2) 物证可以成为鉴定其他证据是否真实的重要手段。
(3) 物证是促使犯罪嫌疑人、被告人认罪的有效手段。

二、书证

(一) 书证的概念和表现形式

书证,是指以文字、符号、图画、图标等所记载的内容或者表达的思想来证明案件事实的一切物品。

刑事诉讼中,书证的表现形式多种多样,经常使用的书证包括:证实经济犯罪的账册、收据、发票、合同;诬告陷害案件中的诬告信;记录受贿金额、时间及行贿人情况的日记;反映犯罪主体身份的工作证、身份证、户口簿、任免文件等。

(二) 书证的特点

(1) 书证是以文字、符号、图画、图表等记载或者表达一定思想和行为的物质材料,其记载、表达的思想内容能够为人们所认识和理解。

(2) 书证所记载的内容或者表达的思想,必须与待证明的案件事实有关联,能够借以证明案件事实。

(3) 书证是在诉讼外形成的。书证一般形成于诉讼开始之前,主要是随着案件事实的产生、形成与发展的过程而出现的,不是在诉讼过程中形成的,从而有别于在刑事诉讼中制作的各种笔录。

(三) 物证与书证的关系

广义上讲,书证与物证都属于实物证据的范畴,两者都是以实物形式存在的证据种类。两者的区别在于:书证是以其记载或者表达的思想内容来证明案件事实的,而物证是以物品或者痕迹的外部特征、存在状况和物质属性起证明作用的。例如,贪污案件中的账册,以其记载的内容证明资金的去向的,是书证;但查明账册是被涂改的,以涂改的痕迹特征来证明涂改账册的事实,则属于物证。

(四) 书证的作用

(1) 某些书证可以直接证明案件的性质、作案动机和目的。
(2) 书证是审查其他证据真伪的重要手段。

三、证人证言

(一) 证人证言的概念

证人证言,是指证人在诉讼过程中,就其所了解的案件情况向公安、司法机关所作的陈述。证人证言的内容，包括对查清刑事案件有意义的一切事实，可以是证人陈述其直接感知的案件事实，也可以是陈述他人转述的案件事实。对于转述的事实，必须查明来源，否则，不能作为证据。

（二）证人证言的特点

（1）证人证言是证人对案件有关情况的客观陈述，不是证人的推测、评论或分析意见。

（2）证人证言可能会受到客观条件和证人的主观因素的影响。

（3）证人证言与物证、书证相比，往往更为生动。

（三）证人证言的作用

（1）证人证言是全面了解案件情况的重要依据。

（2）证人证言是公安、司法人员全面审查、判断证据的有力手段。

（3）证人证言可以为进一步调查、收集其他证据提供帮助。

（四）证人的资格

我国《刑事诉讼法》第六十二条规定："凡是知道案件情况的人，都有作证的义务。生理上、精神上有缺陷或者年幼，不能辨别是非、不能正确表达的人，不能作证人。"基于此，作为证人必须具备的条件有以下三个方面。

（1）知道案件情况。这是成为证人的前提条件。

（2）具有作证能力，即具有辨别是非、正确表达的能力。生理上、精神上有缺陷或者年幼的人，在其认知范围内，可以作证人。

（3）证人只能是自然人，单位不具有证人资格。

根据《刑事诉讼法》的规定，人民法院、人民检察院和公安机关应当保障证人及其近亲属的安全；证人认为因在诉讼中作证，本人或者其近亲属的人身安全面临危险的，可以向人民法院、人民检察院、公安机关请求予以保护；对于证人因履行作证义务而支出的交通、住宿、就餐等费用，应当给予补助。有工作单位的证人作证，所在单位不得克扣或者变相克扣其工资、奖金及其他福利待遇。

四、被害人陈述

（一）被害人陈述的概念

被害人陈述，是指刑事案件的被害人就自己遭受犯罪行为侵害的情况向公安、司法机关所作的陈述。被害人是直接遭受犯罪行为侵害的人，具有人身不可替代性。

（二）被害人陈述的特点

（1）被害人因遭受犯罪行为的侵害，有些情况下与犯罪嫌疑人有过直接的正面的接触，其陈述对于证明犯罪可能更直接、更具体。

（2）被害人陈述的内容中既有对遭受特定犯罪行为侵害过程的叙述，也有对犯罪嫌疑人特征等情况的描述，还包括提出惩治犯罪嫌疑人的要求。证据学意义上的被害人陈述仅指对于有关犯罪情况的陈述。

(三) 被害人陈述的作用

(1) 通过被害人陈述可以提供案件线索,协助侦查破案。
(2) 通过被害人陈述可以确认犯罪人,证明犯罪事实。
(3) 被害人陈述可以帮助侦查机关鉴别其他证据的真伪,排除矛盾。

五、犯罪嫌疑人、被告人供述和辩解

(一) 犯罪嫌疑人、被告人供述和辩解的概念

犯罪嫌疑人、被告人供述和辩解,是指犯罪嫌疑人、被告人在刑事诉讼过程中,就与案件有关的事实向公安、司法人员所作的陈述。从内容上看,一般包括三个方面的内容:承认有罪的供述;说明无罪、罪轻的辩解;对其他犯罪人共同犯罪事实的揭发。

(二) 犯罪嫌疑人、被告人供述和辩解的特点

(1) 全面性与直接性。犯罪嫌疑人、被告人对于自己实施的犯罪行为往往最为清楚,其如实陈述能够全面再现案件事实情况,有利于揭示案件的全貌和本质,对查明案情有重要作用。

(2) 反复性与复杂性。犯罪嫌疑人、被告人作为被追诉的对象,与案件的处理结果有着切身的利害关系,其自由、财产乃至生命都将成为诉讼结果处分的内容。因此,即便承认自己的犯罪行为,往往也会避重就轻,对有关案情的陈述时有反复,时供时翻的情况常有发生。

(三) 犯罪嫌疑人、被告人供述和辩解的作用

(1) 犯罪嫌疑人、被告人的如实供述,有利于公安、司法人员明确侦查方向和范围,收集必要的证据,提高办案效率,迅速查明案件事实。

(2) 犯罪嫌疑人、被告人的辩解,可以使公安、司法人员克服主观臆断,做到兼听则明,及时发现和纠正办案中的偏差,防止无罪的人受到错误的刑事追究或者有罪的人罚不当罪。

(3) 犯罪嫌疑人、被告人的揭发,有利于公安、司法人员发现新的案件情况和证据线索。

(4) 犯罪嫌疑人、被告人的供述和辩解,有利于公安、司法人员审查判断案件中的其他证据,对案件作出正确的处理。

(四) 运用犯罪嫌疑人、被告人供述的原则

运用犯罪嫌疑人、被告人供述认定案件事实时,应当遵循如下原则。

(1) 重证据,重调查研究,不轻信口供。

(2) 只有被告人供述,没有其他证据的,不能认定被告人有罪和处以刑罚;没有被告人供述,证据确实、充分的,可以认定被告人有罪和处以刑罚。

(3) 采用刑讯逼供等非法方法取得的犯罪嫌疑人、被告人供述,应当依法予以排除,不得作为起诉意见、起诉决定和判决的依据。

六、鉴定意见

(一) 鉴定意见的概念

鉴定意见,是指鉴定人员根据公安、司法机关的指派或者聘请,运用自己的专门知识或者技能对案件中需要解决的专门性问题进行鉴定后所作的书面意见。

(二) 鉴定意见的特点

(1) 鉴定意见是对案件中某个需要解决的专门性问题提出的分析、判断意见,不是对法律适用问题提出意见。

(2) 鉴定意见具有科学性、客观性。鉴定意见是鉴定人运用专门知识或者技能,凭借科学设备和仪器,对案件专门性问题从科学技术角度提出的分析、判断意见。

(三) 鉴定意见的作用

(1) 鉴定意见可以弥补裁判者在专门性问题上认识能力的不足。

(2) 鉴定意见是审查判断其他证据的重要手段。将鉴定意见与其他证据进行印证,能够发现其他证据存在的缺陷和问题,有助于准确认定事实。

(四) 鉴定意见的范围

刑事诉讼中需要鉴定的专门性问题主要包括以下方面。

(1) 法医类鉴定,包括法医病理鉴定、法医临床鉴定、法医精神病鉴定、法医物证鉴定和法医毒物鉴定。

(2) 物证类鉴定,包括文书鉴定、痕迹鉴定和微量鉴定。

(3) 声像资料鉴定,包括对录音带、录像带、磁盘、光盘、图片等载体上记录的声音、图像信息的真实性、完整性以及其所反映的情况过程进行的鉴定,并且对记录的声音和图像中的语言、人体、物体作出种类或者同一认定。

七、勘验、检查、辨认、侦查实验等笔录

(一) 勘验、检查、辨认、侦查实验等笔录的概念

勘验、检查、辨认、侦查实验等笔录,是指侦查人员对与犯罪有关的场所、物品、尸体和人身进行勘验、检查、辨认或者进行侦查实验所作的书面记载,包括勘验笔录、检查笔录、辨认笔录、侦查实验笔录。

勘验笔录,是指侦查人员对与案件有关的场所、物品、尸体依照法定程序进行勘查、检验而作的一种客观记录。勘验笔录的形式包括文字记载、绘制的图样、照片、复制的模型材料和录像等。

检查笔录,是指侦查人员对被害人、犯罪嫌疑人、被告人的人身进行检验和观察后所作的客观记载。检查笔录以文字记载为主,也可以辅以拍照、录像等方法。

辨认,是指在侦查人员主持下,由证人、被害人或者犯罪嫌疑人对与案件有关的物品、尸体、场所或者犯罪嫌疑人进行辨别、确认的活动。辨认笔录是客观记录证人、被害人或者犯

罪嫌疑人辨认过程及辨认结果的书面载体。辨认笔录的形式包括文字、拍照、录像等。

侦查实验，是指侦查人员为了确定与案件有关的某一事件或者事实在某种条件下能否发生和后果如何，而实验性地重演该事件或者现象的一种侦查活动。侦查实验笔录是侦查人员按照法定格式制作的，用于描述和证明实验过程中发生的具有法律意义的事实状况的书面记录。侦查实验笔录以文字记载为主，以照片或者录音、录像、绘图、制作模型等固定实验情况为辅。

(二) 勘验、检查、辨认、侦查实验等笔录的特点

(1) 具有综合证明性。勘验、检查、辨认、侦查实验等笔录所反映的案件信息内容全面，记载的不是案件中某个单一的事实或者个别的证据材料，而是可能包含多种证据及各种证据材料之间存在的关系，各种证据形成、存在的具体环境条件等多项内容的综合性证据材料。

(2) 具有较强的客观性。勘验、检查笔录是侦查人员对勘验、检查对象的情况进行观察，就其观察所见作出的客观、如实的记录；辨认笔录客观记载辨认经过和结果；侦查实验笔录是对模拟实验情况观察的记载，不是对案件情况进行分析判断的结论，不包含主观分析成分，因而不同于鉴定人对案件中特定的专门性问题提供分析、判断意见的鉴定意见。

(三) 勘验、检查、辨认、侦查实验等笔录的作用

(1) 勘验、检查、辨认、侦查实验等笔录是保全证据的重要手段。

(2) 勘验、检查、辨认、侦查实验等笔录是发现调查线索、分析案件情况的依据。

(3) 勘验、检查、辨认、侦查实验等笔录为某些专门性鉴定提供材料。

(4) 勘验、检查、辨认、侦查实验等笔录可以审查、鉴别其他证据的真伪。

(5) 勘验、检查、辨认、侦查实验等笔录是判断侦查活动是否符合法定程序的有效途径。

八、视听资料、电子数据

(一) 视听资料、电子数据的概念

视听资料，是指以录音、录像、电子计算机或者其他高科技设备所存储的信息证明案件真实情况的资料。

电子数据，是指以储存的电子化信息资料来证明案件真实情况的电子物品或者电子记录。常见的电子数据包括电子邮件、电子数据交换、网上聊天记录、网络博客、手机短信、电子签名、域名等。

(二) 视听资料、电子数据的特点

(1) 视听资料、电子数据具有形象性、直观性、生动性。

(2) 视听资料、电子数据具有高度的物质依赖性。视听资料所记录的声音、形象和信息，必须运用现代化的科技手段，使之固定或者存储于有形物质中。电子数据的产生、储存、传输、出示等，必须借助计算机技术、存储技术、网络技术，否则无法发挥证据效力。

(3) 视听资料、电子数据具有便利高效性。视听资料、电子数据所涵盖的信息量丰富，稳定性较强，可以反复使用，从而提高证据的利用率。

（三）视听资料、电子数据的作用

（1）视听资料、电子数据有利于公安、司法机关准确查明案情，查获犯罪嫌疑人。

（2）视听资料、电子数据可以直接证明案件的有关情况。

（3）视听资料、电子数据是审查、判断其他证据的重要手段。

第三节 刑事证据的分类

刑事证据的分类，是指按照不同的标准，从不同的角度将刑事证据划分为若干不同的类型。其目的在于通过分析某类证据的共同特征，揭示其运用规则，从而指导诉讼实践。在我国诉讼理论界，通常将刑事证据分为原始证据与传来证据、言词证据与实物证据、直接证据与间接证据。

一、原始证据与传来证据

根据证据来源的不同，可以将证据划分为原始证据与传来证据。

（一）原始证据与传来证据的概念

原始证据，是指直接来源于案件事实或者原始出处的证据。例如，被害人对自己受害经过的陈述，证人对自己亲身感受、亲眼所见事实提供的证言，物证的原物，书证的原件等。

传来证据，是经过复制、复印、转述、转抄等中间环节形成的证据，是从原始证据派生出来的证据。例如，证人转述他人告知的案情的证言，物证、书证的复制品、复印件等。

（二）原始证据与传来证据的运用

刑事诉讼中运用原始证据的规则有三点。第一，应当尽可能收集和运用原始证据。第二，原始证据也要经过查证属实后，才能作为定案根据。第三，在法庭调查中，应当坚持要求原始证人出席法庭，亲自陈述并接受质证，只有在法定情况下，才允许原始证人以书面方式作证。

刑事诉讼中运用传来证据的规则有四点。第一，没有查明来源或者来源不明的材料不能作为传来证据使用。第二，应当尽量收集和运用距原始证据最近的传来证据。第三，在无法取得原始证据或者取得原始证据确有困难时，经查证属实的传来证据才可以作为定案的根据。第四，只有传来证据时，不能轻易认定犯罪嫌疑人、被告人有罪。

二、言词证据与实物证据

根据证据表现形式的不同，可以将证据划分为言词证据与实物证据。

（一）言词证据与实物证据的概念

言词证据，是指以人的陈述为存在和表现形式的证据，又称为“人证”，包括证人证言，被害人陈述,犯罪嫌疑人、被告人供述和辩解,鉴定意见。

实物证据,是指以实物形态作为存在和表现形式的证据,包括物证,书证,勘验、检查、辨认、侦查实验等笔录,视听资料、电子数据。

(二) 言词证据与实物证据的运用

收集和运用言词证据应当遵循的规则有两点。第一,严禁采用非法方法收集言词证据。言词证据一般通过询问、讯问的方式获得,在收集言词证据的过程中应当严禁刑讯逼供或者采用暴力、威胁、引诱、欺骗以及其他非法方法。第二,审查言词证据陈述人的情况。应着重考察陈述人与案件的利害关系,其感知、记忆、表达的能力和条件,是否可能受到外界因素的影响等。

收集和运用实物证据应当遵循的规则有三点。第一,严格依照法定程序及时收集和保全实物证据。第二,必要时,对实物证据应当进行辨认、鉴定或者检验。第三,关于对实物证据的审查,应侧重于查明其与案件的关联性、是否伪造、是否受环境影响发生自然变化。

三、直接证据与间接证据

根据证据与案件主要事实的证明关系不同,可以将证据分为直接证据与间接证据。

(一) 直接证据与间接证据的概念

直接证据,是指能够单独、直接证明案件主要事实的证据。司法实践中,直接证据主要包括:① 犯罪嫌疑人、被告人的供述与辩解;② 证明犯罪嫌疑人、被告人实施犯罪的被害人陈述、证人证言;③ 能够反映案件主要事实的书证和视听资料等。直接证据可以分为肯定性直接证据和否定性直接证据。

间接证据,是指不能单独、直接证明案件的主要事实,需与其他证据结合才能证明案件事实的证据。间接证据的种类非常广泛,一般来说,只能证明犯罪的时间、地点、工具、手段、结果或者犯罪动机等单一的事实要素和案件情节的证据,都是间接证据。

(二) 直接证据与间接证据的运用

在收集、运用直接证据时应当遵循的规则有两点。第一,严禁采用刑讯逼供等非法方法收集证据。第二,孤证不能定案。《刑事诉讼法》规定,只有被告人供述,没有其他证据的,不能认定被告人有罪和处以刑罚。

在收集、运用间接证据时应当遵循的规则有五点。第一,要对收集到的间接证据逐一查证落实,查明每个间接证据的真实性和合法性,保证每个间接证据本身真实可靠。第二,要判明各个间接证据与案件的主要事实是否有内在联系,防止把那些与案件无关的材料,当作间接证据加以收集和使用。第三,间接证据之间以及间接证据与案件事实之间必须协调一致。第四,依据间接证据认定的案件事实,结论是唯一的,足以排除一切合理怀疑。第五,运用间接证据进行的推理符合逻辑和经验判断。

第四节 刑事诉讼证明

一、刑事诉讼证明的概念

刑事诉讼证明，是指在刑事诉讼中，特定的证明主体依照法定的程序和标准，运用已知的证据推断、认定案件事实的活动。其基本特征包括以下四点。① 证明的主体是特定的，包括侦查机关和检察机关、自诉人、附带民事诉讼的当事人以及特定情况下的被告人。② 证明的目的是查明并确定案件事实。③ 证明是在诉讼过程中依照法定程序和标准进行的。④ 证明过程包括收集证据、审查判断证据、运用证据认定案件事实并得出结论的全部活动，内容涉及证明对象、证明责任、证明标准等问题。

二、证明对象

（一）证明对象的概念

证明对象，又称待证事实，是指在刑事诉讼中，证明主体需要运用证据加以证明的事实。证明对象所要解决的中心问题是恰当地确定证明的范围。确定证明对象，对于办案人员明确具体案件需要证明的各种问题，有目的、有重点、有计划地调查收集证据，及时查明全部案件的事实情况，正确适用法律来处理案件等具有重要价值。

（二）证明对象的范围

根据《刑事诉讼法》和有关司法解释，我国刑事诉讼证明对象包括实体法事实和程序法事实两个方面。

(1) 实体法事实，是指对解决刑事案件的实体处理即定罪量刑问题具有法律意义的事实。实体法事实具体包括四点。① 犯罪构成要件的事实，这是证明对象的核心部分。② 影响量刑轻重的各种事实情节，包括从重、从轻、减轻及免除刑事处罚的事实。③ 排除行为的违法性和可罚性的事实。排除行为的违法性的事实，如正当防卫、紧急避险以及行使职权等。排除行为的可罚性的事实，是指法律规定的犯罪已过追诉时效期限，经特赦令免除刑罚，依照刑法告诉才处理的犯罪，没有告诉或者撤回告诉，犯罪嫌疑人、被告人死亡等各种情形。④ 排除或者减轻刑事责任的事实，如行为人为未成年人、行为人在实施犯罪时处于失去辨认或控制能力的状态等。

(2) 程序法事实，是指对于解决案件的诉讼程序问题具有法律意义的事实。程序法事实主要包括：① 管辖的事实；② 回避的事实；③ 采取强制措施是否符合法定条件的事实；④ 采取搜查、扣押等强制性侦查措施和其他取证程序是否合法的事实；⑤ 其他与程序的合法性或者公正审判有关的事实，如延期审理是否符合法律规定的事实等。

三、证明责任

（一）证明责任的概念

证明责任，是证明主体收集或者提供证据证明主张的案件事实成立或者有利于自己的主张的责任，否则，将承担其主张不能成立的风险。明确证明责任，可以加强办案人员或者当事人主动、有序收集或者提供证据的责任心，有助于准确、及时地查明案件事实，推动诉讼的顺利进行。证明责任与证明对象密切相连，其所要解决的问题是，诉讼中出现的案件事实应由谁提供证据加以证明，以及在诉讼终结时，如果案件事实仍处于真伪不明的状态，应由谁来承担败诉或者不利的诉讼后果。

证明责任制度最早产生于古代罗马法时代。罗马法中有一条著名的法谚："谁主张、谁举证"，实际上就是关于证明责任的经典表述。它有两条具体化的规则：① 一方当事人对其陈述中主张的事实，有提出证据证明的义务，否认的一方，没有证明的责任；② 双方当事人对自己的主张都提不出足够的证据的，则负证明责任的一方败诉。

证明责任具有以下四个特点。① 证明责任与一定的诉讼主张相联系。在刑事诉讼中，控方向法院提出指控犯罪的主张，就必须承担提出证据证明该指控事实的义务。② 证明责任是提供证据责任与说服责任的统一。③ 证明责任与一定的不利诉讼后果相联系。④ 对于同一诉讼主张，证明责任只能由一方当事人承担，法院不承担证明责任。刑事诉讼中，法院履行审判职能，其责任是居中对控辩双方的主张进行公正裁判。

（二）我国刑事诉讼证明责任的承担

根据法律规定，刑事诉讼证明责任承担的一般原则是，承担控诉职能的公诉方和自诉案件中的自诉人负证明责任，犯罪嫌疑人、被告人不负证明责任；犯罪嫌疑人、被告人提出无罪、罪轻、免于刑事处罚的证据，是其权利而非义务；不得强迫犯罪嫌疑人、被告人自证其罪。

1. 公诉案件中证明责任的承担

公诉案件中，被告人有罪的证明责任由人民检察院承担。犯罪嫌疑人、被告人一般不承担证明责任，即没有提出证据证明自己无罪的义务。这是无罪推定原则的必然要求。但犯罪嫌疑人、被告人不负证明责任也有例外，如巨额财产来源不明案件、非法持有型犯罪案件中，犯罪嫌疑人、被告人有证明自己无罪的责任。

2. 自诉案件中证明责任的承担

自诉案件中，被告人有罪的证明责任由自诉人承担。如果自诉人缺乏证据，而又提不出补充证据，人民法院应当要求自诉人撤回自诉，或者裁定驳回自诉。自诉案件的被告人同样不负证明责任。但如果被告人在诉讼过程中提起反诉，则对反诉主张负有证明责任，必须提供证据来证明反诉的主张和待证事实。

四、证明标准

（一）证明标准的概念

证明标准，是指在刑事诉讼中，证明主体对其负有证明责任的案件事实，运用证据加以证明所要达到的程度。

刑事诉讼中，控诉方运用证据证明被告人有罪必须达到法定的标准。对法院而言，只有控诉方提出的证据达到证明标准，才能作出被告人有罪的裁判。

在英美法系国家，刑事案件的有罪判决采取“排除一切合理怀疑”的证明标准。在大陆法系国家，实行自由心证制度，有罪判决的证明标准是“高度盖然性”。

关于刑事证明标准，我国学界有过较为激烈的争论，主要集中于客观真实说和法律真实说。客观真实说被认为是传统的证明标准学说，我国刑事诉讼法关于证明标准的规定即客观真实说的体现。

（二）我国刑事诉讼的证明标准

《刑事诉讼法》第五十五条规定：“对一切案件的判处都要重证据……证据确实、充分的，可以认定被告人有罪和处以刑罚。”《刑事诉讼法》第二百条规定：“案件事实清楚，证据确实、充分，依据法律认定被告人有罪的，应当作出有罪判决。”据此，我国刑事诉讼的证明标准可以表述为：案件事实清楚，证据确实、充分。

根据《刑事诉讼法》第五十五条第二款的规定，证据确实、充分是指应当同时符合以下条件：① 定罪量刑的事实都有证据证明；② 据以定案的证据均经法定程序查证属实；③ 综合全案证据，对所认定事实已排除合理怀疑。

第五节　刑事证据规则

证据规则，是指法律上规定的一系列规范证据的收集、运用和判定的准则。在西方的证据法中，证据规则是指控辩双方收集和出示证据，法庭采纳和运用证据认定案件事实必须遵循的准则。我国的刑事诉讼法对于证据规则并没有系统的规定。在以往的司法实务中，证据规则也未受到足够的重视。

直到近年来，学术界和实务界才开始认真关注证据规则的价值与作用。2010 年 5 月，发布的《最高人民法院、最高人民检察院、公安部、国家安全部、司法部关于办理死刑案件审查判断证据若干问题的规定》（以下简称《死刑案件证据规定》）和《最高人民法院、最高人民检察院、公安部、国家安全部、司法部关于办理刑事案件排除非法证据若干问题的规定》（以下简称《非法证据排除规定》），弥补了全国性刑事证据规则缺位的遗憾。随后，2017 年 4 月，发布了《最高人民法院、最高人民检察院、公安部、国家安全部、司法部关于办理刑事案件严格排除非法证据若干问题的规定》（以下简称《严格排除非法证据规定》），同时《刑事诉讼法》分别于 2012 年、2018 年作了两次修正，又进一步完善了我国的非法证据排除规则。

一、非法证据排除规则

非法证据排除规则，是指在刑事诉讼中，以非法方法取得的证据将被排除的规则。根据联合国《禁止酷刑和其他残忍、不人道或有辱人格的待遇或处罚公约》的界定，非法方法包括暴力方法、不人道的方法、精神折磨的方法、使用麻醉药品的方法。

我国《刑事诉讼法》第五十六条规定：“采用刑讯逼供等非法方法收集的犯罪嫌疑人、被告人供述和采用暴力、威胁等非法方法收集的证人证言、被害人陈述,应当予以排除。收集物证、书证不符合法定程序的,可能严重影响司法公正的,应当予以补正或者作出合理解释;不能补正或者作出合理解释的,对该证据应当予以排除。在侦查、审查起诉、审判时发现有应当排除的证据的,应当依法予以排除,不得作为起诉意见、起诉决定和判决的根据。"这一规定明确了非法证据的排除范围和办案机关排除非法证据的义务。

同时,《非法证据排除规定》《死刑案件证据规定》和《严格排除非法证据规定》也有相应的规定。归纳起来,非法证据排除规则的主要内容包括以下三个方面。

(一)非法言词证据的排除规则

非法言词证据包括采用刑讯逼供等非法方法取得的犯罪嫌疑人、被告人供述和采用暴力、威胁等非法方法收集的证人证言、被害人陈述。

采取殴打、违法使用戒具等暴力方法或者变相肉刑的恶劣手段,采用以暴力或者严重损害本人及其近亲属合法权益等进行威胁的方法,使犯罪嫌疑人、被告人遭受难以忍受的痛苦而违背意愿作出的供述,应当予以排除。采用非法拘禁等非法限制人身自由的方法收集的犯罪嫌疑人、被告人供述,应当予以排除。

采用刑讯逼供方法使犯罪嫌疑人、被告人作出供述,之后犯罪嫌疑人、被告人受该刑讯逼供行为影响而作出的与该供述相同的重复性供述,应当一并排除。

采用暴力、威胁以及非法限制人身自由等非法方法收集的证人证言、被害人陈述,应当予以排除。

经依法确认的非法言词证据,应当予以排除,不能作为定案的根据。人民检察院在审查批准逮捕、审查起诉中,对于非法言词证据应当依法予以排除,不能作为批准逮捕、审查起诉的根据。

(二)非法取得的物证、书证的排除规则

《非法证据排除规定》第十四条规定:"物证、书证的取得明显违反法律规定,可能影响公正审判的,应当予以补正或者作出合理解释,否则,该物证、书证不能作为定案的根据。"《死刑案件证据规定》第九条规定:"经勘验、检查、搜查提取、扣押的物证、书证,未附有勘验、检查笔录,搜查笔录,提取笔录,扣押清单,不能证明物证、书证来源的,不能作为定案的根据……对物证、书证的来源及收集过程有疑问,不能作出合理解释的,该物证、书证不能作为定案的根据。"《严格排除非法证据规定》第七条规定:"收集物证、书证不符合法定程序,可能严重影响司法公正的,应当予以补正或者作出合理解释;不能补正或者作出合理解释的,对有关证据应当予以排除。"

结合《刑事诉讼法》第五十六条的规定可以看出,我国对于非法取得的物证、书证的排除,采取的是一种有限的排除,其基本条件是"不符合法定程序,可能影响司法公正……不能补正或者作出合理解释的"。对非法取得的实物证据是否采纳,我国法律赋予办案机关一定的裁量权,允许其根据案件的具体情形,结合取证行为的违法程度、非法取证行为所侵犯的权利的性质、取证手段的后果等因素进行权衡裁断。

(三)瑕疵证据的排除规则

瑕疵证据,是指公安、司法人员在收集证据过程中,存在轻微违反法律程序的情形,致使

相关证据须经补正或合理解释才可以被采纳。例如，证据笔录存在记录上的错误、遗漏了重要内容或缺少有关人员的签名或盖章；侦查活动存在“技术性手续上的违规”，包括询问证人的地点不符合规定、勘验检查过程没有见证人到场参与等。

对瑕疵证据不能一概排除或者采用。根据《死刑案件证据规定》的相关规定，证据收集程序、方式存在瑕疵，通过有关办案人员的补正或者作出合理解释，使该证据的瑕疵得到修补的，可以采用；反之，则不能作为定案根据。

二、意见证据规则

意见证据，是指证人对案件争议事实的看法、观点或者推论等。意见证据规则，是指证人以推测、推理等方式所陈述的其对事实的意见或看法原则上不得被采纳。

在英美证据法中，通常将证人分为“专家证人”与“普通证人”。作为一般原则，允许专家证人基于专业知识提供意见证据，普通证人则只能就其曾经亲身感知的事实提供证言，而不得就这些事实进行推论。这一区分对我国的立法也产生了影响。

《死刑案件证据规定》第十二条第三款规定：“证人的猜测性、评论性、推断性的证言，不能作为证据使用，但根据一般生活经验判断符合事实的除外。”这表明，我国法律对普通证人的意见一般持排斥态度。但也有例外，例如，证人对观察对象的身体外形、精神状况的描述性意见；关于温度、速度等气候情况的意见；关于物品的价值、数量、色彩的意见；直接基于个人经验的常识性判断等。

同时，我国的《刑事诉讼法》对另一种“意见”持肯定态度，即鉴定意见。鉴定意见类似于西方的专家证言，是我国刑事司法中一种非常重要的证据。借助鉴定意见，办案人员可以有效地判断案件中的专门性问题，从而准确地认定案件事实。

案例解析

（一）

本案中，甲向公安机关所作的陈述属于证人证言，丙在被拘留后的供述属于犯罪嫌疑人供述和辩解，被盗的手机和PSP游戏机属于物证。

乙向公安机关的检举可以单独直接证明案件主要事实，即丙盗窃了办公室内的财物，因此这属于直接证据；同时，乙向公安机关检举的情况并非他自己亲眼所见的事实，而是由甲向他陈述的，因此这属于传来证据。

（二）

本案中，中学生江某能否作证的判断标准不能仅仅根据其年龄决定。《刑事诉讼法》第六十二条规定：“凡是知道案件情况的人，都有作证的义务。生理上、精神上有缺陷或者年幼，不能辨别是非、不能正确表达的人，不能作证人。”《最高法院解释》第七十四条规定：“对证人证言应当着重审查以下内容……询问未成年证人时，是否通知其法定代理人或者有关人员到场，其法定代理人或者有关人员是否到场。”可见，能否作证取决于是否知晓案情、能否辨别是非、能否正确表达，只要满足这几个条件，未成年人是可以作证的。

本章小结

刑事证据是以法定的形式表现出来的,用于证明案件事实情况的各种材料。通过对刑事证据的合理分类,有助于我们分析某类证据的共同特征,揭示其运用规则,从而更好地指导司法实践。刑事诉讼过程中,证明对象的范围包括与定罪量刑有关的实体法事实和程序法事实,明确证明对象有利于确定收集证据的范围。从证明责任的角度来看,公诉机关和自诉人必须承担证明被告人有罪的责任,其证明的标准是"犯罪事实清楚,证据确实、充分"。刑事司法实践中,应当慎重对待证据的采纳和使用,对于非法证据、普通证人的意见证据应当依法予以排除。

思考题

1. 什么是证据能力?

2. 办案人员在某交通肇事现场收集到一块死者所戴的手表,因为车祸的原因,这块手表已经严重损坏,时针停在六点,请问这块手表属于哪种证据? 为什么?

3. 在刑事诉讼中,为什么人民法院不承担证明责任?

4. 思考我国确立非法证据排除规则的意义。

5. 简述非法证据与瑕疵证据的关系。

第六章　刑事强制措施

学习目标

通过本章的学习，你可以……

- 了解刑事强制措施的概念、种类、性质及特点
- 掌握适用刑事强制措施的原则
- 掌握每种强制措施的适用条件、适用程序及期限

案例研讨

(一)

某区石龙路派出所,2009年8月11日晚接到被害人李某报案,称其在桂林路上遭遇歹徒实施强奸。公安干警紧急出动,根据被害人指认,将犯罪嫌疑人谢某抓获。当夜,派出所所长签发了拘留证,四十八个小时后,侦查人员对谢某进行了讯问。2009年8月16日,公安机关提请人民检察院对谢某批准逮捕。人民检察院在七日之内作出了不予批准逮捕的决定,公安机关认为人民检察院的决定有错误,于是向上一级人民检察院提请复核,并将谢某继续关押。

问题:本案诉讼程序中有哪些不当之处?

(二)

犯罪嫌疑人周某,男,68岁,农民,因伪造虎照骗取钱财被公安机关依法拘留。拘留后公安机关发现其患有严重的肺结核,经医院检查属实,需要隔离。公安机关遂作出取保候审决定,要求周某提供保证人。周某向公安机关提出由其弟弟做保证人。公安机关经调查发现,周某弟弟有一定的财产,但常年在外地做生意,且行踪不定,因此没有同意周某弟弟做保证人。

问题:本案中可否对周某采取取保候审措施?公安机关不同意周某弟弟做保证人的做法是否正确?若周某无法提供别的保证人,他还可通过什么途径被取保候审?

引 言

刑事强制措施，是公安、司法机关依法限制或者剥夺犯罪嫌疑人、被告人的人身自由的强制方法，其目的在于保证刑事诉讼活动的顺利进行。由于强制措施的实施会直接影响犯罪嫌疑人、被告人的人身自由，为了规范其运作、防止办案机关滥用权力，我国《刑事诉讼法》对各类强制措施的适用条件和范围、适用机关、适用程序、适用期限等作了较为详细的规定。

第一节 刑事强制措施概述

一、刑事强制措施的概念

刑事强制措施，是指公安机关、人民检察院和人民法院为了保证刑事诉讼的顺利进行，依法对犯罪嫌疑人、被告人的人身自由进行限制或者剥夺的各种强制性的方法。我国《刑事诉讼法》规定了五种强制措施，包括拘传、取保候审、监视居住、拘留、逮捕。

二、刑事强制措施的性质和特点

刑事强制措施是公安、司法机关在刑事诉讼过程中所采用的一种诉讼保障措施，而非惩罚性措施，其目的在于保障刑事诉讼活动的顺利进行。

刑事强制措施具有如下特点。

(1) 适用主体的法定性。根据《刑事诉讼法》的规定，有权采取刑事强制措施的主体是公安机关、人民检察院和人民法院。此外，国家安全机关、军队保卫部门和监狱，在侦查其所管辖案件时，有权对符合条件的犯罪嫌疑人采取强制措施。

(2) 适用对象的特定性。刑事强制措施适用的对象限于刑事诉讼中的犯罪嫌疑人、被告人。对于其他诉讼参与人，即使其有严重妨碍刑事诉讼的行为，也不能采用刑事强制措施。

(3) 适用内容的人身强制性。刑事强制措施具有明显的人身强制性，其内容在于限制或者剥夺犯罪嫌疑人、被告人的人身自由。

(4) 适用目的的预防性。适用刑事强制措施的目的在于保障刑事诉讼的顺利进行，防止犯罪嫌疑人、被告人逃避侦查、起诉和审判，进行串供、毁灭证据、伪造证据、继续犯罪等妨害刑事诉讼的行为。

(5) 适用期限的临时性。根据《刑事诉讼法》的规定，每一种刑事强制措施都有时间的限制，到了时限就应当变更或者解除。

三、适用刑事强制措施的原则

(1) 合法性原则。刑事强制措施必须由法定的机关依照法定的权限、条件、程序和期限适用。

(2) 必要性原则。适用刑事强制措施的目的在于保障刑事诉讼的顺利进行,因此,只在有必要时才能适用。

(3) 相当性原则。刑事强制措施的适用要与犯罪的严重性及犯罪嫌疑人、被告人的人身危害性程度相适应。同时,在犯罪嫌疑人、被告人的人身危险性发生变化时,要及时变更强制措施,以保持相当性的延续。

第二节 拘 传

一、拘传的概念和特点

拘传,是指公安机关、人民检察院和人民法院强制未被羁押的犯罪嫌疑人、被告人到指定地点接受讯问的强制方法。

拘传具有以下特点。

(1) 拘传的适用对象是未被羁押的犯罪嫌疑人、被告人。对于已经被拘留或者逮捕的犯罪嫌疑人、被告人,可随时进行讯问,不需要经过拘传程序。

(2) 拘传的目的是强制犯罪嫌疑人、被告人到案接受讯问。因此,拘传没有羁押的效力,讯问完毕,就应当将被拘传人立即放回。

二、拘传的适用条件

司法实践中,拘传通常适用于经依法传唤,无正当理由拒不到案接受讯问的犯罪嫌疑人、被告人。但传唤不是拘传的必要条件,公安、司法机关根据案件具体情况,可以不经传唤,直接拘传犯罪嫌疑人、被告人。

在刑事诉讼中,拘传和传唤的目的相同,都要求犯罪嫌疑人、被告人到案接受讯问,但两者却是不同的诉讼行为。传唤是指公安机关、人民检察院和人民法院使用传票,通知犯罪嫌疑人、被告人在指定的时间到指定的地点接受讯问的诉讼活动。传唤不是刑事强制措施,不具有强制性。传唤除适用于犯罪嫌疑人、被告人以外,还适用于刑事诉讼中的其他当事人,而拘传只能适用于犯罪嫌疑人、被告人。

三、拘传的适用程序

公安机关、人民检察院、人民法院在刑事诉讼过程中,有权自行决定和执行拘传。拘传应按下列程序进行。

(1) 拘传的决定。决定拘传,应当由公安机关负责人、人民检察院检察长、人民法院院长批准,签发拘传证(人民法院称为拘传票)。拘传证上应当载明被拘传人的身份事项、案由、接受讯问的地点以及拘传的理由。

(2) 拘传的执行。拘传由公安机关的侦查人员或者人民检察院、人民法院的司法警察执行。执行人员不得少于两人。拘传时，应当向被拘传人出示拘传证，对于抗拒拘传的，可以使用戒具。

(3) 拘传的地点。拘传应当在被拘传人所在市、县内的地点进行。如果犯罪嫌疑人、被告人的工作单位、户籍地与居住地不在同一市、县的，拘传应当在犯罪嫌疑人、被告人工作单位所在地的市、县内进行；特殊情况下，也可以在犯罪嫌疑人、被告人户籍地或者居住地所在的市、县内进行。

(4) 拘传的结果。拘传的目的在于讯问。公安机关、人民检察院、人民法院将犯罪嫌疑人、被告人拘传到案后，应当立即讯问。讯问结束后，应根据案件的情况作出不同处理：认为需要限制或者剥夺其人身自由的，应依法采取其他强制措施；如果不需要采取其他强制措施的，应当恢复其人身自由，不得变相扣押。

四、拘传的期限

《刑事诉讼法》第一百一十九条第二款规定，拘传持续的时间不得超过十二小时；案情特别重大、复杂，需要采取拘留、逮捕措施的，拘传持续的时间不得超过二十四小时。不得以连续传唤、拘传的形式变相拘禁被拘传人。拘传犯罪嫌疑人，应当保证犯罪嫌疑人的饮食和必要的休息时间。拘传时间从被拘传人到案时开始计算。被拘传人到案后，应当责令其在拘传证上填写到案时间。讯问结束后，应当由其在拘传证上填写讯问结束时间。即使在法定期间内，讯问不能结束，也要立即将被拘传人放回。

第三节　取保候审

一、取保候审的概念和特点

取保候审，是指公安机关、人民检察院和人民法院责令犯罪嫌疑人、被告人提出保证人或者交纳保证金，并出具保证书，保证随传随到的一种非羁押性强制措施。

取保候审具有以下特点。

(1) 取保候审是一种较为特殊的限制人身自由的强制措施。它主要适用于罪行较轻，不需要逮捕羁押但又需限制一定行动自由的犯罪嫌疑人、被告人。

(2) 取保候审是法定期限最长的一种强制措施。根据《刑事诉讼法》的规定，人民法院、人民检察院和公安机关对犯罪嫌疑人、被告人取保候审最长不得超过十二个月。

二、取保候审的适用条件

根据《刑事诉讼法》的规定，可以适用取保候审的情形有以下六项。

(1) 可能判处管制、拘役或者独立适用附加刑的。

(2) 可能判处有期徒刑以上刑罚，采取取保候审不致发生社会危险性的。

(3) 患有严重疾病、生活不能自理，怀孕或者正在哺乳自己婴儿的妇女，采取取保候审不致发生社会危险性的。

(4) 羁押期限届满，案件尚未办结，需要采取取保候审的。

(5) 检察机关直接受理的案件中被拘留的人，不需要逮捕，但需要继续侦查，并符合取保候审条件的。

(6) 犯罪嫌疑人、被告人被羁押的案件，不能在法律规定的侦查羁押、审查起诉、一审和二审期限内办结的，需要继续查证、审理的，对犯罪嫌疑人、被告人可以取保候审。

此外，下列情形不得取保候审：① 严重危害社会治安的犯罪嫌疑人，以及其他犯罪性质恶劣、情节严重的犯罪嫌疑人；② 累犯、犯罪集团的主犯；③ 以自伤、自残方法逃避侦查的犯罪嫌疑人；④ 危害国家安全的犯罪、暴力犯罪以及其他严重犯罪的犯罪嫌疑人。

三、取保候审的方式

取保候审有保证人保证和保证金保证两种方式，对同一犯罪嫌疑人、被告人决定取保候审的，只能择一适用。

（一）保证人保证

保证人保证又称人保，是指公安机关、人民检察院、人民法院责令犯罪嫌疑人、被告人提出保证人并出具保证书，保证被保证人在取保候审期间不逃避和妨碍侦查、起诉和审判，并随传随到的保证方式。对于符合取保候审条件，具有下列情形之一的犯罪嫌疑人、被告人，决定取保候审时可以采用保证人保证：① 无力交纳保证金的；② 未成年人或者具有其他不宜收取保证金的情形。

(1) 保证人的条件。根据《刑事诉讼法》第六十九条的规定，保证人必须符合下列条件：① 与本案无牵连；② 有能力履行保证义务；③ 享有政治权利，人身自由未受到限制；④ 有固定的住处和收入。

(2) 保证人的义务和责任。根据《刑事诉讼法》第七十条的规定，保证人应当履行下列义务：① 监督被保证人履行法律规定的被取保候审期间的义务；② 发现被保证人可能发生或者已经发生违反法律规定的行为时，应当及时向执行机关报告。

保证人没有尽到法定的义务，必须承担一定的法律责任：① 被保证人有违反法律规定的行为，保证人未及时报告的，对保证人处以罚款；② 如果保证人与被保证人串通，协助被取保候审人逃匿以及明知其藏匿地点而拒绝向公安、司法机关提供，构成犯罪的，依照刑法有关规定对保证人追究刑事责任；③ 如果被保证人同时是附带民事诉讼被告人，保证人应当在其保证前附带民事诉讼原告人提出的诉讼请求数额范围内承担连带赔偿责任。

（二）保证金保证

保证金保证又称财产保，是指公安机关、人民检察院和人民法院责令犯罪嫌疑人、被告人交纳一定数额的保证金并出具保证书，保证在取保候审期间不逃避和妨碍侦查、起诉和审判，并随传随到的保证方式。

(1) 保证金的数额。《刑事诉讼法》第七十二条规定，取保候审的决定机关应当综合考虑保证诉讼活动正常进行的需要，被取保候审人的社会危险性，案件的性质、情节，可能判处刑罚的轻重，被取保候审人的经济状况等情况，确定保证金的数额。

(2) 保证金的收取和管理。取保候审的保证金由执行机关统一收取和管理。执行机关应当在其指定的银行设立取保候审保证金专户，委托银行代为收取和保管保证金，并将指定银行的名称通知人民检察院、人民法院。提供保证金的人应当将保证金存入执行机关指定银行的专门账户。

四、取保候审的适用程序

(一) 取保候审的决定

根据《刑事诉讼法》第六十六条的规定，公安机关、人民检察院和人民法院对犯罪嫌疑人、被告人有权采取取保候审。

决定机关作出取保候审收取保证金的决定后，应当及时将取保候审决定书送达被取保候审人和为其提供取保候审保证金的单位或者个人，责令其向执行机关指定的银行一次性交纳保证金。以保证人方式保证的，还应当将取保候审保证书同时送达执行机关。

(二) 取保候审的执行

《刑事诉讼法》第六十七条规定，取保候审由公安机关执行。公安机关、人民检察院、人民法院决定取保候审的，由公安机关执行；国家安全机关决定取保候审的，以及人民检察院、人民法院在办理国家安全机关移送的犯罪案件时决定取保候审的，由国家安全机关执行。

执行机关在执行取保候审时，应当告知被取保候审人必须遵守的规定，以及违反规定应当承担的后果。《刑事诉讼法》第七十一条规定，被取保候审的犯罪嫌疑人、被告人在取保候审期间，应当遵守以下规定：① 未经执行机关批准不得离开所居住的市、县；② 住址、工作单位和联系方式发生变动的，在二十四小时以内向执行机关报告；③ 在传讯的时候及时到案；④ 不得以任何形式干扰证人作证；⑤ 不得毁灭、伪造证据或者串供。

被取保候审的犯罪嫌疑人、被告人违反以上规定，将产生以下法律后果：① 已经交纳保证金的，应当没收部分或者全部保证金；② 区别情形作出处理，可以责令犯罪嫌疑人、被告人具结悔过，重新交纳保证金、提出保证人，变更为监视居住或者予以逮捕。对在取保候审期间故意实施新的犯罪行为的犯罪嫌疑人、被告人，应当予以逮捕。

五、取保候审的期限、解除、撤销及变更

《刑事诉讼法》第七十九条规定，人民法院、人民检察院和公安机关对犯罪嫌疑人、被告人取保候审最长不得超过十二个月。在取保候审期间，不得中断对案件的侦查、起诉和审理。

取保候审的解除主要有两种情形：一是发现对被取保候审人不应当追究刑事责任，二是取保候审期限届满。人民法院、人民检察院或者公安机关解除取保候审的，应当及时通知被取保候审人和有关单位。另外，根据《刑事诉讼法》第九十九条的规定，犯罪嫌疑人、被告人及其法定代理人、近亲属或者辩护人对取保候审期限届满的，有权要求解除

取保候审。

人民法院、人民检察院或公安机关如果发现对犯罪嫌疑人、被告人采取取保候审不当的，应当及时撤销或者变更。犯罪嫌疑人、被告人及其法定代理人、近亲属或者辩护人有权申请变更强制措施。人民法院、人民检察院和公安机关收到申请后，应当在三日以内作出决定；不同意变更强制措施的，应当告知申请人，并说明不同意的理由。

犯罪嫌疑人、被告人和辩护人对于司法机关采取取保候审法定期限届满，不予以解除或者变更的，有权向该机关申诉或者控告。对处理不服的，可以向同级人民检察院申诉。

第四节 监视居住

一、监视居住的概念和特点

监视居住，是指公安机关、人民检察院和人民法院责令犯罪嫌疑人、被告人，在一定期限内未经批准不得离开住处或者指定的区域，并对其行为加以监视的一种强制措施。

监视居住具有以下特点。

(1) 监视居住可以看作是逮捕的替代措施，对符合逮捕条件并且具有《刑事诉讼法》第七十四条规定情形之一的犯罪嫌疑人、被告人，可以监视居住。

(2) 监视居住是比取保候审更严厉的限制犯罪嫌疑人、被告人人身自由的强制措施。

二、监视居住的适用条件

《刑事诉讼法》第七十四条规定，适用监视居住应当具备下列条件。

(1) 符合逮捕条件。这是适用监视居住的前提条件。

(2) 具有法定的情形之一。法定情形包括：① 患有严重疾病、生活不能自理；② 怀孕或者正在哺乳自己婴儿的妇女；③ 系生活不能自理的人的唯一扶养人；④ 因为案件的特殊情况或者办理案件的需要，采取监视居住措施更为适宜的；⑤ 羁押期限届满，案件尚未办结，需要采取监视居住措施的。

另外，以下几种情形也可以监视居住：① 对于符合取保候审条件，但犯罪嫌疑人、被告人不能提出保证人，也不交纳保证金的；② 公安机关对被拘留的人提请批准逮捕后，人民检察院不批准逮捕，但需要继续侦查，并且符合监视居住条件的；③ 人民检察院对直接受理的案件中被拘留的人，认为不需要逮捕，但需要继续侦查，并且符合监视居住条件的。

三、监视居住的适用程序

(一) 监视居住的决定

根据《刑事诉讼法》的规定，公安机关、人民检察院、人民法院有权根据案件具体情况对犯罪嫌疑人、被告人采取监视居住。决定监视居住的，由公安机关负责人、人民检察院检察长、人民法院院长批准，制作监视居住决定书和执行监视居住通知书。

（二）监视居住的执行

（1）执行机关。《刑事诉讼法》第七十四条第三款规定，监视居住由公安机关执行。人民法院和人民检察院决定监视居住的，人民法院和人民检察院应当将监视居住决定书和执行监视居住通知书及时送达公安机关；并向被监视居住人宣布，由本人在监视居住决定书上签名或者盖章，并责令犯罪嫌疑人、被告人遵守法律规定的义务，告知其违反规定应负的法律责任。

（2）监视居住的处所。《刑事诉讼法》第七十五条规定，监视居住应当在犯罪嫌疑人、被告人的住处执行；无固定住处的，可以在指定的居所执行。对于涉嫌危害国家安全犯罪、恐怖活动犯罪，在住处执行可能有碍侦查的，经上一级公安机关批准，也可以在指定的居所执行。但是，不得在羁押场所、专门的办案场所执行。指定居所监视居住的，除无法通知的以外，应当在执行监视居住后二十四小时以内，通知被监视居住人的家属。

（3）被监视居住人应当遵守的规定和后果。《刑事诉讼法》第七十七条规定，被监视居住的犯罪嫌疑人、被告人应当遵守以下规定：① 未经执行机关批准不得离开监视居住的处所；② 未经执行机关批准不得会见他人或者通信，这里的“他人”，应指与被监视居住人共同居住的家庭成员和其辩护人员以外的人；③ 在传讯的时候及时到案；④ 不得以任何形式干扰证人作证；⑤ 不得毁灭、伪造证据或者串供；⑥ 将护照等出入境证件、身份证件、驾驶证件交执行机关保存。

被监视居住的犯罪嫌疑人、被告人违反上述规定，情节较轻的，可以予以训诫、责令具结悔过；情节严重的，可以予以逮捕。这里的“情节严重”，包括如下几种情形：① 故意实施新的犯罪行为的；② 企图自杀、逃跑、逃避侦查、审查起诉的；③ 实施毁灭、伪造证据或者串供、干扰证人作证的行为，足以影响侦查、审查起诉工作正常进行的；④ 未经批准，擅自离开住所或者指定的居所造成严重后果，或者两次未经批准，擅自离开住所或者指定的居所的；⑤ 未经批准，擅自会见他人，造成严重后果，或者两次未经批准，擅自会见他人的；⑥ 经传讯不到案，造成严重后果，或者两次经传讯不到案的。

四、监视居住的期限、解除、撤销和变更

《刑事诉讼法》第七十九条规定，人民法院、人民检察院和公安机关对犯罪嫌疑人、被告人监视居住最长不得超过六个月。在监视居住期间，不得中断对案件的侦查、起诉和审理。

公安、司法机关发现不应当适用监视居住或者期限届满的，应当及时解除监视居住。对于采取监视居住不当的，应当予以撤销或者变更。对于采取监视居住法定期限届满的，犯罪嫌疑人、被告人及其法定代理人、近亲属或者辩护人有权要求解除。

犯罪嫌疑人、被告人及其法定代理人、近亲属或者辩护人有权申请变更监视居住措施。人民法院、人民检察院和公安机关收到申请后，应当在三日以内作出决定；不同意变更的，应当告知申请人，并说明不同意的理由。

犯罪嫌疑人、被告人和辩护人对于司法机关采取监视居住法定期限届满不解除或者变更的，有权向该机关申诉或者控告。对处理不服的，可以向同级人民检察院申诉。

第五节　拘　　留

一、拘留的概念和特点

拘留，是指公安机关、人民检察院在侦查过程中，遇到紧急情况时，对现行犯或者重大嫌疑分子所采取的临时剥夺其人身自由的一种强制方法。

刑事拘留具有以下特点。

(1) 拘留是临时剥夺人身自由的强制措施。

(2) 决定机关具有特定性。拘留仅在侦查阶段由行使侦查权的机关适用，人民法院无权决定拘留。

(3) 期间的短暂性和适用条件的特定性。只有在法定的紧急情况下才能采用拘留。

二、拘留的适用条件

拘留应当同时具备以下条件。

(1) 拘留的对象是现行犯或者重大嫌疑分子。

(2) 具有法定的紧急情形之一。

《刑事诉讼法》第八十二条规定，公安机关对于现行犯或者重大嫌疑分子，如果有下列情形之一的，可以先行拘留：① 正在预备犯罪、实行犯罪或者在犯罪后即时被发觉的；② 被害人或者在场亲眼看见的人指认他犯罪的；③ 在身边或者住处发现有犯罪证据的；④ 犯罪后企图自杀、逃跑或者在逃的；⑤ 有毁灭、伪造证据或者串供可能的；⑥ 不讲真实姓名、住址，身份不明的；⑦ 有流窜作案、多次作案、结伙作案重大嫌疑的。

《刑事诉讼法》第一百六十五条规定，人民检察院在直接受理的案件中，对于具有以下两种情形的犯罪嫌疑人有权决定拘留：① 犯罪后企图自杀、逃跑或者在逃的；② 有毁灭、伪造证据或者串供可能的。

另外，根据《刑事诉讼法》第七十一条、第七十七条的规定，被取保候审、监视居住的犯罪嫌疑人、被告人违反法律规定，需要予以逮捕的，可以先行拘留。

三、拘留的适用程序

(一) 拘留的决定

公安机关依法需要拘留犯罪嫌疑人的，填写呈请拘留报告书，由县级以上公安机关负责人批准，签发拘留证。人民检察院决定拘留的案件，应当由办案人员提出意见，由检察长决定。

根据《中华人民共和国全国人民代表大会和地方各级人民代表大会代表法》第三十二条及有关司法解释的规定，县级以上的各级人民代表大会代表，如果因为是现行犯被拘留，公安机关、人民检察院应当立即向该级人民代表大会主席团或者其常务委员会报告；对县级以上的各级人民代表大会代表，如果采取法律规定的其他限制人身自由的措施，应当经该级人民代表大会主席团或者人民代表大会常务委员会许可。

（二）拘留的执行

根据《刑事诉讼法》的规定，拘留由公安机关执行。人民检察院决定拘留的案件，应当将拘留的决定书送交公安机关，由公安机关负责执行。

（1）公安机关执行拘留时，应当向被拘留人出示拘留证，并责令被拘留人在拘留证上签名（盖章）或按指印。拒绝签名（盖章）或者按指印的，执行人员应在拘留证上注明。被拘留人如果抗拒拘留，执行人员有权使用强制方法，包括使用戒具和武器。

（2）拘留后，应当立即将被拘留人送看守所羁押，最迟不得超过二十四小时。除无法通知或者涉嫌危害国家安全犯罪、恐怖活动犯罪通知可能有碍侦查的情形以外，应当在拘留后二十四小时以内，通知被拘留人的家属。有碍侦查的情形消失以后，应当立即通知被拘留人的家属。

（3）对被拘留的人，决定拘留的机关应当在拘留后的二十四小时以内进行讯问。在发现不应当拘留的时候，必须立即释放，发给释放证明。

（4）公安机关在异地执行拘留的时候，应当通知被拘留人所在地的公安机关，被拘留人所在地的公安机关应当予以配合。

四、拘留的期限

（一）公安机关拘留犯罪嫌疑人的期限

对于公安机关侦查案件中被拘留的人，根据法律规定，拘留时间为公安机关提请人民检察院批准逮捕时间和人民检察院审查批准逮捕时间的总和。

公安机关对被拘留的人，认为需要逮捕的，应当在拘留后的三日以内，提请人民检察院审查批准。在特殊情况下，提请审查批准的时间可以延长一日至四日。对于流窜作案、多次作案、结伙作案的重大嫌疑分子，提请审查批准的时间可以延长至三十日。人民检察院应当自接到公安机关提起批准逮捕书后的七日以内，作出批准逮捕或者不批准逮捕的决定。

基于此，公安机关拘留犯罪嫌疑人的期限：一般情况下为十日，特殊情况下为十四日，对流窜作案、多次作案、结伙作案的重大嫌疑分子，拘留期限最长为三十七日。

（二）人民检察院拘留犯罪嫌疑人的期限

人民检察院对于直接受理的案件的犯罪嫌疑人拘留的期限有两种情形。

（1）认为需要逮捕的，应当在十四日以内作出决定，即拘留的期限为十四日。

（2）在特殊情况下，决定逮捕的时间可以延长一日至三日，即拘留的期限最长为十七日。

对于监察机关移送起诉的已采取留置措施的案件，人民检察院应当对犯罪嫌疑人先行拘留,留置措施自动解除。人民检察院应当在拘留后的十日以内作出是否逮捕、取保候审或者监视居住的决定。在特殊情况下,决定的时间可以延长一日至四日。

第六节 逮 捕

一、逮捕的概念和条件

逮捕,是指公安机关、人民检察院和人民法院为了防止犯罪嫌疑人或者被告人逃避侦查、起诉和审判,进行妨碍刑事诉讼的行为,或者发生社会危险性,而依法剥夺其人身自由,将其羁押起来的一种强制措施。

根据《刑事诉讼法》第八十一条的规定,逮捕犯罪嫌疑人、被告人,必须同时具备以下三个条件:有证据证明有犯罪事实;可能判处徒刑以上刑罚;采取取保候审尚不足以防止发生法定的社会危险性而有逮捕必要。根据《刑事诉讼法》第八十一条第一款的规定,“社会危险性”是指具有下列情形之一的:① 可能实施新的犯罪的;② 有危害国家安全、公共安全或者社会秩序的现实危险的;③ 可能毁灭、伪造证据,干扰证人作证或者串供的;④ 可能对被害人、举报人、控告人实施打击报复的;⑤ 企图自杀或者逃跑的。

另外,根据《刑事诉讼法》第八十一条第三款、第四款的规定,对有证据证明有犯罪事实,可能判处十年有期徒刑以上刑罚的,或者有证据证明有犯罪事实,可能判处徒刑以上刑罚,曾经故意犯罪或者身份不明的,应当予以逮捕。被取保候审、监视居住的犯罪嫌疑人、被告人违反取保候审、监视居住规定,情节严重的,可以予以逮捕。

二、逮捕的适用机关及其权限

(一) 人民检察院有批准/决定逮捕权

根据《刑事诉讼法》第九十一条的规定,公安机关对被拘留的人,认为需要逮捕的,应当在拘留后的三日以内,提请人民检察院审查批准。公安机关无权自行决定逮捕。

人民检察院自行侦查的案件中,认为犯罪嫌疑人符合逮捕条件,应予逮捕的,或者案件移送审查起诉以后,对于符合逮捕条件或者有逮捕必要的,人民检察院依法有逮捕决定权。

(二) 人民法院有决定逮捕权

人民法院直接受理的自诉案件中,对于被告人需要逮捕的,人民法院有决定权。对于人民检察院提起公诉的案件,人民法院在审判阶段发现需要逮捕被告人的,有权决定逮捕。

(三) 公安机关有逮捕的执行权

无论是决定逮捕还是批准逮捕,都由公安机关执行。人民检察院和人民法院决定逮捕的,都必须交付公安机关执行。

三、逮捕的适用程序

（一）逮捕的批准和决定程序

1. 人民检察院对公安机关提请逮捕的批准程序

公安机关要求逮捕犯罪嫌疑人时，应当经县级以上公安机关负责人批准，制作提请批准逮捕书，连同案卷材料、证据，一并移送同级人民检察院审查批准。必要的时候，人民检察院可以派人参加公安机关对重大案件的讨论。

人民检察院审查批准逮捕时，可以讯问犯罪嫌疑人，有下列情形之一的，应当讯问犯罪嫌疑人：① 对是否符合逮捕条件有疑问的；② 犯罪嫌疑人要求向检察人员当面陈述的；③ 侦查活动可能有重大违法行为的。同时，人民检察院可以询问证人等诉讼参与人，听取辩护律师的意见；辩护律师提出要求的，应当听取辩护律师的意见。

此外，对于未成年人犯罪案件，人民检察院审查批准逮捕，应当讯问未成年犯罪嫌疑人，听取辩护律师的意见；在讯问的时候，应当通知未成年犯罪嫌疑人的法定代理人到场。

人民检察院审判批准逮捕犯罪嫌疑人由检察长批准，重大案件应当提交检察委员会讨论决定。

对公安机关提请批准逮捕的犯罪嫌疑人，已经被拘留的，人民检察院应当在收到提请批准逮捕书后七日以内作出是否批准逮捕的决定；未被拘留的，应当在收到提请批准逮捕书后十五日以内作出是否批准逮捕的决定，重大、复杂案件，不得超过二十日。

经审查，检察机关应当分别作出以下决定：① 对于符合逮捕条件的，作出批准逮捕的决定，制作批准逮捕决定书；② 对于不符合逮捕条件的，作出不批准逮捕的决定，制作不批准逮捕决定书，说明不批准逮捕的理由，需要补充侦查的，应当同时通知公安机关。

对于人民检察院决定不批准逮捕的，公安机关在收到不批准逮捕决定书后，应当立即释放在押的犯罪嫌疑人或者变更刑事强制措施。对于需要继续侦查，并且符合取保候审、监视居住条件的，依法取保候审或者监视居住。

公安机关对人民检察院不批准逮捕的决定，认为有错误的，可以向同级人民检察院要求复议，但是必须将被拘留的人立即释放。如果意见不被接受，可以向上一级人民检察院提请复核。上级人民检察院应当立即复核，作出是否变更的决定，通知下级人民检察院和公安机关执行。

2. 人民检察院决定逮捕的程序

人民检察院办理直接受理侦查的案件，需要逮捕犯罪嫌疑人的，由负责侦查的部门制作逮捕犯罪嫌疑人意见书，连同案卷材料、讯问犯罪嫌疑人录音和录像一并移送本院负责批捕和起诉（以下简称“捕诉”）的部门审查。犯罪嫌疑人已被拘留的，负责侦查的部门应当在拘留后七日以内将案件移送本院负责捕诉的部门审查。

对本院负责侦查的部门移送审查逮捕的案件，犯罪嫌疑人已被拘留的，负责捕诉的部门应当在收到逮捕犯罪嫌疑人意见书后七日以内，报请检察长决定是否逮捕，特殊情况下，决定逮捕的时间可以延长一日至三日；犯罪嫌疑人未被拘留的，负责捕诉的部门应当在收到逮捕犯罪嫌疑人意见书后十五日以内，报请检察长决定是否逮捕，重大、复杂案件，不得超过二十日。

对犯罪嫌疑人决定逮捕的，负责捕诉的部门应当将逮捕决定书连同案卷材料、讯问犯罪嫌疑人录音和录像移交负责侦查的部门,并可以对收集证据、适用法律提出意见。由负责侦查的部门通知公安机关执行,必要时可以协助执行。

对犯罪嫌疑人决定不予逮捕的,负责捕诉的部门应当将不予逮捕的决定连同案卷材料、讯问犯罪嫌疑人录音和录像移交负责侦查的部门,并说明理由。需要补充侦查的,应当制作补充侦查提纲。犯罪嫌疑人已被拘留的,负责侦查的部门应当通知公安机关立即释放。

逮捕犯罪嫌疑人后,应当立即送看守所羁押。除无法通知的以外,负责侦查的部门应当把逮捕的原因和羁押的处所,在二十四小时以内通知其家属。对于无法通知的,在无法通知的情形消除后,应当立即通知其家属。

3. 人民法院决定逮捕的程序

(1) 对于直接受理的自诉案件,认为需要逮捕被告人时,由办案人员提出逮捕意见,报请人民法院院长决定。

(2) 对于检察机关提起公诉时未予逮捕的被告人,人民法院认为符合逮捕条件的,应当由办案人员提出逮捕意见,报请院长决定。对于重大、疑难、复杂案件中被告人的逮捕,可以提交审判委员会讨论决定。

人民法院决定逮捕的,应将逮捕决定书送交同级公安机关执行。

4. 对人民代表大会代表适用逮捕的特别规定

犯罪嫌疑人、被告人如果是县级以上人民代表大会代表,人民检察院、人民法院无论是批准逮捕还是决定逮捕,都应当报请该人民代表大会代表所在的人民代表大会主席团或者其常务委员会许可。

(二) 逮捕的执行程序

逮捕犯罪嫌疑人、被告人,一律由公安机关执行。公安机关在接到执行逮捕的通知后,必须立即执行,并将执行的情况通知人民检察院、人民法院。

(1) 对于人民检察院批准或者决定、人民法院决定逮捕的犯罪嫌疑人、被告人,应当由县级以上公安机关负责人签发逮捕证,立即执行。

(2) 执行逮捕的人员不得少于两人。执行逮捕时,必须向被逮捕人出示逮捕证,并责令被逮捕人在逮捕证上签名(盖章)或者按手印。被逮捕人拒绝签字或者按手印的,应在逮捕证上注明。对于抗拒逮捕的,可以使用戒具或者武器。

(3) 逮捕后,应当立即将被逮捕人送看守所羁押。除无法通知的以外,提请批准逮捕的公安机关,决定逮捕的人民检察院、人民法院,应当在二十四小时以内将逮捕的原因和羁押的处所,通知被逮捕人的家属。

(4) 人民检察院、人民法院对于各自决定逮捕的人,公安机关对于经人民检察院批准逮捕的人,应当在逮捕后的二十四小时以内进行讯问。发现不应当逮捕的,应当立即撤销或者变更强制措施。撤销逮捕的,应当立即释放,发给释放证明。

(5) 公安机关到异地执行逮捕时,应当通知被逮捕人所在地的公安机关,被逮捕地的公安机关应当协助执行。

(6) 公安机关撤销逮捕措施,或者变更为取保候审或者监视居住的,应当通知原批准或决定逮捕的人民检察院、人民法院。人民检察院、人民法院对于各自决定的逮捕应撤销或者变更强制措施的,也应当通知公安机关。

四、逮捕的监督

为保证批准和决定逮捕权的正确行使，防止错误逮捕，我国《刑事诉讼法》第九十五条规定："犯罪嫌疑人、被告人被逮捕后，人民检察院仍应当对羁押的必要性进行审查。对不需要继续羁押的，应当建议予以释放或者变更强制措施。有关机关应当在十日以内将处理情况通知人民检察院。"

犯罪嫌疑人、被告人及其法定代理人、近亲属或者辩护人有权申请变更强制措施。人民法院、人民检察院和公安机关收到申请后，应当在三日以内作出决定；不同意变更强制措施的，应当告知申请人，并说明不同意的理由。

当事人和辩护人、诉讼代理人、利害关系人对于采取强制措施法定期限届满，不予以释放、解除或者变更的，有权向该机关申诉或者控告。对处理不服的，可以向同级人民检察院申诉；人民检察院直接受理的案件，可以向上一级人民检察院申诉。

案 例 解 析

（一）

本案中存在四点不当之处。① 派出所所长签发拘留证的做法是错误的，应当由县级以上公安机关负责人签发。② 办案人员在四十八小时后进行讯问是错误的，依法应当在拘留后的二十四小时内进行讯问。③《刑事诉讼法》第九十二条规定："公安机关对人民检察院不批准逮捕的决定，认为有错误的时候，可以要求复议，但是必须将被拘留的人立即释放。如果意见不被接受，可以向上一级人民检察院提请复核。上级人民检察院应当立即复核，作出是否变更的决定，通知下级人民检察院和公安机关执行。"因此，公安机关直接提请上一级人民检察院复核的做法是错误的，应当先要求同级人民检察院复议，如果意见不被接受，可以向上一级人民检察院提请复核。④ 公安机关继续关押犯罪嫌疑人的做法是错误的，公安机关应当在接到人民检察院不批准逮捕的决定后，将被拘留的人立即释放。

（二）

本案中，由于周某被查实患有严重的肺结核，符合法律中关于取保候审适用对象的规定，因此公安机关可以对周某采取取保候审。本案中，周某弟弟无固定的住处，不符合保证人条件的规定，因此公安机关不同意其做保证人的做法是正确的。进一步来说，如果周某无法提供别的保证人的话，可以通过交纳保证金的方式，申请取保候审。

本 章 小 结

刑事强制措施是刑事诉讼制度的重要组成部分，在刑事诉讼中具有极其重要的地位。刑事强制措施不仅对刑事诉讼活动的顺利进行起着重要的保障作用，而且与公民的权利保障有着密切的关系。我国刑事诉讼法确立了由轻到重、层次分明的强制措施体系，明确规定了各种强制措施的适用机关、适用条件、适用程序、适用期限，诉讼实践中，必须坚持依法适用刑事强制措施，以有效发挥刑事强制措施的保障功能，实现刑事诉讼的目的。

思 考 题

1. 如何理解强制措施适用的“必要性原则”？
2. 试比较我国的取保候审与西方的保释制度。
3. 简述拘留与逮捕的区别。

第七章 立案程序

学习目标

通过本章的学习,你可以……

- 了解立案的概念、特征、任务、意义
- 掌握立案的材料来源、条件
- 掌握立案程序的主要内容
- 掌握立案监督的主要内容

案例研讨

一天傍晚,刘某在回家途中与吴某发生争执。在争执过程中,刘某卡住吴某的颈部致其窒息。刘某误以为吴某已死,遂到附近的县人民法院投案,称自己杀了人。人民法院值班人员告诉刘某,人民法院不受理杀人案,让他去县公安局自首。刘某在去公安局的路上,想到杀人要偿命,越想越害怕,便逃往了外地。吴某自己醒过来后立即向公安局打电话报警。后来吴某又多次向公安局提出控告,公安局答复说,只有抓到犯罪嫌疑人才能立案,遂决定不立案。吴某又向县人民检察院提出对刘某的控告,人民检察院接到控告后建议公安局立案,公安局置之不理。吴某无奈,只好向县人民法院起诉。人民法院告诉吴某自己无权管辖,又让吴某找公安局处理。

问题: 在本案中,公安机关、人民检察院、人民法院的行为是否存在不当之处? 请说明理由。

引 言

刑事立案程序是所有刑事案件的必经程序，它包括公诉案件中的公安机关、检察机关为侦查而立案，人民法院为案件的审判而立案。正确、及时地启动立案程序，有利于办案机关迅速揭露、证实和惩罚犯罪，并有效地保护公民的合法权益不受侵犯。

第一节 立案程序概述

一、立案的概念、特征

立案，是指公安机关、人民检察院和人民法院对报案、控告、举报、自首或自诉等的相关材料在各自的职权范围内进行审查，以确定是否存在犯罪事实、是否需要追究刑事责任，从而决定是否要对案件进行侦查或审判的诉讼活动。需要注意的是，自诉案件的立案与公诉案件的立案有着明显的不同，前者与审判程序相衔接，而后者则与侦查程序相衔接。

立案作为刑事诉讼开始的标志，具有如下特征。

(1) 立案是法律赋予公安、司法机关的权力。根据我国《刑事诉讼法》的规定，公安机关和人民检察院对刑事案件有立案侦查权，人民法院有立案审判权。除此之外，其他任何机关和个人都没有此项权力。

(2) 立案是刑事诉讼的开始阶段和必经阶段。我国刑事公诉案件一般经历立案、侦查、审查起诉、审判和执行等环节，每一个阶段都是独立的，也是不可缺失的。其中，立案是刑事诉讼各阶段的开始，只有经过立案，才能进行侦查或审判。同时，对于刑事公诉案件，立案程序是必经阶段；对于刑事自诉案件，立案审判是其必经阶段。

(3) 立案为刑事诉讼的其他程序的运行提供依据。立案程序通过书面化的审查和相关调查措施的采取，使办案人员对案件的认识达到一定的程度，进而得到结论，从而为侦查提供依据。刑事自诉案件通过人民法院对案件的实质性审查，确保案件的开庭审理具有较为充足的证据基础，为审判的顺利进行提供保障。

二、立案的任务

在立案阶段，公安、司法机关的任务就是通过对报案、控告、举报、自首或自诉等材料的审查，确定是否存在犯罪事实、有无必需追究刑事责任，从而为后续的侦查或审判提供依据。根据我国《刑事诉讼法》及相关司法解释的规定，立案的任务包括以下三个方面。

(1) 接收相关材料，并进行案件分流。公安、司法机关应当对报案、控告、举报、自首或自诉的材料进行接收，无论其是否属于自己的管辖范围。对于属于自己管辖的，则予以审查决定是否立案；如果不属于自己管辖的范围，则应转交相应的主管机关处理，并且通知报案人、控告人、举报人；对于不属于自己管辖而又需要立即采取紧急措施的，应当先采取措施，然后移送有关主管机关。

(2) 审查相关材料。公安、司法机关根据各自的管辖范围,对接收的相关材料进行审查,以确定是否符合立案的条件。

(3) 决定是否立案,并接受监督。公安、司法机关根据《刑事诉讼法》及相关解释规定的立案条件和标准,在现有材料的基础上对是否能够立案在审查的基础上作出决定。对于不立案的,要通知控告人,并接受控告人的复议申请,进行复议;对于不该立案而立案或该立案而未立案的,要接受检察机关的监督,说明理由;对于检察机关作出的立案决定予以执行;对检察机关的决定可以申请复议、复核。

三、立案的意义

(1) 有利于准确、及时打击犯罪。通过立案程序,确定对犯罪案件的侦查权力、侦查组织及可以采取的相关措施,有利于犯罪事实的揭露和犯罪嫌疑人的发现,从而及时打击犯罪。

(2) 有利于实现人权保障。在立案阶段,公安、司法机关通过对相关材料的审查,如果发现不具有犯罪事实或者依法不应当追究被控告人刑事责任的情形时,就不应当立案,从而避免造成对无辜者的错误追究,防止和减少冤假错案,真正实现人权保障的目标。

(3) 有利于实现对侦查权的控制。在我国刑事诉讼中,除了逮捕由检察机关批准或人民法院决定外,大部分的侦查措施都是由侦查机关自行授权、自行控制,因而缺乏外在力量的制约。通过确立严格的立案条件,可以防止随意立案,从而节制侦查权的使用。

第二节　立案的材料来源和条件

一、立案的材料来源

立案的材料,主要是指公安机关和人民检察院自行发现的或举报人、报案人、控告人或自首的犯罪嫌疑人提供的与犯罪有关的材料。根据《刑事诉讼法》及相关司法解释的规定,立案的材料来源主要包括四个方面。

(一) 公安机关、检察机关自行发现的犯罪事实或犯罪嫌疑人

《刑事诉讼法》第一百零九条规定:"公安机关或者人民检察院发现犯罪事实或者犯罪嫌疑人,应当按照管辖范围,立案侦查。"公安机关是我国的主要侦查机关,也是社会治安保卫机构,其在日常的社会秩序维持和刑事案件办理过程中可能会发现有关的犯罪事实或犯罪嫌疑人材料。检察机关是我国的法律监督机关,其在履行法律职责的过程中也可能会发现一些犯罪的线索材料等。在发现犯罪事实或犯罪嫌疑人后,公安、检察机关应当按照管辖范围,主动、迅速地进行审查并作出是否立案的决定。

（二）有关单位和个人的举报或报案

《刑事诉讼法》第一百一十条第一款规定："任何单位和个人发现有犯罪事实或者犯罪嫌疑人，有权利也有义务向公安机关、人民检察院或者人民法院报案或者举报。"

报案，是指单位和个人发现有犯罪事实发生，向公安、司法机关告发的行为。举报，是指单位和个人就其了解的犯罪事实或犯罪嫌疑人向公安、司法机关告发、揭露的行为。两者的区别在于，报案仅指向犯罪事实，并不能明确指出犯罪嫌疑人是谁；举报不仅会指出犯罪事实发生，而且还指出了明确的举报对象；报案的主体是一切单位和个人，包括被害人；举报的主体是除被害人以外的单位和个人。

（三）刑事被害人的报案或控告

《刑事诉讼法》第一百一十条第二款规定："被害人对侵犯其人身、财产权利的犯罪事实或者犯罪嫌疑人，有权向公安机关、人民检察院或者人民法院报案或者控告。"

刑事被害人的报案或控告也是立案材料的主要来源。控告，是指被害人就其人身、财产权利等遭受侵害的事实及犯罪嫌疑人的有关情况，向公安、司法机关揭露和告发，要求追究其刑事责任的诉讼行为。就被害人而言，如果只知道有犯罪事实的发生，尚不知道谁是实施犯罪的主体，则为报案；如果犯罪事实和犯罪嫌疑人都比较明确的话，则为控告。

由于刑事被害人可能因犯罪而失去行为能力或死亡，因此，其法定代理人也可以报案或控告。

（四）犯罪人的自首

根据《刑事诉讼法》第一百一十条第三、四款的规定，犯罪人向公安机关、人民检察院或者人民法院自首的，相应机关都应当接受，并根据各自的管辖范围自行审查或移送审查。

自首，是指实施犯罪行为的人自动投案，如实交代自己的罪行并接受审查或审判的行为。犯罪发生后，犯罪人出于减轻处罚、忏悔犯罪或坦白等目的，向公安、司法机关主动交代自己的罪行，这也是颇为重要的立案材料来源。

二、立案的条件

立案的条件，是指立案所必须具备的理由和根据。《刑事诉讼法》第一百一十二条规定："人民法院、人民检察院或者公安机关对于报案、控告、举报和自首的材料，应当按照管辖范围，迅速进行审查，认为有犯罪事实需要追究刑事责任的时候，应当立案；认为没有犯罪事实，或者犯罪事实显著轻微，不需要追究刑事责任的时候，不予立案，并且将不立案的原因通知控告人。"

（一）侦查立案的条件

侦查立案的条件一般包括事实条件和法律条件。

1. 事实条件

侦查立案的事实条件，即"有犯罪事实"，是指有符合刑法规定的犯罪行为的发生，且有一定的证据予以证明。

对于事实条件，一般认为应符合以下几点要求：① 有犯罪事实而非其他事实；② 犯罪事实要有一定的证据予以证明，即有一定的证据，使人合理地相信犯罪事实的存在；③ 对犯罪事实的确认是公安、司法人员通过审查确认的，具有程序意义，不具有实体意义，不得作为对犯罪嫌疑人或被告人实施处罚的依据。

2. 法律条件

侦查立案的法律条件，即“需要追究刑事责任”，是指根据我国刑事法律的相关规定，该犯罪事实具有应受刑事处罚性；无须追究刑事责任的，则不符合立案条件；可能免予刑事处罚的，并不影响其立案。

根据《刑事诉讼法》第十六条的规定，具有下列情形之一的，不追究刑事责任，因此也就不能立案，即使立案，发现有其情形之一的，也需要撤销案件：① 情节显著轻微、危害不大，不认为是犯罪的；② 犯罪已过追诉时效期限的；③ 经特赦令免除刑罚的；④ 依照刑法告诉才处理的犯罪，没有告诉或者撤回告诉的；⑤ 犯罪嫌疑人、被告人死亡的；⑥ 其他法律规定免予追究刑事责任的。

（二）自诉案件立案的条件

1. 事实条件

在自诉案件中，立案是为审判做准备，其要求的事实条件要高于侦查立案。这里的事实条件包括以下几个方面：① 刑事案件的被害人提出控诉，如果被害人死亡、丧失行为能力或者因受强制、威吓等原因无法告诉，或者是限制行为能力人以及由于年老、患病、盲、聋、哑等原因不能亲自告诉，其法定代理人、近亲属可以代为告诉；② 有明确的被告人，且能及时找到被告人；③ 有具体的诉讼请求；④ 有证明被告人犯罪事实的证据，且证据充分。

2. 法律条件

根据刑事诉讼法及相关司法解释的规定，自诉案件的立案法律条件除应当包括一般立案的条件外，还包括以下三个方面。① 属于自诉案件的范畴，具体包括：告诉才处理的案件，如侮辱诽谤案、暴力干涉婚姻自由案等；被害人有证据证明的轻微刑事案件，如故意伤害案、非法侵入住宅案等；被害人有证据证明对被告人侵犯自己人身、财产权利的行为应当依法追究刑事责任，而公安机关或者人民检察院已经作出不予追究的书面决定的案件。② 属于相应人民法院的管辖范围。③ 该犯罪事实未被处理过，如未曾因证据不足而撤诉、未曾调解结案等。

（三）立案的具体标准

我国《刑事诉讼法》及相关司法解释对侦查立案与自诉立案都规定了立案的条件，但这些规定相对于数百种具体的犯罪仍然显得过于原则，从而可能给公安、司法人员的审查立案带来困难。为此，最高人民法院、最高人民检察院和公安部在不同时期，分别以独立或联合的方式制定了一些司法解释、部门规章，统一了立案的尺度，主要包括《最高人民检察院、公安部关于公安机关管辖的刑事案件立案追诉标准的规定(一)》《人民检察院直接受理侦查案件立案、逮捕实行备案审查的规定(试行)》《最高人民检察院关于渎职侵权犯罪案件立案标准的规定》《最高人民法院、最高人民检察院关于办理诈骗刑事案件具体应用法律若干问题的解释》等。

第三节 立案程序

立案程序，是指立案活动中各种诉讼活动的步骤和形式，一般包括立案材料的受理、立案材料的审查和立案审查后的处理。

一、立案材料的受理

立案材料的受理，是指公安机关、人民检察院和人民法院对举报、报案、控告、自首或自诉的案件材料予以接受的活动。《刑事诉讼法》第一百一十条第三款规定："公安机关、人民检察院或者人民法院对于报案、控告、举报，都应当接受。对于不属于自己管辖的，应当移送主管机关处理，并且通知报案人、控告人、举报人；对于不属于自己管辖而又必须采取紧急措施的，应当先采取紧急措施，然后移送主管机关。"

立案材料的受理一般包括如下内容。

(1) 公民可以以口头和书面等形式提供证据材料。公民以口头形式提供的，公安、司法人员应当接受，并制作笔录，经由报案人、控告人、举报人等人员阅读或听取后无异议的，由其签名或者盖章。

(2) 公安、司法人员对所有的报案、控告、举报、自首都应当立即接受，并及时根据管辖范围进行分流。对属于自己管辖的，应及时对相关材料进行审查，以确定是否需要立案，从而启动侦查或审判；对不属于自己管辖的，应及时移送主管机关，并告知相关当事人；如果需要采取紧急措施的，则应及时采取相关措施，然后再作案件分流。

(3) 公安、司法机关应告知控告人、举报人相关法律责任，防止诬告。控告人、举报人的控告、举报可能出于各种目的，有的是如实反映情况，有的欲报复陷害，有的则为伸张正义。接受材料的公安、司法机关工作人员应当在接受材料前，告知相关人员如实提供证据的义务和诬告需要承担的法律责任。

(4) 公安、司法机关应保障提供材料人员及其亲属的安全，并为其保密。报案人、举报人和控告人向公安、司法机关提供有关犯罪的材料，由此可能会招致罪犯的报复。为鼓励公民同犯罪行为作斗争，公安、司法机关应根据相关当事人的要求，并根据案件的实际情况，制定措施，保障有关当事人的人身、财产安全；犯罪分子可能威胁有关当事人的亲属的，公安、司法机关也应为他们提供安全保障。严禁将举报材料转给被举报单位和被举报人；对故意泄密或打击报复举报人、报案人或控告人的行为，应当予以严厉惩处。

二、立案材料的审查

立案材料的审查，是指公安机关、人民检察院和人民法院根据各自的管辖范围，依据相关法律规定对有关材料进行检查、核实，以确定是否立案的过程。《刑事诉讼法》第一百一十二条规定："人民法院、人民检察院或者公安机关对于报案、控告、举报和自首的材料，应当按照管辖范围，迅速进行审查。"

立案材料审查的内容包括事实审查和法律审查。事实审查就是对犯罪事实的有无进行审查;法律审查是对是否符合相关法律要件的审查。审查的方式主要是书面审查,也可以要求报案人、举报人或控告人说明相关情况。

对自诉案件的审查有别于立案审查。根据《刑事诉讼法》和《最高法院解释》的规定,其审查的内容主要是为自诉案件特别规定的事实条件和法律条件,审查的形式只能为书面审查,不得主动进行任何形式的调查。如果认为自诉人提出的证据不充分,人民法院可以要求自诉人提出补充证实有关犯罪事实的材料。

三、立案审查后的处理

公安、司法机关对立案材料进行审查后,应当作出是否立案的决定。根据《刑事诉讼法》的规定,公安、司法机关在对立案材料进行审查后,认为有犯罪事实且需要追究刑事责任的时候,应当立案;认为没有犯罪事实,或者犯罪事实显著轻微,不需要追究刑事责任的时候,不予立案,并且将不立案的原因通知控告人。

对立案材料审查后的决定主要是立案或不立案,由于公安机关、检察机关和人民法院各自的性质、职责的差别,其在立案审查后的处理上有所差别。

(一) 立案

公安、司法机关对立案材料审查后,认为有犯罪事实且需要追究刑事责任的,应当作出立案决定。

公安机关经对立案材料审查后,应当制作刑事案件立案报告书,报县级以上公安机关负责人批准立案。

检察机关对于直接受理的案件,经审查认为有犯罪事实且需要追究刑事责任的,应当制作刑事案件立案报告书,经检察长批准后予以立案。根据 2018 年 11 月 24 日《最高人民检察院关于人民检察院立案侦查司法工作人员相关职务犯罪案件若干问题的规定》,人民检察院办理司法工作人员利用职权实施的非法拘禁、刑讯逼供、非法搜查等侵犯公民权利、损害司法公正的犯罪案件,不再适用对直接受理立案侦查案件决定立案报上一级人民检察院备案的规定。

人民法院在接受材料后,对自诉案件在十五日内审查完毕并作出决定,符合立案条件的,应当决定开庭审判,并通知自诉人或代为告诉人。

(二) 不立案

公安、司法机关在对立案材料审查后,认为没有犯罪事实,或者虽有犯罪事实,但事实显著轻微,无须追究刑事责任的,则不予立案;有控告人的,要及时将不立案的原因告知控告人。

公安机关在审查后,认为有上述不立案的情形,或者存在其他依法不追究刑事责任的情形的,接受单位应制作呈请不予立案报告书,经县级以上公安机关负责人批准,不予立案;对于有控告人的,还应制作不予立案通知书,在七日内送达控告人。

检察机关在审查后,认为没有犯罪事实,或事实不清且证据不足,或具有《刑事诉讼法》第十六条规定的情形之一,或没有构成犯罪的,经提请检察长决定,不予立案;被害人是控告人的，此时应制作不予立案通知书，由侦查部门在十五日内送达被害人；对于未构成犯罪，但又需要追究党纪、政纪责任的，则应移送有关主管机关处理。

对于自诉案件，人民法院在审查后，有下列情形之一的，应驳回起诉或说服自诉人撤回起诉：① 不符合《最高法院解释》第二百六十三条规定的条件的；② 证据不充分的；③ 犯罪已过追诉时效期限的；④ 被告人死亡的；⑤ 被告人下落不明的；⑥ 除因证据不足而撤诉的以外，自诉人撤诉后，就同一事实又告诉的；⑦ 经人民法院调解结案后，自诉人反悔，就同一事实再行告诉的。

对立案后出现下列情形的，也应驳回起诉或说服自诉人撤回起诉：① 虽已立案，经审查后缺乏罪证又未能补充证据的；② 存在共同侵害人的情况下，自诉人在对部分侵害人的起诉被判决后再就同一事实起诉其他共同侵害人的；③ 存在共同被害人的情况下，部分共同被害人在被通知参加其他被害人提起的诉讼时不参加或不出庭，而后又单独提起诉讼的。

第四节　立案监督

立案程序是刑事诉讼的开始，一旦立案，刑事诉讼便会推进到侦查阶段或审判阶段，由此可能会给相关人员的人身、财产等权利造成很大的影响。然而，司法实践中也存在有案不立、不破不立等情形，这些都是对司法权力的滥用，值得我们警惕。为防止打击犯罪不力或冤枉无辜，保障公民的合法权益，对立案活动进行法律监督就显得格外重要。

一、立案监督概述

立案监督，是指有监督权的机关或公民对公安、司法机关的立案过程和立案结果进行审查和督促的活动。狭义的立案监督仅指人民检察院对立案活动实施的法律监督，广义的立案监督不仅包括检察机关对立案活动的监督，还包括公民对立案活动的监督。

人民检察院是我国的法律监督机关，其对立案活动的监督是立案监督中最为重要的形式，也是法律监督原则在立案程序中的体现。

立案监督不仅包括对立案过程的监督，也包括对立案结果的监督。

二、立案监督的程序

（一）要求说明不立案或立案的理由

人民检察院认为公安机关对应当立案侦查的案件而不立案侦查的，或者被害人认为公安机关对应当立案侦查的案件而不立案侦查，向人民检察院提出的，人民检察院应当要求公安机关说明不立案的理由。人民检察院认为公安机关不立案理由不能成立的，应当通知公安机关立案，公安机关接到通知后应当立案。

对于有证据证明公安机关可能存在违法动用刑事手段插手民事、经济纠纷，或者利用立案实施报复陷害、敲诈勒索以及谋取其他非法利益等违法立案情形，尚未提请批准逮捕或者移送起诉的，人民检察院应当要求公安机关书面说明立案理由。

人民检察院要求公安机关说明不立案或者立案理由，应当书面通知公安机关，并且告知公安机关在收到通知后七日以内，书面说明不立案或者立案的情况、依据和理由，连同有关证据材料回复人民检察院。

公安机关说明不立案或者立案的理由后，人民检察院应当进行审查。认为公安机关不立案或者立案理由不能成立的，经人民检察院检察长决定，应当通知公安机关立案或者撤销案件。

人民检察院认为公安机关不立案或者立案理由成立的，应当在十日以内将不立案或者立案的依据和理由告知被害人及其法定代理人、近亲属或者行政执法机关。

（二）通知公安机关立案或撤案

公安机关对当事人的报案、控告、举报或者行政执法机关移送的涉嫌犯罪案件受理后未在规定期限内作出是否立案决定，当事人或者行政执法机关向人民检察院提出的，人民检察院应当受理并进行审查。经审查，认为尚未超过规定期限的，应当移送公安机关处理，并答复报案人、控告人、举报人或者行政执法机关；认为超过规定期限的，应当要求公安机关在七日以内书面说明逾期不作出是否立案决定的理由，连同有关证据材料回复人民检察院。公安机关在七日以内不说明理由也不作出立案或者不立案决定的，人民检察院应当提出纠正意见。人民检察院经审查有关证据材料认为符合立案条件的，应当通知公安机关立案。

人民检察院通知公安机关立案或者撤销案件，应当制作通知立案书或者通知撤销案件书，说明依据和理由，连同证据材料送达公安机关，并且告知公安机关应当在收到通知立案书后十五日以内立案，对通知撤销案件书没有异议的应当立即撤销案件，并将立案决定书或者撤销案件决定书及时送达人民检察院。

人民检察院通知公安机关立案或者撤销案件的，应当依法对执行情况进行监督。公安机关在收到通知立案书或者通知撤销案件书后超过十五日不予立案或者未要求复议、提请复核也不撤销案件的，人民检察院应当发出纠正违法通知书。公安机关仍不纠正的，报上一级人民检察院协商同级公安机关处理。

（三）检察机关的内部监督

人民检察院负责捕诉的部门发现本院负责侦查的部门对应当立案侦查的案件不立案侦查或者对不应当立案侦查的案件立案侦查的，应当建议负责侦查的部门立案侦查或者撤销案件。建议不被采纳的，应当报请人民检察院检察长决定。

案 例 解 析

公安局的不当之处：公安局不应以没有抓到嫌疑人为由决定不立案，对有犯罪事实且需要追究刑事责任的，公安机关应当立案。

人民检察院的不当之处：人民检察院不应建议公安局立案。人民检察院应当要求公安机关说明不立案的理由，认为理由不能成立的，应当要求公安机关立案。

人民法院的不当之处：第一，人民法院值班人员不应当不接受刘某的投案，让他去公安局，人民法院对于自首应当接受，不属于自己管辖的，再移送有管辖权的机关；第二，人民法院值班人员未对刘某采取紧急措施，致其逃走的做法错误，对于不属于自己管辖而又必须采取紧急措施的，应当先采取紧急措施，然后移送主管机关；第三，人民法院不应当不接受吴某的起诉，让其找公安局处理，被害人有证据证明对被告人侵犯自己人身权利的行为应当依法追究刑事责任的，而公安机关不予追究被告人刑事责任的案件，被害人可以直接向人民法院提起自诉。

本章小结

作为所有刑事案件的必经程序，立案程序是其他所有诉讼程序的起点，立案程序的有效运行意义重大。公安、司法机关进行刑事诉讼，必须严格依法推进诉讼进程，不能随意超越、颠倒任何一个诉讼阶段。为了确保立案的准确性，必须认真审查各种材料来源，并设置科学合理的立案条件。同时，为了防止司法权力的滥用，避免有案不立、不破不立等情形的发生，有必要加强对立案活动的监督，尤其是检察机关的法律监督。

思考题

1. 立案的意义是什么？
2. 立案的材料来源包括哪些范围？
3. 简述检察机关进行立案监督的主要形式及其可能的缺陷。

第八章　侦查程序

学习目标

通过本章的学习，你可以……

- 掌握侦查的概念、特征
- 掌握主要侦查行为的内容、特点、程序要求
- 掌握侦查终结的条件、处理结果
- 掌握侦查羁押的期限
- 了解侦查监督的主要内容

案例研讨

犯罪嫌疑人郭某，男，55岁，某大学门卫。郭某因盗窃该大学保卫科的公款潜逃至外地。一周后，被当地公安机关抓获后送回案发地的公安机关。为了使本案的证据更充分，侦查员刘某、李某前往郭某所在的大学，将本案的部分证人召集在一间办公室内，进行了询问。第二天，侦查员刘某一人开始讯问郭某，讯问笔录如下。

刘某：你老实交代你的罪行，党的政策是"坦白从宽，抗拒从严"，听清楚了吗？

郭某：我要请律师！

刘某：现在你不能请律师，侦查阶段律师不能介入。

郭某：我抗议！你拘留我到现在已经三天了，还没有向我出示拘留证。

刘某：对你这种在逃犯，可以不出示。现在你老实交代罪行。

郭某：我没罪！你们冤枉我！

刘某：你必须自己拿出充分的证据来，我们才能说你无罪。你如果老实交代，说完了我们可以放你出去；你如果顽抗到底，公安机关将从重处罚你。

在讯问过程中，刘某多次打郭某的耳光，并罚郭某跪在地上。

问题：在本案的侦查中，侦查人员在收集证据时存在哪些错误？

引 言

侦查程序是刑事诉讼程序中一个独立的诉讼阶段,具有非常重要的地位和作用。在整个刑事诉讼程序中,侦查是与犯罪行为作斗争的重要手段,是提起公诉和正确审判的基础和前提条件。同时,侦查也是预防犯罪的有力措施。由于侦查的运作可能会采取限制犯罪嫌疑人人身自由的各种措施,为了避免侦查权的滥用、保障公民权利不受非法侵犯,有必要对侦查程序、侦查行为实施监督和控制。

第一节 侦查概述

一、侦查的概念和特征

侦查,是指公安机关、人民检察院对于刑事案件,依照法律进行的收集证据、查明案情的工作和有关的强制性措施。侦查是一个独立的诉讼阶段,在刑事诉讼中具有非常重要的地位。侦查具有如下几个特征。

1. 侦查权主体的特定性

在刑事诉讼中,依法享有侦查权的机关包括公安机关、国家安全机关、检察机关、军队保卫部门、监狱的侦查部门、海关走私犯罪侦查部门、中国海警局等。

2. 侦查活动内容的特定性

侦查活动的内容包括两个方面。一是依照法律进行的收集证据、查明案情的工作。这是指《刑事诉讼法》规定的讯问犯罪嫌疑人,询问证人、被害人,勘验、检查,搜查,扣押物证和书证,鉴定和通缉等为收集证据、查明案件事实而进行的调查工作。二是有关的强制性措施。这是指《刑事诉讼法》规定的限制、剥夺人身自由的强制措施和对人身、财物采取的诸如搜查、扣押等强制性方法。

3. 侦查活动的合法性

考虑到每一项侦查活动的开展都程度不同地带有强制性,一旦违法实施侦查,就会侵犯到公民的合法权益。因此,侦查机关必须严格依法行使侦查权,客观全面地收集证据、查明案件事实,保障公民不受非法行为侵害。

4. 侦查内容的隐蔽性和形式的公开性

侦查内容的隐蔽性,是指为了防止犯罪嫌疑人毁灭证据、串供、逃跑或其他意外事件发生,侦查的内容应当予以保密,以确保侦查的顺利进行。

侦查形式的公开性,是指侦查的形式,如拘留、逮捕犯罪嫌疑人,对其住处进行搜查等,必须是公开的。

二、侦查的目的

我国刑事诉讼的根本目的是惩罚犯罪和保障人权的统一,侦查程序作为其中的一个阶段，具有与其一致的具体目的。

根据我国《刑事诉讼法》的精神，侦查阶段的具体目的应当有三点：① 收集确实、充分的证据；② 查明案件事实；③ 查获犯罪嫌疑人。

三、侦查工作的原则

根据侦查的特征和目的，侦查工作应遵循如下几项原则。

1. 迅速、及时原则

侦查工作是一项时间性很强的诉讼活动。犯罪分子作案以后，为了掩盖罪行，逃避罪责，可能想方设法隐匿、毁灭、伪造证据，或者与同案人订立攻守同盟，有的还可能继续危害社会。因此，侦查机关接到报案后应立即组织侦查力量，制定侦查方案，及时采取侦查措施，收集案件的各种证据。侦查工作迅速、及时，是顺利完成侦查任务的一个极其重要的保障。

2. 客观、全面原则

客观，就是指一切从实际情况出发，尊重客观事实、按照客观事实的本来面目去认识它并如实反映它。全面，就是要全面地调查、了解和反映案件的情况，不能仅仅根据案件的某个情节或部分材料就下结论。这一原则要求侦查人员一切从案件的实际情况出发，实事求是地收集证据。既要收集能够证明犯罪嫌疑人有罪、罪重的证据，也要收集能够证明犯罪嫌疑人无罪、罪轻的证据。

3. 深入、细致原则

刑事案件千变万化，异常复杂。在侦查过程中，为了准确查明案件的真实情况，侦查人员还必须坚持深入、细致原则。这一原则要求侦查人员必须作深入细致的调查研究，不放过一点点蛛丝马迹，不忽略任何细枝末节；对犯罪的具体情节要全部查清，并要求有相应的证据加以证明。

4. 保守秘密原则

侦查过程中，如果将案情、侦查线索、证据材料或举报人、控告人等信息向无关人员透露，可能会对侦查工作的进行造成干扰，影响案件的及时侦破，还可能会导致举报人、控告人遭到打击报复。因此，侦查人员必须严格遵守侦查纪律、保守侦查秘密，对于违反者，根据其情节和后果，应依法追究其法律责任。

第二节 侦查行为

侦查行为，是指侦查机关在办理刑事案件过程中，依照法律规定进行的各种专门调查工作。侦查行为主要有以下几种：讯问犯罪嫌疑人，询问证人和被害人，勘验、检查，搜查，查封、扣押物证、书证，鉴定与辨认，技术侦查，通缉。

一、讯问犯罪嫌疑人

（一）讯问犯罪嫌疑人的概念、意义

讯问犯罪嫌疑人，是指侦查人员依照法定程序以言词的方式向犯罪嫌疑人查问案件事实的一种侦查行为。

讯问犯罪嫌疑人是每一个刑事案件中的必经程序,具有十分重要的意义:① 有利于侦查人员收集、核实证据,查明案件事实,查清犯罪情节,并发现新的犯罪线索和其他应当追究刑事责任的犯罪分子;② 可以为犯罪嫌疑人充分行使辩护权提供机会,通过听取其陈述和申辩,保护其合法权益,保障无罪的人不受刑事追究。

(二) 讯问犯罪嫌疑人的程序要求

1. 讯问主体

讯问犯罪嫌疑人必须由公安机关、检察机关的侦查人员进行,其他人员无此权力。讯问的时候,侦查人员不得少于两人。

2. 讯问的地点和时间

对于已经被拘留或者逮捕的犯罪嫌疑人,应当在拘留或逮捕后二十四小时内进行讯问。犯罪嫌疑人被送交看守所羁押以后,侦查人员对其进行讯问,应当在看守所内进行。

对于未被拘留或逮捕的犯罪嫌疑人,可以传唤到犯罪嫌疑人所在市、县的指定地点或者到他的住所进行讯问,但是应当出示公安机关或人民检察院的证明文件。

适用传唤或者拘传方式讯问犯罪嫌疑人的,持续时间不得超过十二小时,不得以连续传唤、拘传的形式变相拘禁犯罪嫌疑人。案情特别重大、复杂,需要采取拘留、逮捕措施的,传唤、拘传持续的时间不得超过二十四小时。传唤、拘传犯罪嫌疑人,应当保证犯罪嫌疑人的饮食和必要的休息时间。

3. 讯问次序和内容

侦查人员在讯问犯罪嫌疑人的时候,应当首先讯问犯罪嫌疑人是否有犯罪行为,让其陈述有罪的情节或者作无罪的辩解,然后向其提出问题。犯罪嫌疑人对侦查人员的提问,应当如实回答。

侦查人员对犯罪嫌疑人的提问,限于与本案有关的问题。对于与本案无关的内容,犯罪嫌疑人有权拒绝回答。“与本案无关”,可以理解为与犯罪嫌疑人被指控的罪名的定罪和量刑无关,以及与案件事实无关。

对于共同犯罪案件的同案犯罪嫌疑人,应当分别讯问。未被讯问的犯罪嫌疑人,不得在讯问现场旁听。

4. 讯问特定犯罪嫌疑人的特殊要求

侦查人员讯问聋、哑犯罪嫌疑人时,应当有通晓聋、哑手势的人参加,为他们翻译,并在讯问笔录上注明;讯问不通晓当地语言文字的人、外国人和无国籍人,应当为他们提供翻译人员。

对于未成年犯罪嫌疑人,在讯问时应当通知未成年犯罪嫌疑人的法定代理人到场。无法通知、法定代理人不能到场或者法定代理人是共犯的,也可以通知其他成年亲属,所在学校、单位、居住地基层组织或者未成年人保护组织的代表到场,并将有关情况记录在案。到场的法定代理人可以代为行使未成年犯罪嫌疑人的诉讼权利。此外,在讯问女性未成年犯罪嫌疑人时,应当有女工作人员在场。

5. 讯问时的禁止规定

侦查人员必须依法定程序讯问犯罪嫌疑人,严禁刑讯逼供和以威胁、引诱、欺骗以及其他非法的方法收集证据。根据我国相关的司法解释,非法收集的言词证据不能作为提起公诉和定案的依据。对于侦查人员侵犯犯罪嫌疑人诉讼权利的违法行为，犯罪嫌疑人有权提出控告。

6. 讯问笔录和录音、录像

讯问笔录应当客观地记录侦查人员的提问以及犯罪嫌疑人供述和辩解的内容，最后应将讯问笔录交给犯罪嫌疑人核对，对于没有阅读能力者，应当向其宣读。犯罪嫌疑人如果认为讯问笔录有遗漏或差错，应当允许其补充或纠正。侦查人员、翻译人员也应当在笔录上签名或者盖章。经讯问之后，如果犯罪嫌疑人要求自行书写供述，应当准许。必要时，侦查人员也可以要求犯罪嫌疑人亲笔书写供词。

侦查人员在讯问犯罪嫌疑人的时候，可以对讯问过程进行录音或者录像；对于可能判处无期徒刑、死刑的案件或者其他重大犯罪案件，应当对讯问过程进行录音或者录像。录音或者录像应当全程进行，以保持其完整性。

7. 告知犯罪嫌疑人可以聘请律师

侦查机关在第一次讯问犯罪嫌疑人或者对犯罪嫌疑人采取强制措施的时候，应当告知犯罪嫌疑人有权委托辩护人。在辩护律师符合法律手续的情形下，看守所应当及时安排会见，至迟不得超过四十八小时。

危害国家安全犯罪、恐怖活动犯罪案件，在侦查期间辩护律师会见在押的犯罪嫌疑人，应当经侦查机关许可。上述案件，侦查机关应当事先通知看守所。

辩护律师会见犯罪嫌疑人、被告人时不被监听。

二、询问证人和被害人

（一）询问证人

1. 询问证人的概念

询问证人，是指侦查人员为查明案件事实，以言词方式向证人进行询问，调查了解与案件有关的事实的侦查行为。

询问证人是一种常用的侦查行为，在侦查程序中起着非常重要的作用。询问证人有助于侦查人员发现、收集和核实证据，查明案件事实真相，保障无罪的人不受刑事追究。

2. 询问证人的程序要求

(1) 询问的主体。在侦查程序中，询问证人只能由侦查人员进行。

(2) 询问的地点。侦查人员询问证人，可以在现场进行，也可以到证人所在单位、住处或者证人提出的地点进行，在必要的时候，可以通知证人到人民检察院或者公安机关提供证言。在现场询问证人，应当出示工作证件；到证人所在单位、住处或者证人提出的地点询问证人，应当出示人民检察院或者公安机关的证明文件。到证人、被害人所在单位、住处或者证人、被害人提出的地点询问证人、被害人，应当经办案部门负责人批准，制作询问通知书。询问前，侦查人员应当出示询问通知书和工作证件。

(3) 询问的方式。询问证人应该个别进行，不允许采取开座谈会的方式或集体讨论的方式进行，以免相互串通或互相影响，使证人证言失去了证据的价值。

(4) 告知法律责任。侦查人员询问证人，应当告知其应当如实地提供证据、证言和有意作伪证或者隐匿罪证要负的法律责任。

(5) 询问聋、哑证人，应当有懂得聋、哑手势的人作翻译，并将这种情况记入笔录。询问未成年证人，应当通知其法定代理人到场，询问的地点也可以选择未成年人所熟悉和习惯的场所。

（6）询问证人应当制作笔录。询问笔录应当交证人核对，对于没有阅读能力者，应当向其宣读。如果笔录记载有差错或者遗漏，证人可以提出修改或者补充。证人确认无误后，应当签名或者盖章。侦查人员也应在笔录上签名。经过法定程序询问之后，证人如果请求自行书写证言的，应当允许。

（二）询问被害人

询问被害人，是指侦查人员对人身、财产遭受犯罪行为直接侵害的人，就其受害情况及犯罪嫌疑人的有关情况进行调查询问的一种侦查行为。询问被害人的目的在于收集被害人陈述这一证据，以查明案件事实。

根据《刑事诉讼法》第一百二十七条的规定，询问被害人适用询问证人的程序。

另外，为了确定犯罪嫌疑人、准确确定赃物，询问被害人时，可以要求被害人对一定的人、一定的物品进行辨认。被害人对人或物的辨认结论，是被害人陈述的组成部分。被害人辨认的过程和结论意见应当记入笔录。

三、勘验、检查

（一）勘验、检查的概念和任务

勘验、检查，是指侦查人员对与犯罪有关的场所、物品、人身、尸体等进行勘查和检验，以发现和收集与犯罪有关的物品、痕迹、伤情或者生理状况等的侦查行为。

勘验、检查的任务有两点：① 发现、固定、收集物证，制作勘验检查笔录；② 深化对案情的认识，判断案件的性质，分析犯罪嫌疑人及其实施的犯罪的特点，从而确定侦查方向和范围。

（二）勘验、检查的种类及程序

根据《刑事诉讼法》的规定，勘验、检查的种类包括现场勘验、物证检验、尸体检验、人身检查、侦查实验。

1. 现场勘验

现场勘验，是指侦查人员对刑事案件的犯罪现场依法进行勘查和检验的一种侦查行为。

现场勘验由侦查人员进行，必要时可以指派或者聘请具有专门知识的人参加，但应当在侦查人员主持下进行勘验。

现场勘验的程序要求主要有六点。① 接到报案后，侦查人员应当迅速赶赴案发现场，做好现场保护工作。② 进行现场勘验的侦查人员，必须持有人民检察院或公安机关的有效证明文件。③ 进行现场勘验，必须邀请两名与案件无关的公民作为见证人。④ 进行现场勘验，首先应向发现人、报案人、现场保护人了解现场原始情况，然后圈定勘验范围，由外向内有计划、有步骤地进行。⑤ 对犯罪现场情况应进行综合分析，推断案件性质，确定侦查的方向和范围。⑥ 应制作勘验笔录，侦查人员、参加勘验的其他人员和见证人都应当在笔录上签名或盖章。对于重大案件、特别重大案件的现场，应当录像。

2. 物证检验

物证检验，是指侦查人员对已经收集到的物品和痕迹进行检查和验证，以确定其与案件事实之间的关系的一种侦查行为。

物证检验应当制作笔录。笔录要如实、全面地反映检验的内容和过程。参加检验人员和见证人,都应在笔录上签名,只有这样,才具有证据意义。

3. 尸体检验

尸体检验,是指侦查人员指派、聘请法医或医师对非正常死亡的尸体进行尸表检验或尸体解剖的一种侦查行为。其目的在于确定死亡的原因和时间,判明致死的工具、手段和方法,从而为查明案情和查获犯罪嫌疑人提供线索。

《刑事诉讼法》第一百三十一条规定:“对于死因不明的尸体,公安机关有权决定解剖,并且通知死者家属到场。”《公安部规定》第二百一十三条进一步规定,为了确定死因,公安机关决定解剖的,需经县级以上公安机关负责人批准,可以解剖尸体,并且通知死者家属到场,并让其在解剖尸体通知书上签名或者盖章。对于身份不明的尸体,无法通知死者家属的,应当在笔录中注明。

尸体检验应当制作笔录,并由侦查人员、法医或医生以及死者的家属等签名或盖章。

4. 人身检查

人身检查,是指侦查人员为了确定被害人、犯罪嫌疑人的某些特征、伤害情况或者生理状态,依法对其人身进行检查的一种侦查行为。人身检查的结论属于勘验、检查笔录范围,可以作为诉讼证据。

人身检查的程序要求主要有五点。① 人身检查必须由侦查人员进行,必要时可以指派或者聘请法医或者医师等具有专门知识的人,在侦查人员主持下依法进行。② 犯罪嫌疑人拒绝人身检查的,可以强制执行。③ 对被害人的人身检查,应征得其本人同意,不得强制进行。④ 对妇女的人身检查,应当由女工作人员或者医师进行。⑤ 人身检查应根据案件确定检查的部位,不得任意扩大范围,不得侮辱被检查人的人格。

人身检查应当制作笔录。笔录中应当记明检查的情况和结果,由参加检查的侦查人员、法医、医师等签名或盖章。

5. 侦查实验

侦查实验,是指侦查人员为了查明与案件有关的某些事实或者行为在某种情况下能否发生或怎样发生,而按照原来的条件进行模拟实验的一种侦查行为。

侦查实验是一种特殊的侦查行为,不宜广泛适用,只有在下列情况下才能进行侦查实验:① 确定在某种情况下能否看到或听到;② 确定在一定时间内能否完成某种行为;③ 确定在某种条件下能否发生某种现象;④ 确定在某种情况下,某种行为和某种痕迹是否吻合;⑤ 确定在某种情况下,使用某种工具是否可能留下某种痕迹;⑥ 确定某种痕迹在什么情况下才能发生变异;⑦ 确定某种事实是怎么发生的。

《刑事诉讼法》第一百三十五条规定:“为了查明案情,在必要的时候,经公安机关负责人批准,可以进行侦查实验。侦查实验的情况应当写成笔录,由参加实验的人签名或者盖章。”侦查实验的程序要求主要有五点:① 进行侦查实验,必须经县级以上的公安机关负责人批准;② 侦查实验必须在与有关事实或者行为发生时的条件相同的情况下进行,如果原条件不具备,应当在最近似的条件下进行实验;③ 侦查实验应当在相同情况下反复实验,便于正确判断其结果,防止偶然性;④ 禁止一切足以造成危险、侮辱人格或者有伤风化的行为;⑤ 侦查实验应制作笔录,反复实验的,每次都应制作笔录。

四、搜查

(一) 搜查的概念和意义

搜查,是指侦查人员依法对犯罪嫌疑人以及可能隐藏犯罪嫌疑人或者罪证的人身、物品、住所和其他有关场所,进行搜索的一种侦查行为。

搜查的意义主要有三点:通过搜查可以抓获隐藏的犯罪嫌疑人,查获赃款、赃物以及其他实物证据;有利于防止犯罪嫌疑人逃跑、毁证,转移赃款、赃物;有利于迅速、及时地揭露犯罪、证实犯罪,查获犯罪嫌疑人。

(二) 搜查的程序要求

(1) 搜查只能由侦查人员进行,其他任何机关、团体和个人都无权进行搜查。任何单位和个人,有义务按照公安机关和人民检察院的要求,交出可以证明犯罪嫌疑人有罪或者无罪的物证、书证、视听资料等证据。

(2) 搜查需经过县级以上侦查机关负责人批准。进行搜查,必须出示搜查证。但是,根据《刑事诉讼法》的规定,在执行逮捕、拘留的时候,遇有紧急情况,不用搜查证也可以进行搜查。这里的"紧急情况"包括:① 可能随身携带凶器的;② 可能隐藏爆炸、剧毒等危险物品的;③ 可能隐匿、毁弃、转移犯罪证据的;④ 可能隐匿其他犯罪嫌疑人的;⑤ 其他突然发生的紧急情况。对于无证搜查,在搜查结束后应当及时向侦查机关负责人报告并补办相应的手续。

(3) 在搜查时,应当有被搜查人或者其家属、邻居或其他见证人在场。

(4) 搜查妇女的身体,应当由女工作人员进行。

(5) 搜查应当当场制作笔录,由搜查人、见证人、被搜查人等签名或盖章。如果被搜查人在逃或者拒绝签名、盖章,或者被搜查人的家属拒绝签名、盖章,应当在笔录中注明。

五、查封、扣押物证、书证

(一) 查封、扣押物证、书证的概念和意义

查封、扣押物证、书证,是指侦查人员在侦查活动中,对能够证明犯罪嫌疑人有罪或者无罪的各种物品和文件,依法予以查封或扣押的行为。

查封、扣押物证、书证,对于刑事诉讼具有重要意义:其一,有利于及时提取各种对案件具有证明意义的物品和文件,是收集实物证据的重要措施;其二,可以适时保全实物证据,防止发生毁弃、丢失、转移和隐藏证据等现象,保障诉讼顺利进行。

(二) 查封、扣押物证、书证的程序要求

(1) 查封、扣押物证、书证只能由侦查人员进行,并要有见证人到场。侦查人员应当持本机关的证明文件,并要向被扣物证、书证的人出示或者宣读。

(2) 查封、扣押的物品、文件范围,只限于可以用于证明犯罪嫌疑人有罪、无罪的物品、文件,包括信件、照片、可疑字迹以及明令规定的违禁品,而对本案无关的物品、文件不得扣押。

(3) 查封、扣押物证、书证，应当场向持有人、见证人清点清楚，并制作查封、扣押清单，说明所查封、扣押的物品的具体情况，由侦查人员、见证人和持有人在清单上签名或盖章。

(4) 被查封、扣押的物品、文件，应妥善保管，不得使用、损毁或丢弃。对于涉及国家秘密的文件、资料，应当严加保管，不得泄密。对作为犯罪证据但不便提取的财物、文件，经登记、拍照或者录像、估价后，可以交财物、文件持有人保管或者封存，并且开具登记保存清单一式两份，由侦查人员、持有人和见证人签名，一份交给财物、文件持有人，另一份连同照片或者录像资料附卷备查。财物、文件持有人应当妥善保管，不得转移、变卖、毁损。

(5) 对于不能随案移送的物证，应当拍成照片；对于容易损坏、变质的物证、书证，应当用笔录、绘图、拍照、录像、制作模型等方法加以保全；对于可以作为证据使用的录音带、录像带、电子数据存储介质，应当记明案由、对象、内容，录取、复制的时间、地点、规格、类别、应用长度、文件格式及长度等，并妥善保管。

(6) 对于容易腐烂变质及其他不易保管的物品，可以根据具体情况，经县级以上公安机关负责人批准，在拍照或者录像后委托有关部门变卖、拍卖，变卖、拍卖的价款暂予保存，待诉讼终结后一并处理。对于违禁品，应当依照国家有关规定处理；对于需要作为证据使用的，应当在诉讼终结后处理。

(7) 对于犯罪嫌疑人违法所得的财物及其孳息，应当依法追缴，并妥善保管，供以后需要时核查。对于被害人的合法财产，应当及时返还。

(8) 对于查封、扣押的财物、文件，经查明确实与案件无关的，应当在三日以内解除查封、扣押，予以退还。

六、鉴定与辨认

(一) 鉴定

1. 鉴定的概念和意义

鉴定，是侦查机关为了查明案情，指派或者聘请具有专门知识的人，对案件中有关专门性问题进行鉴别和判断，作出鉴定意见的一种侦查行为。常见的鉴定包括法医鉴定、司法精神病鉴定、司法会计鉴定、刑事技术鉴定等。

鉴定对于侦查机关及时收集证据，准确揭示物证、书证的证明作用，鉴别案内其他证据的真伪，查明案件事实真相，查获犯罪嫌疑人具有非常重要的作用。

2. 鉴定的程序

(1) 选择鉴定人。由侦查机关指派或聘请的鉴定人必须具备相关的资格，并且与本案或本案的当事人没有利害关系。

(2) 侦查机关应向鉴定人提供足够的鉴定材料，包括对比样本、介绍必要的案情，并明确提出需要通过鉴定解决的问题，但不得暗示或者强迫鉴定人作出倾向性的结论。

(3) 鉴定人应当按照鉴定规则，运用科学方法进行鉴定。鉴定后，应当出具鉴定意见，并且签名以示负责。如果是多人一起进行鉴定的，凡意见一致、共同作出鉴定意见的，应共同在鉴定意见上签名；如意见不一致，可以分别制作鉴定意见。

(4) 鉴定意见的告知。侦查机关应当将用作证据的鉴定意见告知犯罪嫌疑人、被害人。如果犯罪嫌疑人、被害人提出申请，可以补充鉴定或者重新鉴定。

(5) 鉴定人故意作虚假鉴定的，应当依法追究其法律责任。

3. 补充鉴定和重新鉴定

有下列情形之一的,经县级以上公安机关负责人批准,应当补充鉴定:① 鉴定内容有明显遗漏的;② 发现新的有鉴定意义的证物的;③ 对鉴定证物有新的鉴定要求的;④ 鉴定意见不完整,委托事项无法确定的;⑤ 其他需要补充鉴定的情形。

有下列情形之一的,经县级以上公安机关负责人批准,应当重新鉴定:① 鉴定程序违法或者违反相关专业技术要求的;② 鉴定机构、鉴定人不具备鉴定资质和条件的;③ 鉴定人故意作虚假鉴定或者违反回避规定的;④ 鉴定意见依据明显不足的;⑤ 鉴定材料虚假或者被损坏的;⑥ 其他应当重新鉴定的情形。重新鉴定,应当另行指派或者聘请鉴定人。

(二) 辨认

1. 辨认的概念

辨认,是指侦查人员为了查明案情,在必要时让被害人、证人和犯罪嫌疑人对与犯罪有关的人、物品、尸体或场所进行辨别、确认的一种侦查行为。

2. 辨认的程序

(1) 辨认应当由两名以上侦查人员主持进行。为确保辨认的客观性和合法性,侦查人员应当聘请见证人参加辨认活动。

(2) 在辨认前,侦查人员应当向辨认人详细询问辨认对象的具体特征,禁止辨认人见到辨认对象,以防止辨认人无根据地进行辨认和先入为主。同时,应当告知辨认人有意作假辨认应负的法律责任。

(3) 几名辨认人对同一辨认对象进行辨认时,应当由每名辨认人单独进行,以防辨认人之间互相影响,作出错误的辨认。

(4) 辨认时,应当将辨认对象混在其他人员或物品中,不得给辨认人任何暗示。公安机关侦查的案件中,辨认犯罪嫌疑人时,被辨认的人数不得少于七人;对犯罪嫌疑人的照片进行辨认的,被辨认的照片不得少于十张。人民检察院侦查的案件中,辨认犯罪嫌疑人时,被辨认的人数不得少于五人、照片不得少于五张。辨认物品时,同类物品不得少于五件、照片不得少于五张。

(5) 公安机关侦查的案件中,对犯罪嫌疑人的辨认,如果辨认人不愿意公开进行,可以在不暴露辨认人的情况下进行,侦查人员应当为其保守秘密。

(6) 关于辨认的经过和结果等情况,应当制作笔录,由主持和参加辨认的侦查人员、辨认人、见证人签名或盖章。

七、技术侦查

(一) 技术侦查的概念

技术侦查,是指侦查机关根据侦查犯罪的需要,在经过严格的手续后,运用技术设备收集证据或查获犯罪分子的一种特殊侦查措施。技术侦查措施包括监听、监视、网络监控、截取电子邮件、秘密拍照、秘密录像等。

(二) 技术侦查的程序要求

1. 技术侦查的主体

技术侦查的主体是公安机关、人民检察院的侦查人员,其他任何机关、团体、个人均无权采取。

2. 技术侦查的适用范围

公安机关在立案后，对于危害国家安全犯罪、恐怖活动犯罪、黑社会性质的组织犯罪、重大毒品犯罪或者其他严重危害社会的犯罪案件，根据侦查犯罪的需要，经过严格的批准手续，可以采取技术侦查措施。

人民检察院在立案后，对于利用职权实施的严重侵犯公民人身权利的重大犯罪案件，根据侦查犯罪的需要，经过严格的批准手续，可以采取技术侦查措施，按照规定交有关机关执行。

追捕被通缉或者批准、决定逮捕的在逃的犯罪嫌疑人、被告人，经过批准，可以采取追捕所必需的技术侦查措施。

3. 技术侦查的执行

采取技术侦查措施，必须严格按照批准的措施种类、对象和期限执行。

侦查人员对采取技术侦查措施过程中知悉的国家秘密、商业秘密和个人隐私，应当保密；对采取技术侦查措施获取的与案件无关的材料，必须及时销毁。采取技术侦查措施获取的材料，只能用于对犯罪的侦查、起诉和审判，不得用于其他用途。公安机关依法采取技术侦查措施，有关单位和个人应当配合，并对有关情况予以保密。

批准决定应当根据侦查犯罪的需要，确定采取技术侦查措施的种类和适用对象。批准决定自签发之日起三个月以内有效。对于不需要继续采取技术侦查措施的，应当及时解除；对于复杂、疑难案件，期限届满仍有必要继续采取技术侦查措施的，经过批准，有效期可以延长，每次不得超过三个月。

八、通缉

（一）通缉的概念和特征

通缉，是指公安机关对依法应当逮捕而在逃的犯罪嫌疑人，以发布通缉令的方式，通报有关地区的公安机关和广大群众，缉拿其归案的一种侦查行为。

通缉具有如下特征。

(1) 主体的特定性。适用通缉行为的主体是公安机关，只有县级以上的公安机关才有权发布通缉令。其他任何机关、团体、单位和公民都无权实施通缉行为。

(2) 对象的特定性。通缉对象只能是依法应当逮捕而又在逃的犯罪嫌疑人。如果依法不应逮捕，或者不是犯罪嫌疑人，就不能对其适用通缉措施。

(3) 性质的协作性。通缉是各地区公安机关之间，在分工负责的基础上通力合作，协同追捕在逃的犯罪嫌疑人。

(4) 行为的强制性。任何公民发现通缉对象，均有权把其扭送到公安机关。公安机关发现通缉对象，即可予以拘留，并通知发通缉令的侦查机关前去押回处理。

（二）通缉的程序

(1) 决定通缉。在侦查过程中，对于需要逮捕而在逃的犯罪嫌疑人，侦查人员认为需要通缉的，应向领导汇报，由公安机关负责人作出决定。

(2) 发布通缉令。通缉令是公安机关向本辖区发布的缉拿依法应当逮捕而在逃的犯罪嫌疑人的特殊命令。通缉令由公安机关承办案件的人员拟制。除了需要保密的事项外，通缉令应写明案由,案发的时间、地点、行为方式等简要案情。通缉令须加盖发布机关公章,并写明年、月、日,联系电话,地址等。

(3) 通缉令的发布机关和方法。县级以上的公安机关可以在本辖区内发布通缉令,超出辖区范围的,应呈报到省、自治区、直辖市公安机关或者公安部发布通缉令。毗邻地区有固定协作关系的公安机关,可按协作规定互相抄发通缉令,并报上级公安机关备案。

(4) 补发通缉通报。在通缉令发出后,侦查机关如果发现新的重要情况,可以补发通缉通报。

(5) 执行通缉令。通缉令是一种特殊命令,应当认真执行,协助部门应当通力协助。接到通缉令后,有关部门应当认真部署,采取有效措施控制被通缉者可能出入或者可能隐藏的地方,并在一定范围内发动群众提供线索,形成天罗地网,尽快将被通缉人缉拿归案。

(6) 撤销通缉令。通缉令是动员有关部门和群众缉拿在逃犯罪嫌疑人,当被通缉人已被抓获、投案或者死亡时,发布通缉令的公安机关应当在原发布通缉令的范围内,发布撤销通缉令。

第三节　侦查终结

一、侦查终结的概念

侦查终结,是指侦查机关对于由其立案侦查的案件,经过一系列的侦查活动,认为案件事实已查清,证据确实、充分,足以认定犯罪嫌疑人是否犯罪和应否对其追究刑事责任而决定结束侦查,依法对案件作出相应处理或提出处理意见的诉讼活动。

通常两种情况下可以结束侦查程序:一是通过侦查活动,对于犯罪事实已查清,证据确实、充分,依法应当追究刑事责任的,可以结束侦查活动,将案件移送审查起诉;二是在侦查过程中,发现不应对犯罪嫌疑人追究刑事责任,也可以以撤销案件的方式结束。

二、侦查终结的条件

根据我国《刑事诉讼法》第一百六十二条的规定,公安机关和人民检察院自行侦查的案件侦查终结必须具备下列三个条件:① 案件事实清楚;② 证据确实、充分;③ 法律手续完备。以上三个条件必须同时具备,缺一不可。

此外,按照《刑事诉讼法》第一百六十三条的规定,在侦查过程中,发现不应对犯罪嫌疑人追究刑事责任的,应当撤销案件;犯罪嫌疑人已被逮捕的,应当立即释放,发给释放证明,并且通知原批准逮捕的人民检察院。

三、侦查终结案件的处理

根据我国《刑事诉讼法》的规定,侦查终结的案件,根据案件的不同情况,分别作出移送起诉或者撤销案件的决定。

公安机关侦查的案件侦查终结后，对于犯罪事实清楚，证据确实、充分，犯罪性质和罪名认定正确，法律手续完备，依法应追究犯罪嫌疑人刑事责任的案件，应当制作起诉意见书，连同案卷材料、证据一并移送同级人民检察院审查决定。

对于侦查中发现不应对犯罪嫌疑人追究刑事责任的案件，应当作出撤销案件的决定，并制作撤销案件决定书；犯罪嫌疑人已被逮捕的，应当立即释放，发给释放证明，并且通知原批准逮捕的人民检察院。

另外，在案件的侦查过程中，如果被害人依法提起附带民事诉讼的，应记录在案，并应当在移送审查起诉时，在起诉意见书的末页中注明。如果案件被撤销，应及时告诉被害人另外向人民法院提起民事诉讼。

四、侦查羁押期限

根据《刑事诉讼法》和有关司法解释，侦查中的羁押期限可以分为一般侦查羁押期限、特殊侦查羁押期限、不计算侦查羁押期限的情形和重新计算的侦查羁押期限这四种。

（一）一般侦查羁押期限

《刑事诉讼法》第一百五十六条规定："对犯罪嫌疑人逮捕后的侦查羁押期限不得超过二个月。"这是关于一般刑事案件的侦查羁押期限的规定，即一般侦查羁押期限不得超过二个月。如果犯罪嫌疑人在逮捕以前已被拘留的，拘留的期限不包括在侦查羁押期限内。

（二）特殊侦查羁押期限

特殊侦查羁押期限，是指刑事诉讼法根据案件的特殊需要，规定在符合法定条件时履行相应的审批手续和程序，便可以延长的侦查羁押期限。

(1) 根据《刑事诉讼法》第一百五十六条的规定，对于案情复杂、期限届满不能终结的案件，可以经上一级人民检察院批准延长一个月。

(2) 根据《刑事诉讼法》第一百五十七条的规定，因为特殊原因，在较长时间内不宜交付审判的特别重大复杂的案件，由最高人民检察院报请全国人民代表大会常务委员会批准延期审理。

(3) 根据《刑事诉讼法》第一百五十八条的规定，下列案件在本法第一百五十六条规定的期限届满不能侦查终结的，经省、自治区、直辖市人民检察院批准或者决定，可以延长二个月：① 交通十分不便的边远地区的重大复杂案件；② 重大的犯罪集团案件；③ 流窜作案的重大复杂案件；④ 犯罪涉及面广，取证困难的重大复杂案件。

(4) 根据《刑事诉讼法》第一百五十九条的规定，对犯罪嫌疑人可能判处十年有期徒刑以上刑罚，依照本法第一百五十八条规定延长期限届满，仍不能侦查终结的，经省、自治区、直辖市人民检察院批准或者决定，可以再延长二个月。

（三）不计算侦查羁押期限的情形

(1) 依照《刑事诉讼法》第一百六十条第二款的规定，犯罪嫌疑人不讲真实姓名、住址，身份不明的，应当对其身份进行调查。查清其身份之前的侦查羁押期限不予计算。侦查羁押期限自查清身份之日起计算，但是不得停止对其犯罪行为的侦查取证。对于犯罪事实清楚，证据确实、充分的，也可以按其自报的姓名移送人民检察院审查起诉。

(2) 根据《刑事诉讼法》第一百四十九条的规定，对犯罪嫌疑人作精神病鉴定的期间不计入办案期限。但其他鉴定时间则应当计入侦查羁押期限。对于因鉴定时间较长，办案期限届满仍不能终结的案件，自期限届满之日起，应当对被羁押的犯罪嫌疑人变更强制措施，改为取保候审或者监视居住。

(四) 重新计算的侦查羁押期限

根据《刑事诉讼法》第一百六十条第一款的规定，在侦查期间，发现犯罪嫌疑人另有重要罪行的，自发现之日起依照本法第一百五十六条的规定重新计算侦查羁押期限。

公安机关在侦查期间，发现犯罪嫌疑人另有重要罪行，重新计算侦查羁押期限的，由公安机关决定，不再经人民检察院批准，但须报人民检察院备案，并受人民检察院监督。

第四节　人民检察院对直接受理案件的侦查

人民检察院对直接受理案件的侦查，又称自侦，是指刑事诉讼法根据职能管辖所确定的由人民检察院直接受理的刑事案件的侦查。根据《刑事诉讼法》第十九条第二款的规定，人民检察院在对诉讼活动实行法律监督中发现的司法工作人员利用职权实施的非法拘禁、刑讯逼供、非法搜查等侵犯公民权利、损害司法公正的犯罪，可以由人民检察院立案侦查。对于公安机关管辖的国家机关工作人员利用职权实施的重大犯罪案件，需要由人民检察院直接受理的时候，经省级以上人民检察院决定，可以由人民检察院立案侦查。

一、人民检察院在自侦案件中的侦查权限

根据《刑事诉讼法》第一百六十五条的规定，人民检察院直接受理的案件中符合本法第八十一条、第八十二条第四项和第五项规定情形，需要逮捕、拘留犯罪嫌疑人的，由人民检察院作出决定，由公安机关执行。

人民检察院对依法决定拘留的人，应当负责讯问，应当在拘留后二十四小时内进行讯问。在发现不应当拘留的时候，必须立即释放，并发给释放证明。

人民检察院对直接受理的案件中被拘留的人，认为需要逮捕的，应当在十四日以内作出决定；在特殊情况下，决定逮捕的时间可以延长一日至三日。对于不需要逮捕的，应当立即释放；对于需要继续侦查，并且符合取保候审、监视居住条件的，应当依法取保候审或者监视居住。

二、人民检察院自侦案件侦查终结后的处理

根据《刑事诉讼法》第一百六十八条的规定，人民检察院直接受理的案件，在侦查终结后

有三种处理方式：提起公诉、不起诉和撤销案件。

(1) 人民检察院对于直接受理的案件，经过侦查，发现犯罪事实清楚，证据确实、充分，犯罪嫌疑人的行为已经构成犯罪，依法应当追究刑事责任的，应当作出提起公诉的决定。

(2) 人民检察院经过侦查，如果认为犯罪事实清楚，证据确实、充分，足以认定犯罪嫌疑人构成犯罪，但情节轻微，依照刑法规定不需要判处刑罚或者应当免除刑罚的，可以作出不起诉的决定。

(3) 人民检察院经过侦查，发现没有犯罪事实或不应当对犯罪嫌疑人追究刑事责任的，应当及时终止侦查，作出撤销案件的决定。人民检察院撤销案件的决定，应当分别送达犯罪嫌疑人所在单位和犯罪嫌疑人。如果犯罪嫌疑人在押，应当制作决定释放通知书，通知公安机关依法释放。公安机关应当立即释放，并发给释放证明。

第五节　补 充 侦 查

一、补充侦查的概念和意义

补充侦查，是指公安机关或者人民检察院依照法定程序，在原有侦查工作的基础上，对案件中的部分事实情况作进一步调查、补充证据的一种诉讼活动。

补充侦查是侦查权的重要组成部分，只有享有侦查权的侦查机关才有权实施。补充侦查并不是每一个刑事案件都必须经过的诉讼程序，它只是在原有的侦查工作没有达到侦查目的和要求、侦查任务还未完成的情况下，由侦查机关就部分事实情节进行侦查。因此，正确、及时进行补充侦查，对于公安机关、人民检察院、人民法院三机关查清全部案件事实、客观公正地处理案件，防止和纠正在诉讼过程中发生的错误等，具有十分重要的意义。

二、补充侦查的种类和形式

根据《刑事诉讼法》的规定，补充侦查在程序上有三种，即审查批捕阶段的补充侦查、审查起诉阶段的补充侦查(补充调查)和法庭审理阶段的补充侦查。

(一) 审查批捕阶段的补充侦查

根据《刑事诉讼法》第九十条的规定，人民检察院对于公安机关提请批准逮捕的案件，经审查后认为尚不符合逮捕要求的，作出不批准逮捕的决定，并说明理由。对于不批准逮捕的，人民检察院应当说明理由，需要补充侦查的，应当同时通知公安机关。据此，审查批捕时的补充侦查决定不是单独作出的，而是由人民检察院作出不批准逮捕的决定同时附加的补充侦查通知。

审查批捕时的补充侦查只能采取退回补充侦查的形式。当不批准逮捕决定送达公安机关，由公安机关自行进行补充侦查。

（二）审查起诉阶段的补充侦查（补充调查）

《刑事诉讼法》第一百七十条规定，人民检察院对于监察机关移送起诉的案件，依照本法和监察法的有关规定进行审查。人民检察院经审查，认为需要补充核实的，应当退回监察机关补充调查，必要时可以自行补充侦查。《刑事诉讼法》第一百七十五条第一款和第二款规定，人民检察院审查案件，可以要求公安机关提供法庭审判所必需的证据材料；认为可能存在本法第五十六条规定的以非法方法收集证据情形的，可以要求其对证据收集的合法性作出说明。人民检察院审查案件，对于需要补充侦查的，可以退回公安机关补充侦查，也可以自行侦查。

(1) 补充侦查的方式。如果是由公安机关侦查终结或监察机关调查终结，人民检察院审查之后，需要补充侦查（补充调查）时，既可以决定将案件退回公安机关补充侦查或监察机关补充调查，也可以决定自行侦查，必要时可以要求公安机关协助。但是，如果是人民检察院自行侦查终结的案件需要补充侦查的，则不能退回公安机关补充侦查。

(2) 补充侦查的期限、次数。对于补充侦查的案件，应当在一个月以内补充侦查完毕。补充侦查以两次为限。补充侦查完毕移送人民检察院后，人民检察院重新计算审查起诉期限。人民检察院对于经过一次退回补充侦查的案件，认为证据不足，不符合起诉条件，且没有退回补充侦查必要的，可以作出不起诉决定。对于两次退回补充侦查的案件，仍然认为证据不足，不符合起诉条件的，经人民检察院检察长或者检察委员会决定，应当作出不起诉决定。

（三）法庭审理阶段的补充侦查

《刑事诉讼法》第二百零四条第二项规定："在法庭审判过程中，遇有下列情形之一，影响审判进行的，可以延期审理……检察人员发现提起公诉的案件需要补充侦查，提出建议的。"《最高法院解释》第二百二十三条第一款规定："审判期间，公诉人发现案件需要补充侦查，建议延期审理的，合议庭应当同意，但建议延期审理不得超过两次。"第二百二十六条第二款规定："审判期间，被告人提出新的立功线索的，人民法院可以建议人民检察院补充侦查。"

据此，法庭审理阶段的补充侦查分为两种情况。

(1) 人民检察院主动要求退回补充侦查，人民法院应当同意，但以两次为限。每次补充侦查以一个月为限。

(2) 人民法院建议人民检察院补充侦查，这适用于被告人提出新的立功线索的案件。对于人民法院建议人民检察院补充侦查的，《人民检察院刑事诉讼规则》要求人民检察院应当审查有关理由，并作出是否补充侦查的决定。人民检察院不同意的，可以要求人民法院就起诉指控的犯罪事实依法作出裁判。

人民检察院将补充收集的证据移送人民法院的，人民法院应当通知辩护人、诉讼代理人查阅、摘抄、复制。补充侦查期限届满后，经法庭通知，人民检察院未将案件移送人民法院，且未说明原因的，人民法院可以决定按人民检察院撤诉处理。

第六节 侦查监督

一、侦查监督的概念和意义

侦查监督，是指人民检察院依法对侦查机关的侦查活动是否合法进行的法律监督。

侦查监督在刑事诉讼中具有十分重要的意义，有利于保证国家刑事法律的统一、正确实施，保证办案质量。人民检察院对侦查机关的侦查活动是否合法实行监督，可以使侦查机关在侦查活动中违反法律规定的行为得到及时、有效的发现和纠正，从而保证侦查活动严格依照法定程序和要求进行，从诉讼程序上保障对犯罪分子的及时、准确、合法追究，保证国家刑事法律的统一、正确实施。

二、侦查监督的内容

人民检察院侦查监督的主要内容包括：① 对犯罪嫌疑人刑讯逼供、诱供的；② 对被害人、证人以体罚、威胁、诱骗等非法手段收集证据的；③ 伪造、隐匿、销毁、调换或者私自涂改证据的；④ 徇私舞弊，放纵、包庇犯罪分子的；⑤ 故意制造冤、假、错案的；⑥ 在侦查活动中利用职务之便谋取非法利益的；⑦ 在侦查过程中不应撤案而撤销案件的；⑧ 贪污、挪用、调换所查封、扣押、冻结的款物及其孳息的；⑨ 违反刑事诉讼法关于决定、执行、变更、撤销强制措施规定的；⑩ 违反羁押和办案期限规定的；⑪在侦查中有其他违反刑事诉讼法有关规定的行为的。

三、侦查监督的程序

人民检察院在审查逮捕、审查起诉中通过审查侦查活动是否合法，对侦查活动实行法律监督。发现违法情况应当提出意见，通知侦查机关纠正。构成犯罪的，应移送有关部门依法追究刑事责任。人民检察院发现侦查中违反法律规定的羁押和办案期限规定的，也应当依法提出纠正意见。

人民检察院根据案件需要，可以派员参加公安机关对于重大案件的讨论和其他侦查活动，发现公安机关在侦查活动中的违法行为，应当及时通知公安机关予以纠正。

人民检察院通过接受诉讼参与人对侦查机关或侦查人员侵犯诉讼权利和人身侮辱的行为提出的申诉、控告，行使侦查监督权。人民检察院对于诉讼参与人的这种申诉、控告，应当受理，并及时审查，依法处理。

人民检察院通过审查公安机关执行人民检察院批准或不批准逮捕决定的情况，释放被逮捕的犯罪嫌疑人或者变更逮捕措施的情况，在侦查或者决定、执行、变更、撤销强制措施等活动中的情况，进行监督。发现有违法行为的，应当及时提出纠正意见。必要时应当报请人民检察院检察长批准后，向公安机关发出纠正违法通知书。人民检察院提出的纠正意见不被接受的，应当向上一级人民检察院报告，并抄报上一级公安机关。上级人民检察院认为下级人民检察院意见正确的，应当通知同级公安机关督促下级公安机关纠正；上级人民检察院认为下级人民检察院纠正违法的意见错误的，应当通知下级人民检察院撤销发出的纠正违法通知书，并通知同级公安机关。

案例解析

本案中侦查人员在收集证据时主要存在以下问题。

(1) 侦查员刘某、李某将本案的部分证人召集在一间办公室内进行询问的做法是错误的。《刑事诉讼法》第一百二十四条规定，询问证人应当个别进行。

(2) 侦查员刘某一人讯问郭某的做法是错误的。根据《刑事诉讼法》第一百一十八条的规定，讯问犯罪嫌疑人必须由人民检察院或者公安机关的侦查人员负责进行。讯问的时候，侦查人员不得少于两人。

(3) 刘某的第一个问题不符合讯问的法律规定。《刑事诉讼法》第一百二十条规定，侦查人员在讯问犯罪嫌疑人的时候，应当首先讯问犯罪嫌疑人是否有犯罪行为，让他陈述有罪的情节或者无罪的辩解，然后向他提出问题。

(4) 对于郭某请律师的要求，侦查员的回答(侦查阶段律师不能介入)是错误的。《刑事诉讼法》第三十四条规定，侦查机关在第一次讯问犯罪嫌疑人或者对犯罪嫌疑人采取强制措施的时候，应当告知犯罪嫌疑人有权委托辩护人。可见，侦查阶段律师可以介入，时间是在犯罪嫌疑人在被侦查机关第一次讯问后或者采取强制措施之日起。

(5) 刘某告诉郭某"你必须自己拿出充分的证据来，我们才能说你无罪"，这违背了证明责任的基本规则。后刘某又告诉郭某"你如果老实交代，说完了我们可以放你出去；你如果顽抗到底，公安机关将从重处罚你"，这两句话也是有问题的，侦查人员不能以威胁、引诱、欺骗的方法收集证据。

(6) 在讯问过程中，刘某多次打郭某的耳光，并罚郭某跪在地上的做法是错误的。这已经构成刑讯逼供，是我国法律所禁止的。

本章小结

侦查程序是刑事诉讼程序中的重要环节。通过侦查，可以及时地收集与案件有关的各种证据，判明是否存在犯罪、是否需要追究相关人员的刑事责任，进而为随后的起诉、审判做准备。侦查的顺利运行对于打击犯罪和保障人权都具有重要的保障作用。与此同时，应防止侦查权被滥用，滥用侦查权的后果也是异常严峻的。在侦查程序运行过程中，应当注意保障犯罪嫌疑人和相关诉讼参与人的诉讼权利，同时应当加强侦查监督。

思考题

1. 讯问犯罪嫌疑人应当遵循哪些程序？
2. 简述技术侦查的适用范围。
3. 简述侦查终结的概念和条件。
4. 简述侦查监督的概念、意义和内容。

第九章　提起公诉程序

学习目标

通过本章的学习，你可以……

- ◆ 掌握公诉的概念及其基本原理
- ◆ 掌握审查起诉的概念、内容、程序及期限
- ◆ 掌握不起诉的种类、条件及程序
- ◆ 掌握提起公诉的条件和程序
- ◆ 了解出庭支持公诉的概念、内容及意义

案例研讨

(一)

某县人民检察院对一起诈骗案审查起诉时,被害人范某数次要求向人民检察院陈述自己的意见。但承办的检察官认为,该案已经讯问了犯罪嫌疑人赵某,并已听取辩护人和被害人委托的诉讼代理人的意见,并且诉讼代理人已经反映了被害人的要求,所以没有必要听取被害人的意见。在审查起诉中,县人民检察院认为该案证据不足,决定将案件退回县公安局补充侦查。

问题: 县人民检察院在审查起诉时是否应当听取范某的意见?县人民检察院将该案退回补充侦查,应遵循哪些关于退回补充侦查的规定?

(二)

某人民检察院在审查犯罪嫌疑人顾某盗窃一案时,发现顾某的家庭十分困难,父母均已年过八旬,且父亲瘫痪,其妻也体弱多病,两个孩子一个四岁、一个一岁。顾某是家里唯一的劳动力。若对顾某提起公诉,必被判刑送监执行,其家庭必难以维持生活。于是,该人民检察院决定对顾某不起诉。

问题: 该人民检察院的不起诉决定是否正确?为什么?

引　言

刑事起诉一般可分为两种,即自诉和公诉。我国刑事诉讼实行以公诉为主、自诉为辅的原则。刑事起诉作为连接侦查与审判的桥梁,是刑事诉讼的关键性程序之一,具有非常重要的意义。在符合起诉条件的情况下,公诉案件应当如何处理?诉讼理论上有起诉两原则之分:一是实行起诉法定主义,即只要符合起诉条件,公诉机关就应当提起公诉,而不得考虑案件中是否存在酌定起诉与否的情节;二是实行起诉便宜主义,即在具备起诉条件的情况下,公诉机关享有自由裁量权,可以根据犯罪嫌疑人及其罪行等具体情况以及刑事政策来决定是否提起公诉。我国的公诉制度吸收了起诉两原则的精神,根据案件的具体情况,检察机关可作出提起公诉或不起诉的决定。

第一节　刑事起诉

一、刑事起诉的概念

刑事起诉,是指国家公诉机关和享有控诉权的公民针对所发生的犯罪行为,依法向人民法院提起诉讼,要求人民法院对指控的犯罪进行审判,以确定被告人刑事责任并予以刑事处罚的诉讼活动。按照行使追诉权的主体的不同,刑事起诉可以分为公诉和自诉。

公诉,是指行使国家公诉权的检察机关向人民法院提出诉讼请求,要求人民法院通过审判确认被告人刑事责任,并给予相应制裁的一种诉讼活动。自诉,是指由被害人或其法定代理人等主体直接向有管辖权的人民法院提出追究被告人刑事责任的诉讼活动。

在我国,刑事诉讼实行的是以公诉为主、自诉为辅的原则。也就是说,我国的刑事案件主要是通过公诉的方式提起的,只有少数罪行比较轻微、案情比较简单、主要损害个人利益的犯罪可以由被害人提起自诉。

二、刑事起诉的原则

在符合起诉条件的情况下,公诉案件应当如何处理,诉讼理论上有起诉两原则之分:一是起诉法定主义,二是起诉便宜主义。

起诉法定主义,是指刑事案件只要符合法律规定的起诉条件,公诉机关就应当提起公诉,而不得考虑犯罪嫌疑人及其罪行有何酌定起诉与否的情节。一般来说,起诉法定主义在对犯罪进行追诉的问题上统一了标准,可以避免公诉机关滥用公诉权,从而保证法律的严肃性。

起诉便宜主义,是指刑事案件在具备起诉条件的情况下,检察机关享有自由裁量权,可以根据犯罪嫌疑人及其罪行等具体情况以及刑事政策来决定是否提起公诉。起诉便宜主义的实行,有利于基于公共利益的一般预防和基于犯罪嫌疑人利益的特殊预防刑事政策的有效运用,有利于减少司法资源的投入,符合诉讼经济原则。

在我国,现行刑事诉讼法贯彻的是以起诉法定主义为主、起诉便宜主义为辅的精神。其中起诉便宜主义主要体现为酌定不起诉、暂缓起诉和公诉撤回起诉。

三、刑事起诉的意义

(1) 刑事起诉是审判程序启动的前提和依据。现代刑事审判遵循的是"不告不理"的原则,没有起诉方的起诉,人民法院不能主动追究犯罪。起诉方起诉以后,人民法院才获得刑事案件的审判权。

(2) 刑事起诉确定了被告人的诉讼地位,使犯罪嫌疑人转变为刑事被告人。

(3) 刑事起诉限制了人民法院对刑事案件的审判范围。人民法院不得审判未经起诉的被告人和未经起诉的犯罪,必须保持审判对象与起诉的同一性。

第二节 审查起诉

一、审查起诉的概念和意义

审查起诉,指人民检察院为了确定经侦查终结或调查终结的刑事案件是否应当提起公诉,而对侦查机关或监察机关确认的犯罪事实和证据、犯罪性质和罪名进行审查核实,并作出处理决定的一项诉讼活动。

审查起诉是刑事公诉案件的重要程序,是连接侦查和审判的纽带,对于刑事案件的正确处理,发现和纠正侦查活动中的违法行为,实现刑事诉讼的任务具有重要意义。

二、审查起诉的内容

人民检察院对于移送审查起诉的案件,必须查明以下内容。

(1) 犯罪嫌疑人身份状况是否清楚,包括姓名、性别、国籍、出生年月日、职业和单位等。

(2) 犯罪事实、情节是否清楚;认定犯罪性质和罪名是否正确,有无法定的从重、从轻、减轻或者免除处罚的情节;共同犯罪案件的犯罪嫌疑人在犯罪活动中的责任认定是否恰当。

(3) 案卷材料、证据是否随案移送。

(4) 证据是否确实、充分。

(5) 有无遗漏罪行和其他应当追究刑事责任的人。

(6) 是否存在不应当追究刑事责任的情形。

(7) 有无附带民事诉讼;对于国家财产、集体财产受到损失的情况,是否需要由人民检察院提起附带民事诉讼。

(8) 采取的强制措施是否适当;如有不当的,应该依法予以撤销、变更或解除。

(9) 侦查活动是否合法,特别是注意审查侦查活动中有无刑讯逼供、超期羁押,有无以威胁、引诱、欺骗以及其他非法方法收集证据的情况。

(10) 与犯罪有关的财产及其孳息是否扣押、冻结并妥善保管，以供核查。对被害人合法财产的返还和违禁品或者不宜长期保存的物品的处理是否妥当，移送的证明文件是否完备。

三、审查起诉的程序

(一) 受理程序

人民检察院在收到侦查机关、监察机关移送审查的案件后，应当首先进行形式审查以决定是否受理。形式审查的内容包括：起诉意见书和案卷材料是否齐备、移送的实物与物品清单是否相符、犯罪嫌疑人是否在案、采取强制措施的情况等。

对于具备受理条件的，人民检察院审查起诉部门应当填写受理审查起诉案件登记表。

对于起诉意见书和案卷材料不齐备，或者移送的实物与物品清单不相符的，应当要求公安机关补充移送。

在审查起诉过程中，犯罪嫌疑人潜逃或者患有精神病及其他严重疾病不能接受讯问，丧失诉讼行为能力的，人民检察院可以中止审查。

共同犯罪中的部分犯罪嫌疑人潜逃的，对潜逃犯罪嫌疑人可以中止审查；对其他犯罪嫌疑人的审查起诉应当照常进行。

人民检察院在办理公安机关移送起诉的案件中，发现遗漏依法应当移送审查起诉同案犯罪嫌疑人的，应当建议公安机关补充移送审查起诉；对于犯罪事实清楚，证据确实、充分的，人民检察院也可以直接提起公诉。

人民检察院对于监察机关移送起诉的案件，依照刑事诉讼法和监察法的有关规定进行审查。人民检察院经审查，认为需要补充核实的，应当退回监察机关补充调查，必要时可以自行补充侦查。

对于监察机关移送起诉的已采取留置措施的案件，人民检察院应当对犯罪嫌疑人先行拘留，留置措施自动解除。人民检察院应当在拘留后的十日以内作出是否逮捕、取保候审或者监视居住的决定。在特殊情况下，决定的时间可以延长一日至四日。人民检察院决定采取强制措施的期间不计入审查起诉期限。

人民检察院审查起诉部门受理本院侦查部门移送的审查起诉案件，参照上述程序进行。

(二) 审查程序

1. 审阅、核查案卷材料

审查起诉案件的承办人应对案件中的材料进行全面审查。在审查过程中，如果发现有关证据存在疑问，可以要求侦查人员提供相关的情况说明，必要时也可以询问提供证据材料的人员或进行技术鉴定。

2. 讯问犯罪嫌疑人

人民检察院审查案件，应当讯问犯罪嫌疑人。讯问犯罪嫌疑人应当由两名以上办案人员进行，并制作笔录。通过讯问，除了可以核实有关案情外，还可以发现有无遗漏罪行和其他应当追究刑事责任的人，发现侦查活动中是否存在违法情形。

3. 听取被害人的意见

人民检察院审查案件，应当听取被害人的意见。听取被害人的意见应当由两名以上办案人员进行，并制作笔录。直接听取被害人的意见有困难的，可以向被害人发出书面通知，要求其提出书面意见；在指定期限内未提出意见的，应当记录在案。这里“直接听取被害人的意见有困难”，是指路途遥远或者被害人人数众多，难以一一直接听取其意见等情况。询问路途遥远的被害人，必要时也可以委托被害人所在地检察机关指派检察人员进行。

4. 听取辩护人、值班律师、诉讼代理人的意见

人民检察院审查案件，应当听取辩护人或者值班律师、被害人及其诉讼代理人的意见。辩护人或者值班律师、被害人及其诉讼代理人提出书面意见的，应当附卷。

犯罪嫌疑人认罪认罚的，人民检察院应当告知其享有的诉讼权利和认罪认罚的法律规定，听取犯罪嫌疑人、辩护人或者值班律师、被害人及其诉讼代理人对下列事项的意见，并记录在案：① 涉嫌的犯罪事实、罪名及适用的法律规定；② 从轻、减轻或者免除处罚等从宽处罚的建议；③ 认罪认罚后案件审理适用的程序；④ 其他需要听取意见的事项。

5. 其他审查措施

询问证人。审查起诉案件的承办人在审查中对证人证言笔录有疑问或者认为对证人的询问不够具体、全面的，应当对证人进行询问。询问应由包括承办人在内的两名以上办案人员进行，并制作笔录。证人路途遥远的，可以委托证人所在地检察机关指派检察人员进行询问。

鉴定和重新鉴定。人民检察院在审查起诉中认为对犯罪嫌疑人或被害人需要进行医学鉴定时，应当要求公安机关进行或者交由公安机关送交有鉴定资格的医学机构进行；需要重新鉴定的，可以送交有鉴定资格的医学机构进行；发现有明显迹象表明犯罪嫌疑人有患精神病可能的，应当依照有关鉴定程序的规定对犯罪嫌疑人进行鉴定。

对物证、书证、视听资料及勘验和检查笔录的复核。人民检察院审查起诉部门对物证、书证、视听资料及勘验和检查笔录存在疑问的，可以要求侦查人员提供物证、书证、视听资料及勘验和检查笔录获取、制作的有关情况，必要时也可以询问提供物证、书证、视听资料的人员并制作笔录，对物证、书证、视听资料进行技术鉴定。

审查过程中犯罪人潜逃的，人民检察院应当中止审查，并通知公安机关通缉。共同犯罪中部分犯罪嫌疑人潜逃的，不影响对在案犯罪嫌疑人继续审查起诉，但对在逃犯罪嫌疑人则应当中止审查，并通知公安机关通缉。

审查起诉案件的承办人，对案件审查后，应当制作案件审查报告，提出起诉或者不起诉以及是否需要提起附带民事诉讼的意见，经公诉部门负责人审核，报请人民检察院检察长或者检察委员会决定。

6. 作出处理决定

根据《刑事诉讼法》第一百七十六条、第一百七十七条、第一百七十八条的规定，人民检察院审查起诉后，可对案件作出如下处理。

（1）作出提起公诉决定。凡认为犯罪事实已经查清，证据确实、充分，依法应当追究刑事责任的，按照审判管辖的规定提起公诉，并将案件材料、证据移送人民法院。犯罪嫌疑人认罪认罚的，人民检察院应当就主刑、附加刑、是否适用缓刑等提出量刑建议，并随案移送认罪认罚具结书等材料。

（2）作出不起诉决定。犯罪嫌疑人没有犯罪事实，或者有《刑事诉讼法》第十六条规定的情形之一的，人民检察院应当作出不起诉决定。对于犯罪情节轻微，依照刑法规定不需要判处刑罚或者免除刑罚的，人民检察院可以作出不起诉决定。不起诉的决定，应当公开宣布，并且将不起诉决定书送达被不起诉人和其所在单位。如果被不起诉人在押，应当立即释放。对于有被害人的案件，决定不起诉的，人民检察院应当将不起诉决定书送达被害人。

（3）人民检察院在审查起诉时，如果发现案件事实不清、证据不足或遗漏罪行和同案犯等情形，无法作出提起公诉或不起诉决定时，可以决定补充侦查。

四、审查起诉的期限

人民检察院对移送审查起诉的案件，应当在一个月内作出决定；重大、复杂的案件，经检察长批准，可以延长十五日。

犯罪嫌疑人认罪认罚，符合速裁程序适用条件的，应当在十日以内作出决定，对可能判处有期徒刑超过一年的，可以延长至十五日。

人民检察院审查起诉的案件，改变管辖的，从改变后的人民检察院收到案件之日起计算审查起诉期限。退回补充侦查的，补充侦查完毕移送审查起诉后，审查起诉部门重新审查起诉期限。

第三节　提 起 公 诉

一、提起公诉的概念和条件

提起公诉，是人民检察院对侦查终结或调查终结的刑事案件，经过全面审查后，认为犯罪事实已经查清，证据确实、充分，依法应当追究刑事责任，向人民法院提起诉讼，要求对被告人进行刑事处罚的活动。

提起公诉应满足下列三项条件。

1. 犯罪事实已经查清

犯罪事实已经查清，是指犯罪嫌疑人的全部犯罪事实，即犯罪的时间、地点、动机、目的、行为、手段、情节、过程、后果等与定罪量刑有关的事实，都已查明，没有漏罪或遗漏犯罪嫌疑人等情况。这是作出起诉决定的前提条件。

2. 证据确实、充分

证据确实、充分，是指起诉所依据的证据材料在质和量上都已达到了要求。"确实"即每一项证据都已查证属实，具备真实性、可靠性，并同案件事实之间具有客观的联系，证据与证据之间的矛盾以及同案件事实之间的矛盾都已得到了排除。而"充分"则是指对证据量上的要求，据以起诉的证据在量上要达到使犯罪构成事实的每一部分都有相应的具有说服力和证明效力的证据予以证明，形成具备完整性的证据链条。

3. 依法应当追究刑事责任

人民检察院决定起诉的案件中，不但认定犯罪嫌疑人的行为已构成犯罪，而且认为依法应当追究刑事责任，否则，就不能对其作出起诉决定。

是否应当追究刑事责任的判断建立在两个基础上：一是事实基础，二是法律基础。确认是否应当追究刑事责任必须以已经查清的犯罪事实作为依据，并在此基础上依法作出判断。

提起公诉时，必须同时满足上述三项条件，缺一不可。

二、起诉书的制作和移送

人民检察院在作出起诉决定后,必须制作起诉书。起诉书是人民检察院代表国家向人民法院提出追究被告人刑事责任的诉讼请求的重要文书,是启动审判程序的钥匙。从理论上讲,起诉书具有明确诉讼请求、阐述控诉理由、限定审判范围等功能。制作起诉书必须忠于事实真相、符合法律要求。

起诉书应当包括以下内容。

(1) 被告人的基本情况,包括姓名、性别、出生年月日、出生地和户籍地、公民身份证号码、民族、文化程度、职业、工作单位及职务、住址,是否受过刑事处分及处分的种类和时间,采取强制措施的情况等;如果是单位犯罪,应当写明犯罪单位的名称和组织机构代码、所在地址、联系方式,法定代表人和诉讼代表人的姓名、职务、联系方式;如果还有应当负刑事责任的直接负责的主管人员或其他直接责任人员,应当按上述被告人基本情况的内容叙写。

(2) 案由和案件来源。

(3) 案件事实,包括犯罪的时间、地点、经过、手段、动机、目的、危害后果等与定罪量刑有关的事实要素。起诉书叙述的指控犯罪事实的必备要素应当明晰、准确。被告人被指控有多项犯罪事实的,应当逐一列举,对于犯罪手段相同的同一犯罪可以概括叙写。

(4) 起诉的根据和理由,包括被告人触犯的刑法条款、犯罪的性质、认定的罪名、处罚条款,法定从轻、减轻或者从重处罚的情节,共同犯罪中各被告人应负的罪责等。

(5) 被告人认罪认罚情况,包括认罪认罚的内容、具结书签署情况等。

被告人真实姓名、住址无法查清的,可以按其绰号或者自报的姓名、住址制作起诉书,并在起诉书中注明。被告人自报的姓名可能造成损害他人名誉、败坏道德风俗等不良影响的,可以对被告人编号并按编号制作起诉书,附有被告人的照片,记明足以确定被告人面貌、体格、指纹以及其他反映被告人特征的事项。

起诉书应当附有被告人现在处所,证人、鉴定人、需要出庭的有专门知识的人的名单,需要保护的被害人、证人、鉴定人的化名名单,查封、扣押、冻结的财物及孳息的清单,附带民事诉讼、附带民事公益诉讼情况以及其他需要附注的情况。

证人、鉴定人、有专门知识的人的名单应当列明姓名、性别、年龄、职业、住址、联系方式,并注明证人、鉴定人是否出庭。

起诉书制作完毕后,人民检察院应将起诉书连同案卷材料、证据移送人民法院。

第四节 不 起 诉

一、不起诉的概念

不起诉,是指人民检察院对公安机关侦查终结移送起诉的案件、监察机关调查终结移送起诉的案件和自行侦查终结的案件进行审查后,认为犯罪嫌疑人的行为不构成犯罪或依法不应追究刑事责任，或者经补充侦查尚未达到起诉条件，从而作出不将犯罪嫌疑人提交或者暂时不提交人民法院进行审判的决定。

二、不起诉的种类和条件

我国法律中的不起诉有四种情况：法定不起诉、酌定不起诉、证据不足不起诉以及附条件不起诉。

（一）法定不起诉的适用条件

法定不起诉又称绝对不起诉，是指《刑事诉讼法》第一百七十七条第一款规定的不起诉。

《刑事诉讼法》第一百七十七条第一款规定："犯罪嫌疑人没有犯罪事实，或者有本法第十六条规定的情形之一的，人民检察院应当作出不起诉决定。"

根据《刑事诉讼法》第十六条的规定，法定不起诉有以下六种情形：① 情节显著轻微、危害不大，不认为是犯罪的；② 犯罪已过追诉时效期限的；③ 经特赦令免除刑罚的；④ 依照刑法告诉才处理的犯罪，没有告诉或者撤回告诉的；⑤ 犯罪嫌疑人、被告人死亡的；⑥ 其他法律规定免予追究刑事责任的。

（二）酌定不起诉的适用条件

酌定不起诉又称相对不起诉，是指《刑事诉讼法》第一百七十七条第二款规定的不起诉。

酌定不起诉的适用必须同时具备两个条件：① 犯罪嫌疑人实施的行为触犯了我国《刑法》规定，已经构成犯罪；② 该犯罪行为情节轻微，依照《刑法》规定不需要判处刑罚或者可以免除刑罚。

酌定不起诉在《刑法》中的具体情形主要有以下九种。

(1) 对于犯罪情节轻微不需要判处刑罚的。

(2) 在中华人民共和国领域外犯罪，刑法规定应负刑事责任，但在国外已受过刑事处罚，可免除刑罚。

(3) 聋、哑人和盲人犯罪，可从轻、减轻、免除刑事责任。

(4) 正当防卫或紧急避险超过必要限度，造成社会危害性，应当酌情减轻刑事责任或免除刑罚。

(5) 预备行为构成犯罪的，可比照刑法该罪条款，从轻、减轻或免除刑事责任。

(6) 在犯罪过程中自动中止犯罪或者自动有效防止犯罪结果发生，没有造成损害的。

(7) 在共同犯罪中，起次要或辅助作用的。

(8) 被胁迫参加犯罪的。

(9) 犯罪嫌疑人自首或者有重大立功表现或者自首后又有重大立功表现的。

（三）证据不足不起诉的适用条件

《刑事诉讼法》第一百七十五条第四款规定："对于二次补充侦查的案件，人民检察院仍然认为证据不足，不符合起诉条件的，应当作出不起诉的决定。"

根据《人民检察院刑事诉讼规则》第三百六十八条的规定，以下几种情形属于证据不足：① 犯罪构成要件事实缺乏必要的证据予以证明的；② 据以定罪的证据存在疑问，无法查证属实的；③ 据以定罪的证据之间、证据与案件事实之间的矛盾不能合理排除的；④ 根据证据得出的结论具有其他可能性,不能排除合理怀疑的;⑤ 根据证据认定案件事实不符合逻辑和经验法则,得出的结论明显不符合常理的。

(四) 附条件不起诉的适用条件

对于未成年人涉嫌《刑法》分则第四章、第五章、第六章规定的犯罪,可能判处一年有期徒刑以下刑罚,符合起诉条件,但有悔罪表现的,人民检察院可以作出附条件不起诉的决定。

三、不起诉的程序

(一) 决定不起诉

对于符合《刑事诉讼法》第十六条规定的情形之一的案件,经人民检察院检察长批准,应当作出不起诉决定;对于二次退回补充调查或者补充侦查的案件,仍然认为证据不足,不符合起诉条件的,经人民检察院检察长批准,依法作出不起诉决定;对于经过一次退回补充调查或者补充侦查的案件,认为证据不足,不符合起诉条件,且没有再次退回补充调查或者补充侦查必要的,经人民检察院检察长批准,可以作出不起诉决定;对于犯罪情节轻微,依照刑法规定不需要判处刑罚或者免除刑罚的,经人民检察院检察长批准,可以作出不起诉决定;人民检察院直接受理侦查的案件,以及监察机关移送起诉的案件,拟作不起诉决定的,应当报请上一级人民检察院批准。

(二) 制作不起诉决定书

不起诉决定书的主要内容包括以下六项。

(1) 被不起诉人的基本情况,包括姓名、性别、出生年月日、出生地和户籍地、公民身份证号码、民族、文化程度、职业、工作单位及职务、住址,是否受过刑事处分,采取强制措施的情况以及羁押处所等;如果是单位犯罪,应当写明犯罪单位的名称和组织机构代码、所在地址、联系方式,法定代表人和诉讼代表人的姓名、职务、联系方式。

(2) 案由和案件来源。

(3) 案件事实,包括否定或者指控被不起诉人构成犯罪的事实以及作为不起诉决定根据的事实。

(4) 不起诉的法律根据和理由,写明作出不起诉决定适用的法律条款。

(5) 查封、扣押、冻结的涉案财物的处理情况。

(6) 有关告知事项。

(三) 送达不起诉决定书

不起诉决定书应当送达被不起诉人和其所在单位,如果被不起诉人在押,应当立即释放。

(四) 对不起诉决定的复议、复核

对于公安机关移送审查起诉的案件,人民检察院决定不起诉的,应当将不起诉决定书送达公安机关,公安机关认为不起诉的决定有错误的,可以要求复议;如果意见不被接受,可以向上一级人民检察院提请复核。

公安机关认为不起诉决定有错误要求复议的,人民检察院负责捕诉的部门应当另行指派检察官或者检察官办案组进行审查，并在收到要求复议意见书后三十日以内，经人民检察院检察长批准，作出复议决定，通知公安机关。

公安机关对不起诉决定提请复核的，上一级人民检察院应当在收到提请复核意见书后三十日以内，经检察长批准，作出复核决定，通知提请复核的公安机关和下级人民检察院。经复核认为下级人民检察院不起诉决定错误的，应当指令下级人民检察院纠正，或者撤销、变更下级人民检察院作出的不起诉决定。

监察机关认为不起诉的决定有错误，向上一级人民检察院提请复议的，上一级人民检察院应当在收到提请复议意见书后三十日以内，经检察长批准，作出复议决定，通知监察机关。

（五）对不起诉决定的申诉

1. 被害人的申诉

被害人不服不起诉决定，在收到不起诉决定书后七日以内提出申诉的，由作出不起诉决定的人民检察院的上一级人民检察院负责捕诉的部门进行复查。

被害人不服不起诉决定，在收到不起诉决定书七日以后提出申诉的，由作出不起诉决定的人民检察院负责控告申诉检察的部门进行审查。经审查，认为不起诉决定正确的，出具审查结论直接答复申诉人，并做好释法说理工作；认为不起诉决定可能存在错误的，移送负责捕诉的部门进行复查。

2. 被不起诉人的申诉

对于人民检察院依照《刑事诉讼法》第一百七十七条第二款规定作出的不起诉决定，被不起诉人不服，在收到不起诉决定书后七日以内提出申诉的，应当由作出决定的人民检察院负责捕诉的部门进行复查；被不起诉人在收到不起诉决定书七日以后提出申诉的，由负责控告申诉检察的部门进行审查。经审查，认为不起诉决定正确的，出具审查结论直接答复申诉人，并做好释法说理工作；认为不起诉决定可能存在错误的，移送负责捕诉的部门复查。

（六）对被不起诉人的处理结果

人民检察院决定不起诉的案件，可以根据案件的不同情况，对被不起诉人予以训诫或者责令具结悔过、赔礼道歉、赔偿损失。对被不起诉人需要给予行政处罚、处分或者需要没收其违法所得的，人民检察院应当提出检察意见，移送有关主管机关处理。有关主管机关应当将处理结果及时通知人民检察院。

人民检察院决定不起诉的案件，应当同时书面通知作出查封、扣押、冻结财物决定的机关或者执行查封、扣押、冻结财物决定的机关解除查封、扣押、冻结。

第五节　提起自诉

一、自诉案件的概念和范围

自诉，是指享有自诉权的个人向有管辖权的人民法院提起的刑事诉讼。在我国，有权提起自诉的主体是被害人或者其法定代理人、近亲属。

自诉案件包括以下三类。

(1) 告诉才处理的案件。此类案件具体包括：① 侮辱、诽谤案；② 暴力干涉婚姻自由案；③ 虐待案；④ 侵占案。

(2) 被害人有证据证明的轻微刑事案件。此类案件具体包括：① 故意伤害案(轻伤)；② 重婚案；③ 遗弃案；④ 妨害通信自由案；⑤ 非法侵入他人住宅案；⑥ 生产销售伪劣商品案件(严重危害社会秩序和国家利益的除外)；⑦ 侵犯知识产权案件(严重危害社会秩序和国家利益的除外)；⑧ 属于《刑法》分则第四章、第五章规定的，对被告人可以判处三年有期徒刑以下刑罚的其他轻微刑事案件。

以上八项案件，被害人直接向人民法院起诉的，人民法院应当依法受理。对于其中证据不足、可由公安机关受理的，或者认为对被告人可能判处三年有期徒刑以上刑事处罚的，应当移送公安机关立案侦查。

(3) 被害人有证据证明对被告人侵犯自己人身、财产权利的行为应当依法追究刑事责任，而公安机关或者人民检察院不予追究被告人刑事责任的案件。

二、提起自诉的条件

自诉人提起自诉必须符合下列条件，否则人民法院不予受理。

(1) 案件属于我国《刑事诉讼法》确定的自诉案件范围。

(2) 案件属于受诉人民法院管辖。

(3) 提起自诉的主体必须是被害人或者其法定代理人、近亲属。

(4) 提起自诉必须要有明确的被告人、具体的诉讼请求和能证明被告人犯罪事实的证据。

(5) 对于公诉转自诉的案件，还应当提交公安机关或者人民检察院已经作出不予追究刑事责任的书面决定。

三、提起自诉的程序

自诉人提起自诉时，应当向人民法院提交刑事自诉状；如果提起附带民事诉讼的，还应当提交刑事附带民事自诉状。自诉人书写自诉状确有困难的，可以口头告诉，由人民法院的工作人员制作告诉笔录，向自诉人宣读；自诉人确认无误后，应当签名或者盖章。

刑事自诉状或者告诉笔录应包括以下内容。

(1) 自诉人、被告人、代为告诉人的姓名、性别、年龄、民族、出生地、文化程度、职业、工作单位、住址。

(2) 被告人犯罪行为的时间、地点、手段、情节和危害后果等。

(3) 具体的诉讼请求。

(4) 致送人民法院的名称及具状时间。

(5) 证人的姓名、住址及其他证据的名称、来源等。

如果被告人是两人以上的，自诉人在告诉时需按被告人的人数提供自诉状副本。

案例解析

(一)

根据《刑事诉讼法》第一百七十三条的规定，人民检察院审查案件，应当讯问犯罪嫌疑人，听取辩护人或者值班律师、被害人及其诉讼代理人的意见，并记录在案。因此，人民检察院应当听取被害人范某的意见。

人民检察院决定退回公安机关补充侦查的案件，应当写出补充侦查意见书，说明需要补充侦查的问题和要求。对于补充侦查的案件，应在一个月之内补充侦查完毕。补充侦查以两次为限。

(二)

根据《刑事诉讼法》第一百七十七条的规定，犯罪嫌疑人没有犯罪事实，或者有本法第十六条规定的情形之一的，人民检察院应当作出不起诉决定。对于犯罪情节轻微，依照刑法规定不需要判处刑罚或者免除刑罚的，人民检察院可以作出不起诉决定。

本案中，顾某显然并不具备不起诉的条件，人民检察院仅以顾某家庭困难为由对其作出不起诉决定是违法的。人民检察院应依法对顾某提出公诉。

本章小结

我国的刑事诉讼实行以公诉为主、自诉为辅的追诉机制，绝大多数刑事案件由人民检察院代表国家向人民法院提起公诉，少数案件则由被害人直接向人民法院提起自诉。这种追诉机制的结构较为合理，可以较好地协调对国家利益、社会利益及个人合法权益的保护。

公诉权是我国检察机关法律监督权的主要内容，包括审查起诉、决定是否提起公诉和出庭支持公诉等内容。审查起诉是连接侦查和审判的纽带，它有助于刑事案件的正确处理，并发现和纠正侦查活动中的违法行为。提起公诉是人民检察院的重要职权，是人民法院审判的依据，体现了“不告不理”的现代诉讼精神。不起诉也是审查起诉的重要结果，可以确保无辜的或者没有必要追究刑事责任的犯罪嫌疑人尽早恢复自由，同时也是对侦查权的有效制约。

自诉权是被害人寻求司法救济的重要途径。它对于维护被害人的合法权益、实现公共利益与个人利益的平衡、体现刑法谦抑精神都具有重要的意义。

思考题

1. 起诉便宜主义如果运用不当，可能会产生怎样的消极作用？
2. 简述审查起诉的内容。
3. 提起公诉应满足哪些条件？
4. 对于人民检察院的不起诉决定，被害人可以通过哪些途径寻求救济？

第十章　审判程序

学习目标

通过本章的学习，你可以……

- 了解刑事审判的概念、任务、特点
- 掌握职权主义审判模式、当事人主义审判模式和混合式审判模式的主要内容
- 掌握刑事审判主要原则的内容
- 掌握两审终审制的内容、依据及例外
- 掌握审判组织的种类和适用规则

案例研讨

2017年7月3日，A县人民法院审理刘某盗窃案，考虑到案情比较简单，被告人认罪态度也较好，人民法院不公开审理了本案。经过法庭调查和法庭辩论，证实刘某于2017年4月3日撬门进入某小区居民何某家中，窃得现金6 000元。对此，刘某在最后陈述时亦供认不讳，并表示愿意退还赃款，请求人民法院从宽处理。审理结束后，合议庭定于2017年7月10日宣判。

2017年7月7日，刘某的同事黄某又向A县人民法院提供了刘某曾于2016年12月25日盗窃本单位笔记本电脑的事实。经合议庭调查了解，获得了充分证据，证明刘某盗窃笔记本电脑的事实清楚，且构成犯罪。因此，合议庭将原来拟判处两年有期徒刑改为判处三年。2017年7月10日宣告判决，判决书确认了刘某不仅盗窃现金6 000元，而且盗窃一部价值约3 000元的笔记本电脑的事实。

问题：A县人民法院对本案的处理有哪些不当之处？为什么？

引　言

刑事审判是继侦查、起诉之后的重要诉讼程序。与侦查、起诉不同的是，审判程序体现了典型的三方构造，控、辩、裁三方遵循特定的规则共同参与，并形成裁判结局。现代刑事审判应兼顾实体公正与程序公正、社会安全与个人自由，同时应当注重保障被告人、被害人等诉讼参与人的诉讼权利。

第一节　刑事审判的概念和程序

一、刑事审判的概念、特点

刑事审判，是指人民法院对刑事案件依法进行审理并作出裁判的活动。审理，是指人民法院在控诉和辩护双方以及其他诉讼参与人的参加下，通过调查、核实证据，查明刑事案件事实和运用法律的活动。裁判，则是指人民法院根据其所认定的事实和证据对刑事案件的实体和程序问题作出的处理。审理为裁判提供事实依据，是正确裁判的前提和基础；裁判是根据事实适用法律的特点，是审判活动的归宿。

刑事审判的任务是通过对案件的审理，全面查清案件事实，维护社会秩序和社会利益，保障诉讼参与人的合法权利；同时，教育公民自觉遵守法律，积极同犯罪行为作斗争。

根据现代刑事诉讼理论，审判至少应具备四个要素：① 客观上存在一个双方之间的冲突或纠纷；② 争议的当事人将案件提交给与该争议无利害关系的第三方解决；③ 第三方在争议各方的参与下依照一定的程序解决纠纷；④ 对争议的解决具有终局性。

刑事审判具有以下几个特点。

（1）人民法院是唯一行使国家审判权的机关。其他任何机关、团体和个人都无权进行审判。

（2）审判程序启动的被动性。与追诉机关行使追诉权的主动性不同，人民法院行使审判权则是被动的，即人民法院实行不告不理的原则，审判权的行使以公诉机关提起公诉或自诉人提起自诉为前提。在没有起诉的情况下，人民法院不得主动审理某个刑事案件并作出判决。在已经开始的审判程序中，人民法院也不能主动审判控诉方未起诉的罪名和犯罪事实。

（3）裁判者的中立性。在审判过程中，与案件有牵连的人不能担任该案的法官。法官不得与案件的结果或争议各方有利益或其他方面的关系。法官不应存有支持或反对某一方诉讼参与者的偏见。

（4）审判过程的公开性。除法律另有规定以外，刑事审判必须公开进行；即使依法不公开审理的案件，其判决的宣告也应当公开。

（5）对案件处理的终局性和权威性。刑事审判对刑事案件的处理是终局的，也是权威的。终局性，是指人民法院一旦对案件进行审理，就必须对案件作出裁判；判决一旦生效，诉讼的任何一方不能要求人民法院再次审判该案。权威性体现在刑事判决一旦发生法律效力,对诉讼各方和其他任何组织或个人都具有拘束力。

二、刑事审判程序

刑事审判程序,是指人民法院审判刑事案件的步骤、方式、方法的总和。我国《刑事诉讼法》规定了以下几种审判程序。

(1) 第一审程序。这是指人民法院根据审判管辖的规定,对人民检察院提起公诉和自诉人提起自诉的案件进行初次审判的程序。

(2) 第二审程序。这是指人民法院对上诉、抗诉案件进行审判的程序。

(3) 特殊刑事案件的复核程序。其主要包括以下两种:死刑复核程序;《刑法》第六十三条第二款规定的,不具有法定减轻处罚情节而判处法定刑以下刑罚的复核程序。

(4) 审判监督程序。这是对已经发生法律效力的判决、裁定,在发现确有错误时,进行重新审判的程序。

(5) 特别审判程序。包括未成年人刑事案件诉讼程序、当事人和解的公诉案件诉讼程序、违法所得的没收程序、缺席审判程序和强制医疗程序。

第二节　刑事审判模式

刑事审判模式,是指控、辩、裁三方在刑事审判程序中的诉讼地位和相互关系,以及与之相适应的审判程序的组合方式。基于不同的标准,刑事审判模式可以分为几种不同的类型。在西方历史上,曾出现过弹劾式审判模式和纠问式审判模式两类。现代世界各国的刑事审判模式大体上可以分为职权主义审判模式、当事人主义审判模式和混合式审判模式。

一、职权主义审判模式

职权主义审判模式,是指以法官为中心,突出法官在审判程序中的主导和控制地位,限制控辩双方积极性的审判模式。这种模式是大陆法系国家采用的审判模式,代表国家是法国和德国。职权主义审判模式具有如下特征。

(1) 控审分离,不告不理。在刑事诉讼程序中,控诉职能和审判职能分别由检察机构和法院来承担,不得混同,更不得相互替代。刑事案件只有经过检察机构的起诉,法院才能受理和审理。

(2) 法官在审判中居于主导地位,并依职权调查案件事实和证据。在刑事审判中,为了查明案件事实,法官可以积极地行使调查权和审判指挥权。法官可以主动收集证据,主动审问被告人,询问被害人、证人、鉴定人,出示并核实证据。案件审理的范围、审理方式等均由法官决定。相应地,控辩双方的积极性就会受到抑制,在庭审中处于消极、被动的地位。在庭审中,控辩双方不仅要遵守法律的规则,也要服从法官的安排和指挥。

(3) 立法至上,注重法律的确定性。在大陆法系国家,依据"确定性"要求,立法应当完整、清晰、逻辑严密，法官不得创造或解释法律，而只能严格遵循法律的规定审理案件。

二、当事人主义审判模式

当事人主义审判模式，是指刑事审判活动主要由控方的举证和辩方的反驳来推动，法官居于中立而且被动的裁判者地位，控辩双方共同推动审判程序运行的一种审判模式。这种模式是英美法系国家采用的审判模式，代表国家是英国和美国。当事人主义审判模式具有如下特征。

(1) 法官消极中立。作为中立的裁判者，法官不主动去查明案件事实，不参与证据的收集。法官的作用主要是主持庭审，让控辩双方按照一定的规则进行举证、质证和相互辩论。然后，根据双方提交的证据和自己对案件的理解，对案件事实作出判断，并依法作出裁决。

(2) 控辩双方的积极主动和平等对抗。由于法官处于消极的仲裁者地位，庭审程序主要是由控辩双方通过积极主动的举证、质证和相互辩论来推进。控辩双方都有权收集、提供证据，以证明本方的主张，反驳对方的主张；任何一方向法庭提供的证人都必须接受“交叉询问”。

(3) 辩诉交易盛行。不少英美法系国家都确立了辩诉交易制度，控辩双方在庭前可以进行交易。达成协议后，由法官进行审查，在确认辩诉交易符合法律规定并且完全是自愿达成的情况下，可径行量刑并作出判决。

三、混合式审判模式

混合式审判模式，是指吸收了职权主义审判模式和当事人主义审判模式的长处，使两种审判模式融合起来的一种审判模式。这种模式的代表国家是日本和意大利。

混合式审判模式的出现，可以看成是对职权主义审判模式和当事人主义审判模式进行反思的结果。职权主义审判模式注重法官积极主动的作用和对审判程序的有效控制，有利于实体真实的发现，但法官的中立性、公正性却受到人们的质疑。当事人主义审判模式充分体现了审判程序的民主性，能够发挥控辩双方的积极性，但法官的过分消极被动和控辩双方对审判程序控制权的分享，难免会造成审判效率低下和发现案件实体真相方面效率的降低。因此，在第二次世界大战以后，两大法系之间出现了相互借鉴、吸收的趋势。英美法系国家开始加强法官在审判中的控制作用，不再放任控辩双方对审判程序的主导；大陆法系国家则通过立法加强了对被告人的人权保障，如赋予被告人沉默权、允许庭审中控辩双方交叉询问等。实际上，纯粹的职权主义审判模式或纯粹的当事人主义审判模式已经不复存在。

混合式审判模式具有如下特征。

(1) 保留了法官依职权调查证据的权力。为了查明事实真相，法官可以自行扩大证据调查的范围，主动调查并提出证据，有权主动询问证人、鉴定人等。

(2) 在刑事诉讼中注重发挥控辩双方的积极性，实行交叉询问。

(3) 赋予被告人沉默权。

四、我国的审判模式

中华人民共和国成立后，我国的审判模式深受大陆法系的影响，体现了颇为典型的职权主义审判模式的特点。然而，随着时代的发展，《刑事诉讼法》经过三次修正，吸收了当事人主义审判模式中的对抗性因素，也保留了职权主义审判模式的某些特征。这意味着我国当代的刑事审判模式也可以看成是一种"混合式"的模式。

我国审判模式的动态特征包括以下三个方面。

1. 从"法官完全主导和控制刑事审判程序"到"加强控辩对抗，让控辩双方发挥更大作用"的转变

根据1979年的《刑事诉讼法》，法官在开庭前就要对案件进行实质性的调查，以决定是开庭审判还是退回公诉机关补充侦查。在决定开庭的情况下，由法官事先确定事实和证据的调查范围、顺序、方式。审理结束后，法官如果认为有必要，有权主动调查新的证据，有权决定再次开庭。在法官的主导和控制下，控辩双方都处于消极被动的地位。根据修正后的《刑事诉讼法》(包括1996年、2012年、2018年三部《刑事诉讼法》)，在刑事审判中，强化了控辩双方的作用，弱化了法官对事实与证据的调查功能。法官在庭审中不再主动调查事实和证据，而主要由公诉方负责进行调查，辩护方也可以提出本方的意见。

2. 从"审判程序以法官积极主动的事实调查和证据调查为中心"到"强化控辩双方的举证和辩论"的转变

根据1979年的《刑事诉讼法》，从受理起诉以后，法官便积极主动调查案件事实和相关证据。在法庭调查中，法官主动出示证据，亲自讯问被告人，询问证人、被害人、鉴定人。为了查明事实、核实证据，法官可以主动收集证据。根据修正后的《刑事诉讼法》，法官不再主动收集证据，控辩双方都有权收集和提出证据，在举证、质证阶段可以进行辩论，法官认定事实和适用法律都要受到控辩双方所提出证据的影响。

3. 从"被告人诉讼主体地位虚化"到"扩大辩护方的权利，保障辩护权的有效行使"的转变

根据1979年的《刑事诉讼法》，尽管赋予被告人若干诉讼权利，但在审判中被告人主要是法官讯问的对象，负有回答法官提问、配合法庭调查案件事实真相的义务。如果不履行配合义务的话，被告人还可能会遭到一些不利的后果。经过三次《刑事诉讼法》的修正，被告人的诉讼权利尤其是辩护权得到了较大的完善，从而为刑事辩护的有效运行提供了重要保障。当然，从长远来看，被告人的诉讼权利还有继续完善的空间。

第三节　刑事审判的原则

刑事审判的原则，是指刑事审判在运行过程中必须遵循的基本准则。审判原则的基本功能在于，为审判活动指明方向和路径，确保审判的公正性和权威性。刑事审判的原则主要包括审判公开原则，直接、言词原则，辩论原则，集中审理原则以及审判效率原则。

一、审判公开原则

审判公开，是指人民法院审判刑事案件的活动，除法庭评议秘密进行和法律另有特别规定的以外，都必须公开进行，允许公民到法庭旁听，允许记者采访和报道。我国《宪法》第一

百三十条规定:“人民法院审理案件,除法律规定的特别情况外,一律公开进行。”《刑事诉讼法》第十一条也规定:“人民法院审判案件,除本法另有规定的以外,一律公开进行。”

就公开的内容而言,审判公开包括审理过程公开和审判结果公开。审理过程公开就是要公开开庭,当庭调查事实和证据,当庭进行辩论;审判结果公开就是要公开宣告判决,包括公开判决的内容、判决的理由和依据。

就公开的对象而言,审判公开包括向当事人公开和向社会公开。向当事人公开要求法庭开庭审理,而不得进行书面审理,对案件事实与证据的调查应当在当事人的参加下进行。向社会公开就是允许公民到场旁听审判过程,允许记者向社会公开报道审判活动和审判结果。

审判公开将审判活动置于当事人和社会的监督之下,有利于保障刑事审判的质量,保障审判的公正性;有利于增强刑事司法的公信力和司法的权威性;有利于宣传法制,增强民众的法制意识。作为一项民主的审判原则,审判公开已为现代各国立法的普遍规定。

需要指出的是,审判公开也存在例外,根据我国《刑事诉讼法》第一百八十八条、第二百八十五条的规定,下列案件不公开审理。① 涉及国家秘密的案件。其目的在于防止泄露国家秘密、危害国家利益。哪些事项属于国家秘密,由办案人员根据保密法确认。② 涉及个人隐私的案件。其目的在于保护特定案件中公民(被害人、证人或其他公民)的隐私,避免造成不良的社会影响或其他后果。③ 未成年人犯罪的案件。根据《刑事诉讼法》的规定,审判的时候被告人不满十八周岁的案件,不公开审理。④ 涉及商业秘密的案件。这种类型的案件,如果当事人申请不公开审理的,可以不公开审理。

对于不公开审理的案件,应当当庭宣布不公开审理的理由。不公开审理的案件,宣告判决一律公开进行。

二、直接、言词原则

直接、言词原则,是指审理案件的法官必须在法庭上亲自听取当事人、证人及其他诉讼参与人的陈述,案件事实和证据必须以口头方式向人民法院提出并以口头辩论和质证的方式进行调查。

直接、言词原则可以分为直接原则和言词原则。直接原则,又称直接审理原则,要求审理案件的法官必须亲自参与证据审查,亲自聆听法庭辩论。言词原则,又称言词审理原则,要求法庭审理一律以言词形式进行,包括控辩双方要以言词形式进行陈述、举证、辩论,证人、鉴定人要以言词形式进行作证或陈述,法官要以言词形式进行调查、讯问、询问等。

直接、言词原则主要适用于第一审法院的审判,因为第一审程序必然涉及对证据的调查、判断和采信。而在第二审程序及再审程序中,部分案件依照法律的规定可以采取书面审理的方式。

在我国,《刑事诉讼法》尽管没有明确规定直接、言词原则,但其中的一些规定实际上包含了本原则的要求。如关于通知证人、鉴定人出庭的规定(第一百八十七条),关于公诉人、当事人和辩护人、诉讼代理人经审判长许可,可以对证人、鉴定人发问的规定(第一百九十四条),关于经审判长许可,公诉人、当事人和辩护人、诉讼代理人可以对证据和案件情况发表意见并且可以互相辩论的规定(第一百九十八条)等,都体现了这一原则在我国刑事审判程序中的运用。

三、辩论原则

辩论原则，是指在法庭审理中，控辩双方应当以公开的、口头的方式进行充分的辩论，裁判的作出应以此基础。贯彻辩论原则，有利于保障被告人的辩护权，有利于法官正确认定事实和证据、正确适用法律从而作出公正的判决，有利于体现现代审判程序的民主性。

根据《刑事诉讼法》的规定，在法庭调查、法庭辩论阶段，控辩双方都可以就证据和案件事实进行辩论。例如，第一百九十八条规定，法庭审理过程中，对与定罪、量刑有关的事实、证据都应当进行调查、辩论。经审判长许可，公诉人、当事人和辩护人、诉讼代理人可以对证据和案件情况发表意见并且可以互相辩论。

贯彻本原则的基本要求包括：① 在作出判决之前，法官应充分听取并审查控辩双方的陈述，应平等地给予辩论各方充分的辩论机会；② 应当保证被告人有获得律师帮助辩护的权利，以均衡控辩双方的力量。

四、集中审理原则

集中审理原则，又称不间断审理原则，是指人民法院开庭审理案件，应当在不更换审判人员的条件下持续进行，不得中断审理。该原则要求法庭在审理每个刑事案件时，除了必要的休息时间外，原则上应当不间断地连续进行。

实行集中审理，有利于法官通过连续的庭审活动形成对案件事实和证据的清晰、完整的认识，保证其心证形成过程的连贯性和系统性；有利于法官免受庭外各种因素的不当影响，防止法官因受到外界干扰而对案件产生预断或偏见；有利于及时审结案件，避免审判拖延，提高审判效率。集中审理原则的实行，是对诉讼规律的科学总结，是人类认识成果的结晶。

我国《刑事诉讼法》没有明确规定集中审理原则，但最高人民法院于 2002 年 8 月 12 日颁布的《最高人民法院关于人民法院合议庭工作的若干规定》（以下简称《若干规定》）体现了集中审理原则的精神。《若干规定》第三条规定，合议庭组成人员确定后，除因回避或者其他特殊情况，不能继续参加案件审理的之外，不得在案件审理过程中更换。更换合议庭成员，应当报请院长或者庭长决定。《若干规定》第九条规定，合议庭评议案件应当在庭审结束后五个工作日内进行。《若干规定》第十四条规定，合议庭一般应当在作出评议结论或者审判委员会作出决定后的五个工作日内制作出裁判文书。

五、审判效率原则

审判效率原则，是指人民法院在进行刑事审判活动时，应当在保障审判公正的前提下，尽可能地花费较低的人力、物力、财力及其他诉讼成本完成审判工作。审判效率原则是诉讼经济原则在刑事审判阶段的体现。审判效率原则有利于控制犯罪，有利于保障被告人的诉讼权利，有利于缓解司法机关的办案压力。

在我国，审判效率原则主要体现为刑事案件繁简分流日益完善、诉讼期间规定的合理化等方面。以简易程序为例，《刑事诉讼法》经过三次修正，其适用范围得到了适当扩大，诉讼期间的规定也更加合理，同时也尊重了被告人的程序选择权。又如 2018 年《刑事诉讼法》新增的速裁程序，在人民检察院的审查起诉阶段和人民法院的审判阶段都进行了简化，同样也是贯彻落实审判效率原则的体现。

第四节 审级制度

一、审级制度的概念

审级制度，是指刑事案件可以经过几级人民法院的审判必须终结的制度。审级制度是司法体制中的一个基本问题，由宪法和法律明确规定。

实行审级制度的意义在于：① 实现各级人民法院的合理分工，保证审判的准确性和公正性；② 形成有效的监督机制，促使各级人民法院依法公正审判；③ 及时发现和纠正人民法院在审判中的错误；④ 增强裁判的公信力和刑事审判的权威性。

我国人民法院分为四级，即最高人民法院、高级人民法院、中级人民法院和基层人民法院。

二、国外审级制度概况

目前世界上主要有三种刑事审级制度。

(1) 两审终审制。目前，实行两审终审制的国家有俄罗斯、中国等，主要是受到苏联审级制度的影响。在实行两审终审制的国家，当事人不服第一审法院的裁判，只有一次上诉机会，案件经上诉审法院审判后即告终结。

(2) 三审终审制。三审终审制即当事人享有两次上诉的机会，因而上诉审分为第二审和第三审。实行三审终审制的国家主要有日本、英国、法国、德国、奥地利等。在实行三审终审制的国家，二审程序对事实问题和法律问题会进行全面审理，重在对事实的审查；三审程序属于“法律审”，即只审查原判决是否存在违反法律的问题。一般来说，当事人的第一次上诉不受理由上的限制，但第二次上诉则有限制。例如《日本刑事诉讼法》对不服第二审判决的上诉理由有两点规定：违反宪法或者对宪法的解释有错误；作出与最高法院的判例相反的判断等。

(3) 兼采两审终审制与三审终审制，但以两审终审制为原则，以三审终审制为补充或例外。实行此制度的代表国家是美国。美国法院实行双轨制，联邦法院系统和州法院系统原则上实行两审终审制，当事人可以上诉一次。第二次上诉是例外，只有少数涉及联邦法律问题的案件，经过严格的批准手续以后，才能向联邦最高法院提出上诉。

三、我国的审级制度

我国实行两审终审的审级制度。《刑事诉讼法》第十条规定：“人民法院审判案件，实行两审终审制。”两审终审制，是指一个案件最多经过两级法院审判即告终结的制度。对于第二审法院作出的终审判决、裁定，当事人等不得再提起上诉，人民检察院不得按照上诉审程序提出抗诉。

实行两审终审制，符合我国的现有国情，考虑到我国地域辽阔，如果审级过多则可能不利于人民群众参与诉讼活动，也会造成司法成本的负担。实行两审终审制，可以避免诉讼拖延，节省人力、物力及财力，便利人民法院办案，便利公民参与诉讼，也可以保障当事人的上诉权利。

但两审终审制也有例外，根据我国《刑事诉讼法》和有关司法解释的规定，以下几类案件不实行两审终审：① 最高人民法院审理的第一审案件为一审终审；② 判处死刑的案件，必须依法经过死刑复核程序核准后，死刑裁判才能生效并交付执行；③ 地方各级人民法院依照刑法规定在法定刑以下判处刑罚的案件，必须经过最高人民法院核准，判决、裁定才能生效并交付执行。

第五节 审 判 组 织

一、审判组织的含义和种类

审判组织，是指人民法院审判案件的组织形式。根据《刑事诉讼法》第一百八十三条的规定，我国刑事审判的组织有独任庭和合议庭两种。另外，根据《人民法院组织法》第三十六条的规定，人民法院内部还设有审判委员会，领导本院的审判工作。审判委员会是我国特有的、体现审判工作集体领导的一种特殊的审判组织形式。

二、独任庭

独任庭，是指由审判员一人对刑事案件进行审理并作出裁判的审判组织形式。

依据《刑事诉讼法》第一百八十三条的规定，独任庭适用于基层人民法院，且只适用于以简易程序、速裁程序进行审理的案件。独任庭只能由审判员构成，人民陪审员不能独任审判。

适用独任庭审理简易程序、速裁程序案件，可以合理分配司法资源，使人民法院集中力量处理其他更为重大或复杂的刑事案件，从而实现司法资源的优化利用。

根据《刑事诉讼法》的有关规定，下列案件不得采用独任制审判：① 起诉时被告下落不明的案件；② 按照普通程序审理的案件无论在审理过程中发生什么变化，都不得适用独任制审判形式；③ 按照独任制审理的案件在审理过程中，发现案情复杂，需要改为合议制的，可以改为合议制；④ 发回重审和按照审判监督程序再审的案件不得采用独任制。

三、合议庭

（一）合议庭的含义

合议庭，是指由数名审判员或者由审判员和陪审员组成的法庭对刑事案件进行审判的组织形式。根据《刑事诉讼法》的规定，合议制是人民法院审判刑事案件的基本形式，除基层人民法院适用简易程序、速裁程序审理的案件可以独任审判外，其他所有刑事案件均应采用合议庭的组织形式进行。

（二）合议庭的组成方式

根据《刑事诉讼法》第一百八十三条和第二百四十九条的规定，我国刑事审判中合议庭的组成方式有以下四种。

(1) 基层人民法院、中级人民法院审判第一审刑事案件，应当由审判员三人或审判员和人民陪审员共三人或者七人组成合议庭进行。

(2) 高级人民法院审判第一审刑事案件，应当由审判员三人至七人或由审判员和人民陪审员共三人或者七人组成合议庭进行。最高人民法院审判第一审刑事案件，应当由审判员三人至七人组成合议庭进行。

(3) 人民法院审判上诉和抗诉案件，由审判员三人或者五人组成合议庭进行。

(4) 最高人民法院复核死刑案件，高级人民法院复核死刑缓期执行的案件，应当由审判员三人组成合议庭进行。

（三）合议庭的适用要求

(1) 合议庭的组成人员应为单数。

(2) 合议庭组成人员确定后，除因回避或其他特殊情况外，不得在案件审理过程中随意更换。

(3) 合议庭的评议表决以“少数服从多数”为原则，若个人有不同意见，应记录在案。

(4) 参加合议庭的人民陪审员应从人民陪审员名单中随机抽取决定。人民陪审员参加三人合议庭审判案件，对事实认定、法律适用，独立发表意见，行使表决权。人民陪审员参加七人合议庭审判案件，对事实认定，独立发表意见，并与法官共同表决；对法律适用，可以发表意见，但不参加表决。

(5) 审判长最后发表评议意见。合议庭全体人员均应参加案件的评议，但审判长应当最后发表评议意见。这是为了充分发挥合议庭其他成员的作用，避免其受到审判长意见的影响。

四、审判委员会

审判委员会是人民法院内部对审判工作实行集体领导的组织形式。审判委员会由人民法院院长组阁，由同级国家权力机关任免。人民法院院长为审判委员会的主持者，审判委员会一般由人民法院各分管院长及部分庭长和部门负责人组成。每个成员都享有同等的表决权利。同级人民检察院检察长可列席审判委员会的讨论会议，作为法律监督的代表可发表意见和建议，但不能参加表决。

（一）审判委员会的任务

第一，讨论重大疑难案件。根据《最高法院解释》第一百七十八条的规定，拟判处死刑的案件、人民检察院抗诉的案件，合议庭应当提请人民法院院长决定提交审判委员会讨论决定。对合议庭成员意见有重大分歧的案件、新类型案件、社会影响重大的案件,以及其他疑难、复杂、重大的案件,合议庭认为难以作出决定的,可以提请人民法院院长决定提交审判委员会讨论决定。此外,独任审判的案件,开庭审理后,独任审判员认为有必要的,也可以建议人民法院院长提交审判委员会讨论决定。

第二,总结审判工作经验。为了保证办案质量,提高办案人员素质,审判委员会通过总结审判工作经验,有助于提高审判水平,保证人民法院审判工作的正确性。

第三,有关审判工作的其他问题。例如,对本院的生效判决,发现确有错误,需要提起再审,或决定本院院长回避等问题。

(二)审判委员会与合议庭的关系

《刑事诉讼法》第一百八十五条规定:"合议庭开庭审理并且评议后,应当作出判决。对于疑难、复杂、重大的案件,合议庭认为难以作出决定的,由合议庭提请院长决定提交审判委员会讨论决定。审判委员会的决定,合议庭应当执行。"这表明,审判委员会同合议庭之间存在着领导与被领导的关系。两者主要区别在于以下两个方面。

(1)性质不同。合议庭为审判案件的基本组织形式,直接审理案件;而审判委员会是人民法院内部对审判工作实行集体领导的最高组织形式,审判委员会有权讨论合议庭认为难以作出判决的案件,有权改变合议庭的决定,合议庭应当无条件执行,但它不直接审理案件。

(2)存在形式不同。合议庭一般为三人组成,它随着案件的受理而成立,又随案件审判结束而自动解散;而审判委员会是人民法院常设机构,其组成人员较多,一般都是七人以上。

案 例 解 析

本案中,A县人民法院在审理过程中至少有三处不当。

第一,人民法院以"案情比较简单,被告人认罪态度也较好"为由不公开审理本案是错误的。我国的刑事审判以公开审理为原则,只有在特定情况下才可以不公开审理刑事案件。本案并不符合我国刑事诉讼法所规定的不公开审理的情形。

第二,根据"不告不理"的诉讼法理,本案中关于被告人盗窃笔记本电脑的犯罪事实,没有经过检察机关提起公诉,人民法院是不能自行进行审判的。

第三,本案就被告人盗窃6 000元现金的事实已经进行了审判,并等待定期宣判。但在宣判之前改变判决内容,则是不妥的。因为被告人盗窃笔记本电脑的犯罪事实没有经过开庭审理。这种不经审理即给被告人定罪量刑的做法,显然是剥夺了被告人的辩护权,严重违反诉讼程序。

本 章 小 结

刑事审判是人民法院依法对刑事案件进行审理并作出裁判的诉讼活动,包括审理和裁判两个过程。我国的刑事审判模式先后受到了职权主义审判模式和当事人主义审判模式的影响,形成了具有中国特色的"混合式"模式。为了实现审判公正,刑事审判应遵循一些基本原则,包括审判公开原则,直接、言词原则,辩论原则,集中审理原则,审判效率原则。我国实行两审终审制。合理的审级制度,有助于实现诉讼公正、维护当事人的合法权益、提高诉讼效率、加强诉讼监督。人民法院通过独任庭或合议庭审判各类刑事案件,疑难复杂案件可以提交审判委员会讨论决定。

思考题

1. 刑事审判中,裁判者为什么要保持中立?
2. 试比较职权主义审判模式与当事人主义审判模式的异同点。
3. 什么是两审终审制?它有哪些例外?

第十一章 第一审审判程序

学习目标

通过本章的学习，你可以……

- 了解第一审审判程序的概念、分类及意义
- 了解公诉案件的庭前审查的内容及处理
- 掌握第一审普通审判程序的阶段及其内容
- 了解自诉案件的范围、特点、条件及提起的程序
- 掌握简易程序的适用范围、启动程序及审判的特点
- 掌握速裁程序的适用条件、特点
- 了解判决、裁定和决定的内涵、种类及相互区别

案例研讨

2018年3月14日,某市公安局对朱某(男,24岁)、方某(男,21岁)持刀抢劫致人死亡一案进行立案侦查。经侦查查明,朱某、方某实施抢劫犯罪事实清楚,依法应当追究刑事责任。朱某、方某抢劫案于2018年6月10日侦查终结,移送市人民检察院审查起诉。市人民检察院审查后,认为该案部分事实、证据尚需补充侦查,遂退回市公安局补充侦查。补充侦查完毕,再次移送市人民检察院。市人民检察院认为事实清楚、证据充分,遂向市第一中级人民法院提起公诉。

在市第一中级人民法院审理过程中,被告人朱某当庭拒绝人民法院指定的辩护人为其辩护,要求自行委托辩护人;方某拒绝其自行委托的辩护人为其辩护,要求人民法院为其指定一名辩护人。合议庭经研究,同意两个被告请求,并宣布延期审理。重新开庭后,方某在最后陈述中提出,其参与抢劫是由于朱某的胁迫,由于害怕朱某报复,以前一直不敢说,并提出了可以证明被胁迫参与抢劫的证人的姓名,希望人民法院从轻判处。

法庭审理后认为,被告人朱某、方某构成抢劫罪,情节严重。根据《刑法》的有关规定,判处朱某死刑,缓期二年执行;判处方某有期徒刑十年。一审判决后,朱某不服,以量刑过重为由向上一级人民法院提出上诉;方某未上诉,市人民检察院亦未抗诉。

问题:

(1) 重新开庭后,如果朱某再次拒绝自行委托的辩护人为其辩护,合议庭应当如何处理?

(2) 重新开庭后,如果方某又提出拒绝人民法院为其指定的辩护人为其辩护,合议庭应如何处理?

(3) 对于方某在最后陈述中提出其受胁迫的事实,合议庭应如何处理?

(4) 假如本案受害人对第一审判决不服,可以通过何种方式获得救济?

引 言

第一审审判程序，是指刑事诉讼法所规定的人民法院对人民检察院提起公诉的公诉案件、自诉人起诉的自诉案件进行初次审理的具体审判程序。第一审审判程序可根据不同的标准进行划分。根据提起的主体不同，可将第一审审判程序分为公诉案件的第一审审判程序与自诉案件的第一审审判程序；根据第一审程序具体庭审程序的阶段、步骤、方法的繁复程度的不同，可将第一审审判程序分为普通审判程序与简易审判程序。第一审审判程序对于确定被告人罪之有无、刑之轻重具有重要意义。在其运作过程中，应当兼顾惩罚犯罪与保障人权，同时也不能忽略诉讼效率。

第一节 公诉案件的第一审程序

公诉案件的第一审程序，是指人民法院对人民检察院提起公诉的案件进行第一次审判时所必须遵循的程序。其内容主要包括庭前审查、庭前准备、庭前会议、法庭审判、延期审理和中止审理等环节。

一、庭前审查

（一）庭前审查概述

庭前审查，是指人民法院对人民检察院提起公诉的案件进行开庭前的审查，以决定是否开庭审判的诉讼活动。

《刑事诉讼法》第一百八十六条规定："人民法院对提起公诉的案件进行审查后，对于起诉书中有明确的指控犯罪事实的，应当决定开庭审判。"这一规定表明，庭前审查是公诉案件正式进入第一审程序的必经环节；同时，人民法院对检察机关所提供的起诉材料仅作程序性审查，而不涉及对案件实体问题的审查与判断。

（二）庭前审查的内容及处理

根据《刑事诉讼法》第一百八十六条及相关司法解释的规定，庭前审查应以程序性审查为主，其具体内容包括：① 案件是否属于本院管辖；② 起诉书指控的被告人的身份，实施犯罪的时间、地点、手段，犯罪事实、危害后果和罪名以及其他可能影响定罪量刑的情节等是否明确；③ 起诉书中是否载明被告人被采取强制措施的种类、羁押地点、是否在案，以及有无扣押、冻结在案的被告人的财物及存放地点；是否列明被害人的姓名、住址、通讯处，为保护被害人而不宜列明的，应当单独移送被害人名单；④ 是否附有起诉前收集的证据；⑤ 是否附有起诉前提供了证言的证人名单；⑥ 已委托辩护人、代理人的，是否附有辩护人、代理人的姓名、住址、通讯处明确的名单；⑦ 提起附带民事诉讼的，是否附有相关证据材料；⑧ 侦查、审查起诉程序的各种法律手续和诉讼文书复印件是否完备；⑨ 有无《刑事诉讼法》第十六条第二项至六项规定的不追究刑事责任的情形。

案件经审查后,人民法院应当根据不同情况分别处理。

1. 决定开庭审理

对需要补充材料的,人民法院应当通知人民检察院在三日内补送,不得以材料不充足为由而不开庭审判。

对于根据《刑事诉讼法》第二百条第三项规定宣告被告人无罪的情形,人民检察院依据新的事实、证据材料重新起诉的,人民法院应当依法受理。

对于被告人真实身份不明,但符合《刑事诉讼法》第一百六十条第二款规定的,人民法院应当依法受理。

2. 退回人民检察院

案件经审查后,属下列情形的应当退回人民检察院:① 属于告诉才处理的案件,并告知被害人有权提起自诉;② 不属于本院管辖或者被告人不在案的;③ 依照《最高法院解释》第二百四十二条规定裁定准许撤诉的案件,没有新的事实、证据,重新起诉的。

3. 裁定终止审理或决定不予受理

对于符合《刑事诉讼法》第十六条第二项至第六项规定的情形的,应当裁定终止审理或者决定不予受理。

人民法院对于按照普通程序审理的公诉案件,决定是否受理,应当在七日内审查完毕。人民法院对于提起公诉的案件进行审查的期限,计入人民法院的审理期限。

二、庭前准备

人民法院决定开庭审理后,根据《刑事诉讼法》第一百八十七条的规定,应在开庭前做好下列各项准备工作。

(1) 确定合议庭的组成人员。

(2) 将起诉书副本至迟在开庭十日以前送达被告人及其辩护人。

(3) 将开庭的时间、地点在开庭三日以前通知人民检察院。

(4) 通知当事人、法定代理人、辩护人、诉讼代理人在开庭五日前提供证人、鉴定人名单,以及拟当庭出示的证据;申请证人、鉴定人、有专门知识的人出庭的,应当列明有关人员的姓名、性别、年龄、职业、住址、联系方式。

(5) 开庭三日前将传唤当事人的传票和通知辩护人、诉讼代理人、法定代理人、证人、鉴定人等出庭的通知书送达;通知有关人员出庭,也可以采取电话、短信、传真、电子邮件等能够确认对方收悉的方式。

(6) 公开审理的案件,在开庭三日前公布案由、被告人姓名、开庭时间和地点。

上述活动情况应当写入笔录,由审判人员和书记员签名。

三、庭前会议

根据《最高法院解释》第一百八十三条的规定,案件具有下列情形之一的,审判人员可以召开庭前会议:① 当事人及其辩护人、诉讼代理人申请排除非法证据的;② 证据材料较多、案情重大复杂的;③ 社会影响重大的;④ 需要召开庭前会议的其他情形。召开庭前会议,根据案件情况,可以通知被告人参加。

召开庭前会议，审判人员可以就下列问题向控辩双方了解情况，听取意见：① 是否对案件管辖有异议；② 是否申请有关人员回避；③ 是否申请调取在侦查、审查起诉期间公安机关、人民检察院收集但未随案移送的证明被告人无罪或者罪轻的证据材料；④ 是否提供新的证据；⑤ 是否对出庭证人、鉴定人、有专门知识的人的名单有异议；⑥ 是否申请排除非法证据；⑦ 是否申请不公开审理；⑧ 与审判相关的其他问题。

审判人员可以询问控辩双方对证据材料有无异议，对有异议的证据，应当在庭审时重点调查；无异议的，庭审时举证、质证可以简化。

被害人或者其法定代理人、近亲属提起附带民事诉讼的，可以调解。

庭前会议情况应当制作笔录。

四、法庭审判

法庭审判，是指人民法院的审判组织通过开庭的方式，在公诉人、当事人和其他诉讼参与人的参加下，调查、核实证据，查清案件事实，充分听取控辩双方对证据、案件事实和法律适用的意见，依法确定被告人的行为是否构成犯罪、是否应受到刑事处罚以及给予何种处罚的诉讼活动。

根据我国《刑事诉讼法》的规定，法庭审判程序可以分为开庭、法庭调查、法庭辩论、被告人最后陈述、评议和宣判五个步骤。

（一）开庭

开庭审理前，书记员应当依次进行下列工作：查明公诉人、当事人、证人及其他诉讼参与人是否已经到庭；宣读法庭规则；请公诉人、辩护人入庭；请审判长、审判员（人民陪审员）入庭；审判人员就座后，当庭向审判长报告开庭前的准备工作已经就绪。

开庭的具体程序和内容包括以下四个方面。

（1）由审判长宣布开庭。传被告人到庭后，审判长应当查明被告人的姓名、出生时间和地点、民族、文化程度、职业、住址，或者单位的名称、住所地，诉讼代表人的姓名、职务；是否曾受过法律处分及处分的种类、时间；是否被采取强制措施及强制措施的种类、时间；收到人民检察院起诉书副本的日期，以及附带民事诉讼的被告人收到民事诉状的日期。

（2）审判长宣布案件的来源、起诉的案由、附带民事诉讼原告人和被告人的姓名或者名称以及是否公开审理。对于不公开审理的案件，应当当庭宣布不公开审理的理由。

（3）审判长应当告知当事人、法定代理人在法庭审理过程中依法享有下列诉讼权利：可以申请合议庭组成人员、书记员、公诉人、鉴定人和翻译人员回避；可以提出证据，申请通知新的证人到庭，调取新的物证，重新鉴定或者勘验等；被告人可以自行辩护；被告人可以在法庭辩论终结后作最后陈述。

（4）审判长应当分别询问当事人、法定代理人是否申请回避，申请何人回避和申请回避的理由。如果当事人、法定代理人申请审判人员、出庭支持公诉的检察人员回避，合议庭认为符合法定情形的，应当依照有关回避的规定处理；认为不符合法定情形的，应当当庭驳回，继续法庭审理。如果申请回避人当庭申请复议，合议庭应当宣布休庭，待作出复议决定后，决定是否继续法庭审理。

对共同犯罪的案件，应将各被告人同时传唤到庭，查明其基本情况，告知其各项权利，以免重复，节省开庭时间。

（二）法庭调查

法庭调查，是指审判人员在控辩双方和其他诉讼参与人的参加下，当庭对案件事实和证据进行审查、核实的活动。

法庭调查的具体顺序、步骤与方法包括如下几个方面。

1. 公诉人宣读起诉书

审判长宣布法庭调查开始以后，先由公诉人宣读起诉书。如果有附带民事诉讼，再由附带民事诉讼的原告人或者其诉讼代理人宣读附带民事诉状。

2. 被告人、被害人陈述

在审判长主持下，被告人、被害人可以就起诉书所指控的犯罪事实分别进行陈述。

3. 讯问、询问被告人、被害人及附带民事诉讼原告人和被告人

在审判长主持下，公诉人可以就起诉书中所指控的犯罪事实讯问被告人；被害人及其诉讼代理人，经审判长准许，可以就公诉人讯问的情况进行补充性发问；附带民事诉讼的原告人及其法定代理人或者诉讼代理人经审判长准许，可以就附带民事诉讼部分的事实向被告人发问；经审判长许可，被告人的辩护人及法定代理人或者诉讼代理人可以在控诉一方就某一具体问题讯问完毕以后向被告人发问。

对于共同犯罪案件的被告人，应当分别进行讯问。合议庭认为必要时，可以传唤共同被告人同时到庭对质。

控辩双方经审判长准许，可以向被害人、附带民事诉讼原告人发问。审判长对于控辩双方讯问、发问被告人及附带民事诉讼原告人和被告人的内容与本案无关或者讯问、发问的方式不当的，应当制止；对于控辩双方认为对方讯问或者发问的内容与本案无关或者讯问、发问的方式不当并提出异议的，审判长应当判明情况予以支持或者驳回。审判人员认为有必要时，可以向被告人、被害人及附带民事诉讼的原告人和被告人讯问或者发问。

4. 询问证人、鉴定人

《刑事诉讼法》第一百九十二条规定："公诉人、当事人或者辩护人、诉讼代理人对证人证言有异议，且该证人证言对案件定罪量刑有重大影响，人民法院认为证人有必要出庭作证的，证人应当出庭作证。人民警察就其执行职务时目击的犯罪情况作为证人出庭作证，适用前款规定。公诉人、当事人或者辩护人、诉讼代理人对鉴定意见有异议，人民法院认为鉴定人有必要出庭的，鉴定人应当出庭作证。经人民法院通知，鉴定人拒不出庭作证的，鉴定意见不得作为定案的根据。"

经人民法院通知，证人没有正当理由不出庭作证的，人民法院可以强制其到庭，但是被告人的配偶、父母、子女除外。证人没有正当理由拒绝出庭或者出庭后拒绝作证的，应予以训诫，情节严重的，经人民法院院长批准，处以十日以下的拘留。被处罚人对拘留决定不服的，可以向上一级人民法院申请复议。复议期间不停止执行。

证人、鉴定人到庭后，审判人员应当先核实证人、鉴定人的身份，与当事人以及本案的关系；告知证人、鉴定人应当如实地提供证言、鉴定意见和有意作伪证或者隐匿罪证要负的法律责任。证人、鉴定人作证前，应当在如实作证的保证书上签名。

公诉人、当事人和辩护人、诉讼代理人经审判长许可，可以对证人、鉴定人发问。审判人员认为有必要时，可以询问证人、鉴定人。为避免证人、鉴定人之间相互影响，向证人、鉴定

人发问应当分别进行。

审判危害国家安全犯罪、恐怖活动犯罪、黑社会性质的组织犯罪、毒品犯罪等案件，证人、鉴定人、被害人因出庭作证，本人或者其近亲属的人身安全面临危险的，人民法院应当采取不公开其真实姓名、住址和工作单位等个人信息，或者不暴露其外貌、真实声音等保护措施。审判期间，证人、鉴定人、被害人提出保护请求的，人民法院应当立即审查；认为确有保护必要的，应当及时决定采取相应保护措施。

另外，询问证人、鉴定人应当遵循以下规则：① 发问的内容应当与案件的事实相关；② 不得以诱导方式提问；③ 不得威胁证人；④ 不得损害证人的人格尊严。

5. 出示物证、书证、视听资料等证据

控辩双方要求证人出庭作证，向法庭出示物证、书证、视听资料等证据，应当向审判长说明拟证明的事实，审判长同意的，即准许传唤证人或者出示证据；审判长认为与案件无关或者明显重复不必要的证据的，可以不予准许。

当庭出示的物证、书证、视听资料等证据，应当先由出示证据的一方就所出示的证据的来源、特征等作必要的说明，然后由另一方进行辨认并发表意见。控辩双方可以互相质问、辩论。

6. 通知新的证人到庭，调取新的物证，申请重新鉴定或者勘验

法庭审理过程中，当事人和辩护人、诉讼代理人有权申请通知新的证人到庭，调取新的物证，申请重新鉴定或者勘验，但应当提供证人的姓名、证据的存放地点，说明所要证明的案件事实、要求重新鉴定或者勘验的理由。审判人员根据具体情况，认为可能影响案件事实认定的，应当同意该申请，并宣布延期审理；不同意的，应当告知理由并继续审理。

7. 合议庭调查核实证据

法庭审理过程中，合议庭对证据有疑问的，可以宣布休庭，对证据进行调查核实。人民法院调查核实证据，可以进行勘验、检查、查封、扣押、鉴定和查询、冻结。必要时，可以通知检察人员、辩护人到场。如果控辩双方对合议庭在调查核实证据过程中收集到的证据材料有异议的，应当由控辩双方对之进行质证、辩论之后，才能作为定案的根据。

8. 对辩护人、被告人拒绝辩护和人民检察院变更、追加、撤回起诉的处理

(1) 对辩护人、被告人拒绝辩护的处理

对于辩护人依照有关规定当庭拒绝继续为被告人进行辩护的，合议庭应当准许。如果被告人要求另行委托辩护人，合议庭应当宣布延期审理，由被告人另行委托辩护人或者由人民法院为其另行指定辩护律师。

重新开庭后，被告人再次当庭拒绝重新委托的辩护人或者人民法院指定的辩护律师为其辩护的，合议庭应当依据情形分别作出处理。

第一，被告人是成年人的。可以准许，但被告人不得再另行委托辩护人，人民法院也不再另行指定辩护律师，被告人可以自行辩护。

第二，被告人具有《最高法院解释》第四十二条规定情形(盲、聋、哑人或者限制行为能力的人；可能被判处死刑的人)之一的，不予准许。

(2) 对人民检察院变更、追加、撤回起诉的处理

在人民法院宣告判决前，人民检察院发现被告人的真实身份或者犯罪事实与起诉书中叙述的身份或者指控犯罪事实不符的，可以要求变更起诉；发现遗漏的同案犯罪嫌疑人或者罪行可以一并起诉和审理的，可以要求追加起诉；发现不存在犯罪事实、犯罪事实并非被告

人所为或者不应当追究被告人刑事责任的,可以要求撤回起诉。

在法庭审理过程中,公诉人认为需要变更、追加或者撤回起诉的,应当要求休庭,并记明笔录。变更、追加起诉需要给予被告人、辩护人必要时间进行辩护准备的,公诉人可以建议合议庭延期审理。撤回起诉后,没有新的事实或者新的证据,不得再行起诉。

(三) 法庭辩论

在结束法庭调查后,控辩双方在审判长的主持下展开相互辩论。辩论的内容包括全案事实、证据、定罪和量刑等各种与案件有关的问题。

法庭辩论的顺序为以下五项。

(1) 公诉人发言。公诉人在法庭辩论中的首次发言,司法实践中称为公诉词。公诉词以起诉书所指控的犯罪事实及其刑罚处罚为基础,但又不是对起诉书的简单重复,而是对起诉书内容的全面论证及深化。

(2) 被害人及其诉讼代理人发言。

(3) 被告人自行辩护。

(4) 辩护人辩护。辩护人在法庭辩论中的首轮发言,司法实践中称为辩护词。辩护词与公诉词相对应,其是辩护人为维护被告人的合法权益,从有利于被告人的视角,对本案犯罪事实是否成立,控方证据体系是否完善、是否达到确实和充分并形成相应证据链,犯罪性质的认定是否正确、罪名确定是否准确、量刑情节中是否存在法定或酌定从轻等量刑情节等涉及全案证据采信及其证明力、犯罪事实存在与否以及实体定罪量刑等问题所进行的综合论证与分析。

(5) 控辩双方进行相互辩论。

应注意的是,如果有附带民事诉讼,附带民事诉讼部分的辩论应当在刑事诉讼部分的辩论结束后进行。其辩论的顺序为首先由附带民事诉讼原告人及其诉讼代理人发言,然后由附带民事诉讼被告人及其诉讼代理人答辩,附带民事诉讼原告、被告双方还可以互相辩论。

法庭辩论中如果发现新的事实,合议庭认为有必要调查的,审判长可以宣布停止法庭辩论,恢复法庭调查,在事实调查清楚以后,再次进行法庭辩论。

在上述辩论进行一轮后,在审判长的主持下,控辩双方还可以再进行多轮辩论,直至双方意见阐述完毕。法庭应注意保证双方发言机会均等。

对被告人认罪的案件,在法庭辩论时,可以引导控辩双方主要围绕量刑和其他有争议的问题进行。对被告人不认罪或者辩护人作无罪辩护的案件,在法庭辩论时,可以引导控辩双方先辩论定罪问题,后辩论量刑问题。

在法庭辩论阶段,人民检察院可以提出量刑建议并说明理由,量刑建议一般应当具有一定的幅度。当事人及其辩护人、诉讼代理人可以对量刑提出意见并说明理由。

经过辩论,当合议庭认为控辩双方的意见已经阐述清楚时,审判长应当宣布辩论终结。

(四) 被告人最后陈述

我国《刑事诉讼法》第一百九十八条第三款规定:“审判长在宣布辩论终结后,被告人有最后陈述的权利。”被告人最后陈述不仅是法庭审判的一个独立阶段,也是法律赋予被告人的一项重要的诉讼权利。

在审判长宣布法庭辩论终结后,合议庭应当保障被告人充分行使最后陈述的权利。被告人最后陈述只要不超出本案范围，一般不应限制其发言时间，或随意打断其发言。但如果被告人在最后陈述中多次重复自己的意见，审判长可以制止；如果陈述内容是蔑视法庭、公诉人，损害他人及社会公共利益或者与本案无关的，应当制止；在公开审理的案件中，被告人最后陈述的内容涉及国家秘密或个人隐私的，也应当制止。

被告人在最后陈述中提出了新的事实、证据，合议庭认为可能影响正确裁判的，应当恢复法庭调查。如果被告人提出新的辩解理由，合议庭认为确有必要的，可以恢复法庭辩论。

（五）评议和宣判

1. 评议

评议，是指合议庭在已经进行法庭审理活动的基础上，对案件事实、证据和法律适用进行讨论、分析和判断，并依法对案件作出裁判的活动。

评议活动应当秘密进行，以保障合议庭成员能够排除干扰，充分、自由地发表意见，形成正确的判决结论。评议时，如果意见存在分歧，应当按多数人的意见作出决定，但是少数人的意见应当写入笔录，评议笔录由合议庭组成人员签名。

根据《刑事诉讼法》第二百条及有关司法解释的规定，人民法院应当根据案件的具体情形，分别作出裁判。

（1）起诉指控的事实清楚，证据确实、充分，依据法律认定指控被告人的罪名成立的，应当作出有罪判决。

（2）起诉指控的事实清楚，证据确实、充分，指控的罪名与审理认定的罪名不一致的，应当按照审理认定的罪名作出有罪判决。

（3）案件事实清楚，证据确实、充分，依据法律认定被告人无罪的，应当判决宣告被告人无罪。

（4）证据不足，不能认定被告人有罪的，应当以证据不足、指控的犯罪不能成立，判决宣告被告人无罪。

（5）案件部分事实清楚，证据确实、充分，应当作出有罪或者无罪的判决；对事实不清、证据不足的部分，不予认定。

（6）被告人因不满十六周岁，不予刑事处罚的，应当判决宣告被告人不负刑事责任。

（7）被告人是精神病人，在不能辨认或者不能控制自己行为时造成危害结果，不予刑事处罚的，应当判决宣告被告人不负刑事责任。

（8）犯罪已过追诉时效期限且不是必须追诉，或者经特赦令免除刑罚的，应当裁定终止审理。

（9）被告人死亡的，应当裁定终止审理；根据已查明的案件事实和认定的证据，能够确认无罪的，应当判决宣告被告人无罪。

具有以上第二项规定情形的，人民法院应当在判决前听取控辩双方的意见，保障被告人、辩护人充分行使辩护权。必要时，可以重新开庭，组织控辩双方围绕被告人的行为构成何罪进行辩论。

对于认罪认罚案件，人民法院依法作出判决时，一般应当采纳人民检察院指控的罪名和量刑建议，但有下列情形的除外：① 被告人的行为不构成犯罪或者不应当追究其刑事责任的；② 被告人违背意愿认罪认罚的；③ 被告人否认指控的犯罪事实的；④ 起诉指控的罪名与审理认定的罪名不一致的；⑤ 其他可能影响公正审判的情形。

人民法院经审理认为量刑建议明显不当，或者被告人、辩护人对量刑建议提出异议的，根据《刑事诉讼法》第二百零一条第二款的规定：① 人民检察院可以调整量刑建议；② 人民检察院不调整量刑建议或者调整量刑建议后仍然明显不当的，人民法院应当依法作出判决。

2. 宣判

宣判，是指人民法院将判决书的内容向当事人和社会公开宣告的活动。宣判分为当庭宣判和定期宣判。当庭宣判是在合议庭经过评议并作出决定后，立即恢复开庭并由审判长宣告判决结果。定期宣判是合议庭经休庭评议作出决定后，或者因案情疑难、复杂、重大，合议庭认为难以作出决定，而由合议庭提请人民法院院长提交审判委员会讨论决定，而另行确定日期宣告判决的活动。

根据《刑事诉讼法》第二百零二条、二百零三条的规定，宣告判决，一律公开进行。当庭宣告判决的，应当在五日以内将判决书送达当事人和提起公诉的人民检察院；定期宣告判决的，应当在宣告后立即将判决书送达当事人和提起公诉的人民检察院。判决书应当同时送达辩护人、诉讼代理人。判决书应当由审判人员和书记员署名，并且写明上诉的期限和上诉的法院。

五、延期审理和中止审理

（一）延期审理

延期审理，是指在法庭审理过程中，遇到影响审判继续进行的情况，法庭决定将案件的审理推迟，待影响审理进行的原因消失后，再继续开庭审理。延期审理的开庭日期和地点能当庭确定的，应当庭通知公诉人、当事人和其他诉讼参与人；不能当庭确定的，应当在确定后另行通知。延期审理的时间原则上不计入审理期限，但是不能无限期推延。

根据《刑事诉讼法》第二百零四条及有关司法解释的规定，延期审理主要有以下几种情况。

（1）需要通知新的证人到庭，调取新的物证，重新鉴定或者勘验的。

（2）检察人员发现提起公诉的案件需要补充侦查，提出建议的。

（3）由于当事人申请回避而不能进行审判的。

（4）辩护人依照有关规定当庭拒绝继续为被告人辩护的，合议庭应当准许。如果被告人要求另行委托辩护人的，合议庭应当宣布延期审理。

（5）被告人当庭拒绝辩护人为其辩护，要求另行委托辩护人的，应当同意，并宣布延期审理。

（6）人民检察院变更、追加起诉而需要给辩护人必要的辩护准备时间的，合议庭应当延期审理。

（二）中止审理

中止审理，是指因发生某种特定情况，影响案件正常审理，人民法院决定停止审判活动，待该项原因消失后再恢复审理的制度。

根据我国《刑事诉讼法》第二百零六条的规定，以下几种情况可以中止审理：① 被告人患有严重疾病，无法出庭的；② 被告人逃脱的；③ 自诉人患有严重疾病，无法出庭，未委托诉讼代理人的；④ 由于不能抗拒的原因。

中止审理的原因消失后，应当恢复审理。中止审理的期间不计入审理期限。

六、公诉案件的第一审程序的审理期限

人民法院审理公诉案件，应当在受理后两个月以内宣判，至迟不得超过三个月。对于可能判处死刑的案件或者附带民事诉讼的案件，以及有《刑事诉讼法》第一百五十八条规定情形之一的，经上一级人民法院批准，可以延长三个月；因特殊情况还需要延长的，报请最高人民法院批准。人民法院改变管辖的案件，从改变后的人民法院收到案件之日起计算审理期限。人民检察院补充侦查的案件，补充侦查完毕移送人民法院后，人民法院重新计算审理期限。审理期间，对被告人作精神病鉴定的时间不计入审理期限。

第二节　自诉案件的第一审程序

自诉案件的第一审程序，是指刑事诉讼法规定的人民法院对自诉人起诉的案件进行第一次审判的程序。总体上其与公诉案件的第一审程序基本相同，但由于自诉案件主要是侵害公民个人合法权益的轻微刑事案件，因而其第一审程序也有一定的特殊性。我国《刑事诉讼法》对自诉案件的审理作了专节规定。

一、自诉案件的范围、条件与审查处理

根据《刑事诉讼法》第二百一十条的规定，自诉案件包括：① 告诉才处理的案件；② 被害人有证据证明的轻微刑事案件；③ 被害人有证据证明对被告人侵犯自己人身、财产权利的行为应当依法追究刑事责任，而公安机关或者人民检察院不予追究被告人刑事责任的案件。

提起自诉的条件有以下四个方面。

(1) 符合《刑事诉讼法》第二百零一条、《最高法院解释》第一条的规定。

(2) 受诉人民法院有管辖权。

(3) 自诉人是本案的被害人或者其法定代理人、近亲属。

(4) 有明确的被告人、具体的诉讼请求和证明被告人犯罪事实的证据。

提起自诉的程序有以下四个方面。

(1) 提起自诉，应当向人民法院提交自诉状。

(2) 提起附带民事诉讼的，还应当提交刑事附带民事自诉状。

(3)自诉人书写自诉状确有困难的，可以口头告诉。

(4) 对于自诉案件，除因证据不足而撤诉的以外，自诉人撤诉后，就同一事实又告诉的，人民法院应当说服自诉人撤回起诉，或者裁定驳回起诉；自诉人经说服撤回起诉或者被驳回起诉后，又提出了新的足以证明被告人有罪的证据，再次提起自诉的，人民法院应当受理。

对于经审查符合受理条件的自诉案件，人民法院应决定开庭审理。对于不符合受理条件的自诉案件，人民法院经审查有下列情形之一的，应当说服自诉人撤回起诉，或者裁定驳

回起诉：① 不符合法律规定的提起自诉条件的；② 证据不充分的；③ 犯罪已过追诉时效期限的；④ 被告人死亡的；⑤ 被告人下落不明的；⑥ 除因证据不足而撤诉的以外，自诉人撤诉后，就同一事实又告诉的；⑦ 经人民法院调解结案后，自诉人反悔，就同一事实再行告诉的。

根据《刑事诉讼法》第二百一十二条的规定，人民法院审理自诉案件的期限，被告人被羁押的，适用本法第二百零八条第一款、第二款的规定；未被羁押的，应当在受理后六个月以内宣判。

二、自诉案件审理的特点

(1) 对告诉才处理的案件以及被害人起诉的有证据证明的轻微的刑事案件，可以适用简易程序。

(2) 人民法院对告诉才处理的案件和被害人有证据证明的轻微的刑事案件，可以在查明事实、分清是非的基础上进行调解。调解达成协议的，人民法院应当制作刑事自诉案件调解书，由审判人员和书记员署名，并加盖人民法院印章。调解书经当事人签收后即发生法律效力。调解没有达成协议或者调解书签收前当事人反悔的，人民法院应当进行判决。对《刑事诉讼法》第二百一十条第三项规定的自诉案件，不适用调解。

(3) 自诉人在宣告判决前，可以同被告人自行和解或者撤回自诉。自行和解是刑事诉讼法赋予自诉案件双方当事人的一项诉讼权利，在法律允许的范围内，他们可以互谅互让、互相协商，以达成和解协议的方式解决纠纷，而后撤诉。对于已经审理的自诉案件，当事人自行和解的，应当记录在卷。对于自诉人要求撤诉的，人民法院应当审查，确属自愿的，应当允许撤诉；经审查后，认为自诉人系被强制、威吓等原因而被迫撤诉的，人民法院不予准许。

另外，自诉人经两次依法传唤，无正当理由拒不到庭的，或者未经法庭准许中途退庭的，人民法院应当决定按自诉人撤诉处理。自诉人是两人以上的，其中部分人撤诉的，不影响案件的继续审理。

(4) 人民法院受理自诉案件后，对于当事人因客观原因不能取得并提供有关证据而申请人民法院调取证据，人民法院认为有必要的，可以依法调取。

(5) 告诉才处理的案件和被害人有证据证明的轻微的刑事案件的被告人或者其法定代理人在诉讼过程中，可以对自诉人提起反诉。反诉必须符合下列条件：① 反诉的对象必须是本案的自诉人；② 反诉的内容必须是与本案有关的行为；③ 反诉的案件必须是告诉才处理的案件和人民检察院没有提起公诉，被害人有证据证明的轻微的刑事案件。

第三节　简 易 程 序

一、简易程序的概念、意义

简易程序，是指基层人民法院在审理具备特定条件的案件时，所适用的相对简单的诉讼程序。

我国1979年《刑事诉讼法》中没有规定简易程序，1996年《刑事诉讼法》在第一审程序中以专节形式增设了"简易程序"，2012年、2018年《刑事诉讼法》经历了两次修正，使简易程序得到了进一步的完善。

简易程序的意义在于，有利于提高人民法院的审判效率，缓解人民法院面临的日益繁重的审判任务；有利于维护当事人的合法权益；有利于刑事审判程序更加科学化、合理化。

二、简易程序的适用范围和启动程序

《刑事诉讼法》第二百一十四条规定，基层人民法院管辖的案件，符合下列条件的可以适用简易程序审判：① 案件事实清楚、证据充分的；② 被告人承认自己所犯罪行，对指控的犯罪事实没有异议的；③ 被告人对适用简易程序没有异议的。人民检察院在提起公诉的时候，可以建议人民法院适用简易程序。

《刑事诉讼法》第二百一十五条的规定和有关司法解释，有下列情形之一的，不适用简易程序：① 被告人是盲、聋、哑人；② 被告人是尚未完全丧失辨认或者控制自己行为能力的精神病人；③ 有重大社会影响的；④ 共同犯罪案件中部分被告人不认罪或者对适用简易程序有异议的；⑤ 辩护人作无罪辩护的；⑥ 被告人认罪但经审查认为可能不构成犯罪的；⑦ 不宜适用简易程序审理的其他情形。

简易程序的启动程序包括以下三个方面。① 对于自诉案件，由人民法院决定是否适用。② 对于公诉案件，简易程序的启动权由人民检察院和人民法院共同行使。只要其中有一方认为不宜适用简易程序的，就不能适用简易程序，而只能适用普通程序。③ 对于公诉案件，人民检察院移送起诉时没有建议适用简易程序，人民法院经审查后拟适用简易程序审理的，应当书面征求人民检察院的意见。人民检察院可以同意，也可以不同意适用简易程序审理。

三、简易程序审判的特点

(1) 简易程序只适用于刑事案件的第一审程序，而不能适用于其他程序。

(2) 简易程序只适用于基层人民法院管辖的案件。

(3) 在审判组织上，适用简易程序审理案件，对可能判处三年有期徒刑以下刑罚的，可以组成合议庭进行审判，也可以由审判员一人独任审判；对可能判处的有期徒刑超过三年的，应当组成合议庭进行审判。

(4) 在适用案件上，简易程序只适用于那些案件事实清楚、证据充分，被告人认罪的刑事案件。对那些案情复杂、重大、难以定性的刑事案件则不宜适用简易程序。

(5) 在控诉职能的履行上，适用简易程序审理的公诉案件，人民检察院应当派员出席法庭。

(6) 适用简易程序审理案件，人民法院应当在受理后二十日以内审结；对可能判处有期徒刑超过三年的，可以延长至一个半月。

(7) 在正式审判前，应首先询问被告人对指控犯罪事实的意见以及对是否适用简易程序的意见，以确定其后能否适用简易程序进行审理。

(8) 庭审程序大为简化。公诉人可以摘要宣读起诉书；公诉人、辩护人、审判人员对被告人的讯问、发问可以简化或者省略;对控辩双方无异议的证据,可以仅就证据的名称及所证明的事项作出说明;对控辩双方有异议,或者法庭认为有必要调查核实的证据,应当出示,并进行质证;控辩双方对与定罪量刑有关的事实、证据没有异议的,法庭审理可以直接围绕罪名确定和量刑问题进行。适用简易程序审理案件,判决宣告前应当听取被告人的最后陈述。

需要指出的是,适用简易程序审理案件,在审理过程中如果发现不宜适用简易程序的,应当按照第一审普通程序的规定重新审理。转为第一审普通程序审理的案件,审理期限应当以决定转为第一审普通程序之日起计算。

第四节　速裁程序

一、速裁程序概述

(一) 速裁程序的概念

速裁程序,是针对犯罪事实清楚,证据确实、充分,被告人认罪认罚的轻微刑事案件,经被告人同意,人民法院省略部分庭审环节,对案件进行快速审理所适用的程序。速裁程序的适用,是认罪认罚从宽原则的重要体现,有利于实现案件繁简分流、工作集约统筹。

与简易程序相比,速裁程序属于"简上加简"的程序,这主要体现在三个方面。① 从审判组织上看,适用简易程序审理案件,对可能判处三年有期徒刑以下刑罚的,可以组成合议庭进行审判,也可以由审判员一人独任审判;而适用速裁程序审理案件,一律由审判员一人独任审判。② 从审理程序上看,适用简易程序审理案件,不受刑事诉讼法关于送达期限,讯问被告人、询问证人、鉴定人,出示证据,法庭辩论程序规定的限制;而适用速裁程序审理案件,除不受送达期限的限制外,一般不进行法庭调查、法庭辩论,即基本上省略了法庭调查和法庭辩论程序。③ 从审理期限上看,适用简易程序审理案件,人民法院应当在受理后二十日以内审结;适用速裁程序审理案件,人民法院应当在受理后十日以内审结,对可能判处有期徒刑超过一年的,可以延长至十五日。

(二) 速裁程序的适用条件

(1) 基层人民法院管辖的可能判处三年有期徒刑以下刑罚的案件。

(2) 案件事实清楚,证据确实、充分。

(3) 被告人认罪认罚。

(4) 被告人同意适用速裁程序。

人民检察院在提起公诉的时候,可以建议人民法院适用速裁程序。

《刑事诉讼法》第二百二十三条规定,有下列情形之一的,不适用速裁程序:① 被告人是盲、聋、哑人,或者是尚未完全丧失辨认或者控制自己行为能力的精神病人的;② 被告人是未成年人的;③ 案件有重大社会影响的;④ 共同犯罪案件中部分被告人对指控的犯罪事实、罪名、量刑建议或者适用速裁程序有异议的;⑤ 被告人与被害人或者其法定代理人没有就附带民事诉讼赔偿等事项达成调解或者和解协议的；⑥ 其他不宜适用速裁程序审理的。

（三）速裁程序的变更

《刑事诉讼法》第二百二十六条规定，人民法院在审理过程中，发现有被告人的行为不构成犯罪或者不应当追究其刑事责任、被告人违背意愿认罪认罚、被告人否认指控的犯罪事实或者其他不宜适用速裁程序审理的情形的，应当按照公诉案件普通程序或简易程序的规定重新审理。

二、速裁程序的特点

（1）速裁程序只适用于基层人民法院管辖的第一审刑事案件。

（2）在适用案件上，速裁程序只适用于可能判处三年有期徒刑以下刑罚的案件，案件事实清楚，证据确实、充分，被告人认罪认罚并同意适用的。

（3）适用速裁程序审理案件，不受送达期限的限制，一般不进行法庭调查、法庭辩论。

（4）人民法院在审理过程中，发现有被告人的行为不构成犯罪或者不应当追究其刑事责任、被告人违背意愿认罪认罚、被告人否认指控的犯罪事实或者其他不宜适用速裁程序审理的情形的，应当按照公诉案件普通程序或简易程序的规定重新审理。

第五节　判决、裁定和决定

一、判决

判决，是人民法院在诉讼终结时针对案件的实体问题所作的处理决定。它是人民法院代表国家行使审判权的具体体现。判决一经作出，既标志着实体问题的解决，也标志着程序审理的结束。

根据《刑事诉讼法》第二百条的规定，人民法院的刑事判决分为有罪判决和无罪判决两种。有罪判决表现为处刑判决和免刑判决，前者指既要认定事实确定罪名，也要确定刑罚；后者指只认定事实确定罪名而不判处刑罚。

判决书是判决的法定表现形式，是刑事诉讼中最重要的法律文书，执行判决一律以判决书为依据。

二、裁定

裁定，是指人民法院在案件审理或者判决执行过程中，对程序性问题和部分实体问题所作的一种决定。

裁定与判决的区别具体表现为四个方面。① 适用对象不同：判决解决的是案件的实体问题，裁定主要解决程序性问题。② 适用范围不同：判决只适用于审判程序终结时，包括第一审、第二审和审判监督程序,而裁定则适用于整个审判程序和执行程序。③ 适用的方式不同:判决必须采用书面形式,而裁定则可采用书面和口头两种形式。④ 上诉、抗诉的期限不同:不服判决的上诉、抗诉期限是十日,而不服裁定的上诉、抗诉期限是五日。

三、决定

决定,是人民法院在办理案件过程中对某些程序性问题进行处理的一种形式。

根据《刑事诉讼法》的规定,决定主要适用于以下十个方面。

(1) 解决申请回避问题。

(2) 决定立案或不立案的问题。

(3) 适用各种强制措施或变更强制措施。

(4) 延长侦查中羁押犯罪嫌疑人的期限。

(5) 决定起诉或不起诉。

(6) 决定开庭审判。

(7) 在庭审过程中,解决当事人和辩护人、诉讼代理人申请通知新的证人到庭,调取新的物证,申请重新鉴定或者勘验等。

(8) 决定延期审理。

(9) 决定抗诉。

(10) 决定提起审判监督。

案 例 解 析

本案中,重新开庭后,如果朱某再次拒绝自行委托的辩护人为其辩护,合议庭应不予准许。因为被告人犯罪行为严重,有可能被判处死刑。

重新开庭后,如果方某又提出拒绝人民法院为其指定的辩护人为其辩护,可以准许。但方某不得再另行委托辩护人,人民法院也不再另行指定辩护律师,方某可以自行辩护。

对于方某在最后陈述中提出其受胁迫的事实,合议庭应当恢复法院调查。

假如本案受害人对第一审判决不服,根据《刑事诉讼法》第二百二十九条的规定,被害人及其法定代理人不服地方各级人民法院第一审的判决的,自收到判决书后五日以内,有权请求人民检察院提出抗诉。人民检察院自收到被害人及其法定代理人的请求后五日以内,应当作出是否抗诉的决定并且答复请求人。

本 章 小 结

第一审审判程序是刑事审判的必经程序,也是其他审判程序(第二审审判程序、死刑复核程序、审判监督程序)的基础。

公诉案件的第一审程序是最典型的刑事初审程序,其诉讼流程最为完整、各方主体参与度最高,同时也是刑事审判基本原则体现得最为全面的程序。为了确保审判结果的公正性,必须严格遵循现行法律的规定和审判基本原则的精神,并将惩罚犯罪与保障人权有机地协调起来。

自诉案件的第一审程序、简易程序、速裁程序可以看成是公诉案件的第一审程序的延伸或简化，它们有各自的适用范围和运行特点，但实现司法公正、维护当事人合法权利的目标是不能改变的。

思 考 题

1. 公诉案件庭前审查的主要内容有哪些?
2. 庭审过程中人民检察院是否可以变更起诉或追加起诉？人民法院应如何处理?
3. 哪些情况下，人民法院可以决定延期审理?
4. 在我国，提起刑事自诉案件需要满足哪些条件?
5. 哪些情况下，不能适用简易程序?
6. 简述简易程序与速裁程序的区别。
7. 简述判决与裁定的区别。

第十二章　第二审审判程序

学习目标

通过本章的学习，你可以……

- 了解第二审审判程序的概念、特点、任务、意义
- 掌握提起第二审审判程序的主体
- 掌握上诉、抗诉的理由、期限、方式、程序
- 掌握第二审案件审理的原则、方式、程序、期限
- 掌握上诉不加刑原则的概念、意义及适用

案例研讨

被告人甲、乙共同将被害人丙杀害。第一审审判程序中，在公诉人对被告人甲、乙同时进行讯问后，经审判长许可丙的父亲丁以附带民事诉讼原告的身份，就犯罪及财产损失事实向甲、乙发问。丙所居住社区的物业管理人员戊旁听了案件审理，并应控方要求就丙的被害情况向法庭作证，先后回答了辩护人、公诉人及审判长的发问。庭审中合议庭对戊的证言及其他证据发现疑问，遂宣布休庭，就被害人死亡时间及原因进一步调查核实。法庭调查中，公诉人发现被告人乙尚有遗漏的犯罪事实，当庭提出要求撤回起诉，法庭审查后作出同意撤回起诉的决定。重新起诉后，甲、乙分别被判处死刑并赔偿原告损失 10 万元。宣判后乙提出上诉，第二审人民法院仅就乙的犯罪部分进行了审查，认为原判决认定事实和适用法律正确、量刑适当，维持了原判，并上报最高人民法院核准。

问题：本案中，在诉讼程序方面有何不当之处，请简要分析原因。

引　言

对于人民法院作出的第一审未生效的裁判，被告人可以通过上诉、检察机关可以通过抗诉来引发第二审审判程序。刑事第二审审判程序的基本功能在于纠正可能存在的错误裁判，维护正确的裁判，从而体现司法的权威性。第二审人民法院在审理上诉、抗诉案件过程中遵循“全面审查”原则，即对案件的事实和法律适用问题进行全面的审查，而不受上诉、抗诉范围的限制。刑事第二审审判程序的审理采用开庭审理与不开庭审理两种方式。

第一节　第二审程序概述

一、第二审程序的概念、特点

第二审程序，又称上诉审程序，是指原第一审人民法院的上一级人民法院根据上诉人的上诉或人民检察院的抗诉，就第一审人民法院尚未发生法律效力的判决或裁定所认定的事实和适用的法律进行重新审理时所应遵循的步骤、方式和方法。它是刑事诉讼中一个独立的诉讼阶段。

第二审程序具有如下几个特点。

(1) 不能简单地认为第二审程序是对同一个案件进行第二次审理的程序。因为对同一个案件进行第二次审理所适用的程序，根据情况不同，可能是第二审程序，也可能是第一审程序，还可能是审判监督程序。

(2) 第二审程序不是审理刑事案件的必经程序。一个案件是否经过第二审程序，关键在于上诉人是否提起上诉或者人民检察院是否提出抗诉。

(3) 除基层人民法院外的各级人民法院，都可以成为第二审人民法院。因此，中级人民法院、高级人民法院和最高人民法院对于其下一级人民法院来说，都是第二审人民法院；对于不服下一级人民法院第一审判决或裁定而提起上诉或抗诉的，都可适用第二审程序进行审判。

二、第二审程序的任务和意义

第二审程序的任务在于，第二审人民法院对第一审人民法院作出的判决或裁定所认定的事实是否清楚，证据是否确实、充分，适用法律是否正确，诉讼程序是否合法，进行全面审查和审理，并依法作出判决或裁定，以维持正确的第一审判决或裁定，纠正错误的第一审判决或裁定。

第二审程序的意义有三个方面。① 通过第二审程序，维护第一审人民法院的正确裁判。② 通过第二审程序，纠正第一审人民法院的错误裁判，正确地惩罚犯罪分子，保障无罪的人不受刑事追究，彰显司法公正，维护司法形象。③ 有利于上级人民法院监督和指导下级人民法院的审判工作，保证办案质量。

第二节　第二审程序的提起

一、提起第二审程序的主体

根据《刑事诉讼法》的规定，提起第二审程序的方式有两种，即上诉和抗诉。有权提起上诉和抗诉的主体包括以下三个方面。

（一）上诉的主体

在上诉的主体中，根据其上诉是否可独立提起，可将其分为享有独立上诉权的主体与不享有独立上诉权的主体。前者主要是案件中的当事人，一般包括被告人、自诉人、附带民事诉讼当事人及他们的法定代理人。而后者则是指附条件有权提起上诉的主体，包括被告人的辩护人及被告人的近亲属。

具体而言，有权提起上诉的主体包括以下四个方面。

（1）自诉人及其法定代理人。自诉人是刑事诉讼中的当事人，与案件处理结果有直接利害关系，因而享有上诉权。自诉人因未成年、患精神病等原因不具备或者丧失行为能力的，其法定代理人基于监护关系有权依法独立提起上诉。

（2）被告人及其法定代理人。这里的"被告人"既包括公诉案件中的被告人，也包括自诉案件中的被告人。

（3）征得被告人同意的辩护人及近亲属。被告人的辩护人及近亲属没有独立的上诉权，必须事先征得被告人的同意才能提起上诉。

（4）附带民事诉讼的当事人及其法定代理人。附带民事诉讼的当事人如果同时是刑事诉讼的自诉人、被告人，则既可以对附带民事诉讼部分提起上诉，也可以对刑事诉讼部分提起上诉。

（二）抗诉的主体

作为法律监督机关，人民检察院有权对第一审、第二审人民法院的判决、裁定是否正确实施法律监督，以纠正错误的裁判，维护法律的正确实施。

人民检察院对于人民法院作出的未生效的第一审判决、裁定，如果认为确有错误的，可以提起抗诉。上级人民检察院如果认为抗诉不当的，可以向同级人民法院撤回抗诉，并且通知下级人民检察院。

（三）请求抗诉的主体

在我国，尽管刑事被害人享有当事人的诉讼主体地位，但法律并未赋予其独立的上诉权。如果被害人及其法定代理人不服地方各级人民法院第一审的判决，自收到判决书后五日以内，有权请求人民检察院提出抗诉。对此，人民检察院应当立即对请求人的资格、请求的时间和理由进行审查，并自收到请求后五日以内作出是否抗诉的决定，并答复请求人。

二、上诉、抗诉的理由

刑事诉讼法对于当事人提起上诉的理由没有规定任何限制，因此，有上诉权的当事人在法定上诉期限内提起上诉，不论理由是否确实、充分，第二审人民法院均应受理，以维护当事人的上诉权，以保障两审终审制的有效适用。

而人民检察院作为国家的法律监督机关，其对第一审法院判决、裁定抗诉是其行使法律监督权的具体体现，其抗诉行为是国家行为。因而，刑事诉讼法对抗诉的理由作出了特别的限定，即检察机关只有在有充分的根据认定原判决、裁定"确有错误"时，才能提出抗诉。

具体来说，"确有错误"的情形主要包括：① 认定事实不清，证据不足的；② 有确实、充分的证据证明有罪而判无罪，或者无罪而判有罪的；③ 重罪轻判、轻罪重判，适用刑罚明显不当的；④ 认定罪名不正确，一罪判数罪、数罪判一罪，影响量刑或者造成严重社会影响的；⑤ 免除刑事处罚或者适用缓刑错误的；⑥ 人民法院在审理过程中，严重违反法律规定的诉讼程序的。

三、上诉、抗诉的期限

上诉或抗诉应当在法定的上诉或抗诉期间内提出。《刑事诉讼法》规定，不服判决的上诉和抗诉的期限为十日，不服裁定的上诉和抗诉的期限为五日，从接到判决书、裁定书的第二日起算。

《最高法院解释》第三百零一条规定："对附带民事判决、裁定的上诉、抗诉期限，应当按照刑事部分的上诉、抗诉期限确定。附带民事部分另行审判的，上诉期限也应当按照刑事诉讼法规定的期限确定。"

四、上诉、抗诉的方式与程序

（一）上诉的方式与程序

上诉可以通过书面或口头的方式提起。司法实践中，当事人大多会采用书面形式提起上诉，以充分列举、说明本方的上诉理由。

上诉可以通过原审人民法院提起，也可直接向上一级人民法院提起。上诉人通过第一审人民法院提出上诉的，第一审人民法院应当审查。上诉符合法律规定的，应当在上诉期满后三日内将上诉状连同案卷、证据移送上一级人民法院，并将上诉状副本送交同级人民检察院和对方当事人。上诉人直接向第二审人民法院提出上诉的，第二审人民法院应当在收到上诉状后三日内将上诉状交第一审人民法院。第一审人民法院应当审查上诉是否符合法律规定。符合法律规定的，应当在接到上诉状后三日内将上诉状连同案卷、证据移送上一级人民法院，并将上诉状副本送交同级人民检察院和对方当事人。

上诉人在上诉期限内要求撤回上诉的，人民法院应当准许。上诉人在上诉期满后要求撤回上诉的，第二审人民法院应当审查。经审查，认为原判认定事实和适用法律正确，量刑适当的，应当裁定准许撤回上诉；认为原判事实不清、证据不足或者将无罪判为有罪、轻罪重判等的,应当不予准许,继续按照上诉案件审理。

(二) 抗诉的方式与程序

地方各级人民检察院对同级人民法院第一审判决、裁定的抗诉,应当通过第一审人民法院提交抗诉书。第一审人民法院应当在抗诉期满后三日内将抗诉书连同案卷、证据移送上一级人民法院,并将抗诉书副本送交当事人。

人民检察院在抗诉期限内撤回抗诉的,第一审人民法院不再向上一级人民法院移送案件;在抗诉期满后第二审人民法院宣告裁判前撤回抗诉的,第二审人民法院可以裁定准许,并通知第一审人民法院和当事人。

上级人民检察院如果认为抗诉不当的,可以直接向同级人民法院撤回抗诉,并且通知下级人民检察院。下级人民检察院认为上级人民检察院撤回抗诉不当的,可以请求复议。上级人民检察院应当复议,并将复议结果通知下级人民检察院。

第三节　第二审程序的审判

一、对上诉、抗诉案件的审查

第二审人民法院对第一审人民法院移送的上诉、抗诉案卷和证据,应当审查是否包括以下内容。

(1) 移送上诉、抗诉案件函。

(2) 上诉状或者抗诉书。

(3) 第一审判决书、裁定书八份(每增加一名被告人增加一份)及其电子文本。

(4) 全部案卷、证据,包括案件审理报告和其他应当移送的材料。

以上所列材料齐全的,第二审人民法院应当收案;材料不全的,应当通知第一审人民法院及时补送。

二、全面审查原则

全面审查原则,是指第二审人民法院应当就第一审判决、裁定认定的事实和适用的法律进行全面审查,不受上诉或者抗诉范围的限制。

全面审查原则包含以下几项要求。① 既要审查事实是否正确,证据是否确实、充分,又要审查法律适用是否正确。② 既要审查上诉或者抗诉的部分,又要审查没有上诉或者抗诉的部分。③ 既要审查实体方面的内容,又要审查程序方面的内容。④ 在共同犯罪案件中,只有部分被告人上诉的,或者人民检察院只就第一审人民法院判决、裁定中的部分被告人的判决、裁定提出抗诉的,第二审人民法院应当对全案进行审查,一并处理。对于共同犯罪案件中,提起上诉的被告人死亡,而其他被告人没有提起上诉的,第二审人民法院仍应对全案进行审查,死亡的被告人不构成犯罪的,应当宣告无罪;审查后认为构成犯罪的,应当终止审理。⑤ 审理刑事附带民事诉讼的上诉、抗诉案件，对于仅就刑事部分不服而提起上诉或者抗诉的案件，既要审查刑事部分的内容，也要审查附带民事诉讼部分的相关内容；对于仅就附带民事诉讼部分提起上诉、抗诉的案件，第二审人民法院对刑事部分也应全面进行审查。

全面审查原则的具体内容包括：① 第一审判决、裁定认定的事实是否清楚，证据是否确实、充分，证据之间有无矛盾；② 第一审判决、裁定适用法律是否正确，量刑是否适当；③ 在侦查、起诉、第一审程序中，有无违反法律规定的诉讼程序的情形；④ 上诉、抗诉是否提出了新的事实和证据；⑤ 被告人供述、辩解的情况；⑥ 辩护人的意见以及采纳的情况；⑦ 附带民事诉讼部分的判决、裁定是否适当；⑧ 第一审人民法院合议庭、审判委员会讨论的意见；等等。

三、第二审案件的审判方式和程序

《刑事诉讼法》第二百三十四条第一款规定，第二审人民法院对于下列案件，应当组成合议庭，开庭审理：① 被告人、自诉人及其法定代理人对第一审认定的事实、证据提出异议，可能影响定罪量刑的上诉案件；② 被告人被判处死刑的上诉案件；③ 人民检察院抗诉的案件；④ 其他应当开庭审理的案件。

第二审人民法院决定不开庭审理的，应当讯问被告人，听取其他当事人、辩护人、诉讼代理人的意见。

可见，第二审人民法院的审判方式分为开庭审理和不开庭审理两种。

（一）开庭审理的方式

开庭审理，是指第二审人民法院在合议庭的主持下，由当事人、检察人员和其他诉讼参与人参加，通过法庭调查、法庭辩论、被告人最后陈述、评议和宣判的方式审理案件。

根据《刑事诉讼法》及相关司法解释的规定，下列案件应当开庭审理：① 被告人、自诉人及其法定代理人对第一审认定的事实、证据提出异议，可能影响定罪量刑的上诉案件；② 被告人被判处死刑立即执行的上诉案件；③ 人民检察院抗诉的案件；④ 应当开庭审理的其他案件。

被判处死刑立即执行的被告人没有上诉，同案的其他被告人上诉的案件，第二审人民法院应当开庭审理。被告人被判处死刑缓期执行的上诉案件，虽不属于《刑事诉讼法》第二百三十四条第一款第一项规定的情形，有条件的，也应当开庭审理。

人民检察院提出抗诉的案件或者第二审人民法院开庭审理的公诉案件，同级人民检察院都应当派员出席法庭。第二审人民法院应当在决定开庭审理后及时通知人民检察院查阅案卷。

第二审人民法院开庭审理上诉或者抗诉案件，除参照第一审程序的规定外，还应当依照下列规定进行。

（1）法庭调查阶段，审判人员宣读第一审判决书、裁定书后，上诉案件由上诉人或者辩护人先宣读上诉状或者陈述上诉理由，抗诉案件由检察员先宣读抗诉书；既有上诉又有抗诉的案件，先由检察员宣读抗诉书，再由上诉人或者辩护人宣读上诉状或者陈述上诉理由。

（2）法庭辩论阶段，上诉案件，先由上诉人、辩护人发言，后由检察员、诉讼代理人发言；抗诉案件，先由检察员、诉讼代理人发言，后由被告人、辩护人发言；既有上诉又有抗诉的案件，先由检察员、诉讼代理人发言，后由上诉人、辩护人发言。

开庭审理上诉、抗诉案件，可以重点围绕对第一审判决、裁定有争议的问题或者有疑问的部分进行。根据案件情况，可以按照下列方式审理。

(1) 宣读第一审判决书，可以只宣读案由、主要事实、证据名称和判决主文等。

(2) 法庭调查应当重点围绕对第一审判决提出异议的事实、证据以及提交的新的证据等进行；对没有异议的事实、证据和情节，可以直接确认。

(3) 对同案审理案件中未上诉的被告人，未申请出庭或者人民法院认为没有必要到庭的，可以不再传唤到庭。

(4) 被告人犯有数罪的案件，对其中事实清楚且无异议的犯罪，可以不在庭审时审理。

(二) 不开庭审理的方式

不开庭审理的方式，是指第二审人民法院的合议庭依照法律规定决定不开庭审理，经过阅卷，讯问被告人，听取其他当事人、辩护人、诉讼代理人的意见后，作出判决或裁定的审理方式。

采用不公开审理的案件，应当遵循下列程序：① 由审判员三人至五人组成合议庭；② 合议庭成员共同阅卷，并制作阅卷笔录；③ 讯问被告人；④ 听取诉讼参与人的意见；⑤ 经合议庭评议，依照法律规定决定不开庭审理，可根据案件事实作出相应的处理决定。

四、对第二审案件的处理

(一) 对上诉、抗诉案件的处理

第二审人民法院对不服第一审判决的上诉、抗诉案件，经过审理后，应按下列情形分别作出处理。

(1) 原判决认定事实正确，证据确实、充分，适用法律正确，量刑适当的，应当裁定驳回上诉或抗诉，维持原判。

(2) 原判决认定事实没有错误，但适用法律有错误或者量刑不当的，应当改判。原判决事实不清楚或证据不足的，可以在查清事实后改判；也可以裁定撤销原判，发回原审人民法院重新审判。

(3) 发现第一审人民法院有下列违反法律规定的诉讼程序的情形之一的，应当裁定撤销原判，发回原审人民法院重新审理：① 违反刑事诉讼法有关公开审判的规定的；② 违反回避制度的；③ 剥夺或限制了当事人的法定诉讼权利，可能影响公正审判的；④ 审判组织的组成不合法的；⑤ 其他违反法律规定的诉讼程序，可能影响公正审判的。

原审人民法院对于发回重新审判的案件，应当另行组成合议庭，依照第一审程序进行审理。其所作的判决或裁定，仍属于第一审判决或裁定，仍可以依法上诉或抗诉。

第二审人民法院作出的判决、裁定和最高人民法院的判决、裁定，都是终审的判决、裁定，一经宣布，立即发生法律效力。

另外，关于“发回重审的次数”问题，《刑事诉讼法》第二百三十六条规定，原审人民法院对于原判事实不清、证据不足发回重新审判的案件作出判决后，被告人提起上诉或者人民检察院提起抗诉的，第二审人民法院应当依法作出判决或者裁定，不得再发回原审人民法院重新审判。也就是说，此种情况下的发回重审以一次为限。

(二) 对附带民事诉讼案件的处理

关于第二审人民法院对刑事附带民事案件的处理，应当根据上诉、抗诉的具体情况进行区分。

(1) 第二审人民法院审理刑事附带民事上诉、抗诉案件,如果发现刑事部分和附带民事部分均有错误需依法予以改判的,应当一并审理,一并改判。

(2) 第二审人民法院审理对刑事部分提出上诉、抗诉,附带民事诉讼部分的裁判已经发生法律效力的案件,如果发现第一审判决或裁定中的民事部分确有错误,应当对民事部分按照审判监督程序予以纠正。

(3) 第二审人民法院审理对附带民事诉讼部分提出的上诉、抗诉,刑事部分的裁判已经发生法律效力的案件,如果发现第一审判决或者裁定中的刑事部分确有错误,应当对刑事部分按照审判监督程序指令再审,并将附带民事诉讼部分发回与刑事部分一并审理。

(4) 在第二审人民法院对附带民事部分的审理中,第一审民事原告人增加独立的诉讼请求或者第一审民事被告人提起反诉的,第二审人民法院可以根据当事人自愿的原则就新增加的诉讼请求或者反诉进行调解,调解不成的,告知当事人另行起诉。

(三) 对自诉案件的处理

第二审人民法院审理自诉案件,应根据案件具体情况,作出如下处理。

(1) 对第二审自诉案件,必要时可以进行调解,当事人也可以自行和解。调解结案的,应当制作调解书,第一审判决、裁定视为自动撤销;当事人自行和解的,由人民法院裁定准许撤回自诉,并撤销第一审判决或者裁定。

(2) 第二审人民法院对于调解结案或者当事人自行和解的自诉案件,被告人被采取强制措施的,应当立即予以解除。

(3) 在第二审程序中,自诉案件的当事人提起反诉,调解不成的,第二审人民法院应当告知其另行起诉。

五、第二审程序的审理期限

我国《刑事诉讼法》第二百四十三条规定:“第二审人民法院受理上诉、抗诉案件,应当在二个月以内审结。对于可能判处死刑的案件或者附带民事诉讼的案件,以及有本法第一百五十八条规定情形之一的,经省、自治区、直辖市高级人民法院批准或者决定,可以延长二个月;因特殊情况还需要延长的,报请最高人民法院批准。最高人民法院受理上诉、抗诉案件的审理期限,由最高人民法院决定。”

第四节　上诉不加刑原则

一、上诉不加刑原则的概念和意义

(一) 上诉不加刑原则的概念

上诉不加刑,是指第二审人民法院审判仅有被告人一方上诉的案件,不得以任何理由加重被告人刑罚的一项审判原则。

我国《刑事诉讼法》第二百三十七条第一款规定，第二审人民法院审理被告人或者他的法定代理人、辩护人、近亲属上诉的案件，不得加重被告人的刑罚。第二审人民法院发回原审人民法院重新审判的案件，除有新的犯罪事实，人民检察院补充起诉的以外，原审人民法院也不得加重被告人的刑罚。

需要指出的是，上诉不加刑也不是绝对的，人民检察院抗诉或者自诉人上诉的案件，人民法院可以加重刑罚。

（二）上诉不加刑原则的意义

（1）上诉不加刑原则有利于保障被告人依法行使上诉权，消除其存在的思想顾虑。

（2）上诉不加刑原则有利于维护上诉制度，使两审终审制得以真正有效、畅通地运行，保证人民法院正确行使审判权。

（3）上诉不加刑原则有利于促进人民检察院履行审判监督职责。

二、上诉不加刑原则的适用

第二审人民法院审理仅有被告人或者其法定代理人、辩护人、近亲属提起上诉的案件，不得加重被告人的刑罚，并应当执行下列具体规定。

（1）同案审理的案件，只有部分被告人上诉的，既不得加重上诉人的刑罚，也不得加重其他同案被告人的刑罚。

（2）原判事实清楚，证据确实、充分，只是认定的罪名不当的，可以改变罪名，但不得加重刑罚。

（3）原判对被告人实行数罪并罚的，不得加重决定执行的刑罚，也不得加重数罪中某罪的刑罚。

（4）原判对被告人宣告缓刑的，不得撤销缓刑或者延长缓刑考验期。

（5）原判没有宣告禁止令的，不得增加宣告；原判宣告禁止令的，不得增加内容、延长期限。

（6）原判对被告人判处死刑缓期执行没有限制减刑的，不得限制减刑。

（7）原判事实清楚，证据确实、充分，但判处的刑罚畸轻、应当适用附加刑而没有适用的，不得直接加重刑罚、适用附加刑，也不得以事实不清、证据不足为由发回第一审人民法院重新审判。必须依法改判的，应当在第二审判决、裁定生效后，依照审判监督程序重新审判。

人民检察院只对部分被告人的判决提出抗诉，或者自诉人只对部分被告人的判决提出上诉的，第二审人民法院不得对其他同案被告人加重刑罚。

案 例 解 析

本案中，在诉讼程序方面存在以下七点不当之处。

（1）公诉人对被告人甲、乙同时讯问违反了分别进行讯问的原则。

（2）附带民事诉讼的原告不能就有关犯罪事实向被告人发问。

（3）戊作为证人不能旁听案件的审理。

(4) 戊作为控方证人,控辩双方向其发问的顺序错误,应当先由要求传唤的一方进行发问。

(5) 公诉人在庭审中发现有漏罪的只能追加起诉,不能撤回起诉。变更、追加、撤回起诉应当报经人民检察院检察长或检察委员会决定,并以书面方式向人民法院提出,公诉人不能当庭径行决定。

(6) 人民法院对检察机关撤回起诉的要求应以裁定而不能以决定的方式作出。

(7) 审理部分被告人上诉的案件,应当对全案进行审查,包括甲、乙罪刑及附带民事诉讼部分的审查。

本章小结

第二审程序不是第一审程序的简单重复,而是具有特殊的审判任务、审判原则和审理方式的司法救济程序。其显著的特色在于遵循全面审查原则和上诉不加刑原则。通过第二审程序,既可能纠正错误的裁判,也可能维护正确的裁判,但无论如何都是建立在正确认定事实和适用法律的基础上。

思考题

1. 在我国,有权提起上诉的主体包括哪些?
2. 什么是全面审查原则?它有哪些要求?
3. 哪些情况下第二审人民法院可以发回重审?
4. 简述上诉不加刑原则的含义。

第十三章 死刑复核程序

学习目标

通过本章的学习，你可以……

- 了解死刑复核程序的概念、特征和意义
- 了解死刑立即执行案件核准权的发展沿革
- 掌握死刑立即执行案件报请复核的具体程序
- 了解死刑缓期二年执行案件报请复核的具体程序

案例研讨

杨某被单位辞退，对单位领导极度不满，心存报复。一天，杨某纠集董某、樊某携带匕首闯至厂长贾某办公室，将贾某当场杀死。中级人民法院第一审以故意杀人罪判处杨某死刑，立即执行，判处董某死刑缓期二年执行，判处樊某有期徒刑十五年。

问题：

(1) 如第一审宣判后，被告人杨某、董某、樊某均未上诉，检察机关亦未抗诉，对被告人杨某、董某、樊某的第一审判决，法院应当如何处理?

(2) 如第一审宣判后，被告人杨某、董某均未上诉，检察机关亦未抗诉，樊某提出上诉，高级人民法院应按什么程序处理对杨某、董某的第一审判决? 理由是什么?

(3) 如第一审宣判后，被告人杨某、董某、樊某均未上诉，检察机关亦未抗诉，但贾某的妻子对附带民事判决不服提起上诉，高级人民法院应按什么程序处理对杨某、董某的第一审判决? 理由是什么?

(4) 如被告人杨某经最高人民法院核准死刑并下达执行死刑命令后，下级人民法院发现杨某可能另案犯有伤害罪，对杨某应当如何处理?

引 言

死刑复核程序是有死刑核准权的法院对死刑案件进行审查核准时所适用的一种特别的审判程序，它不受两审终审制的限制，而是死刑案件中的必经程序。死刑复核程序可以保证死刑判决的正确性，防止错杀，控制死刑的适用。目前，我国的死刑复核程序包括判处死刑立即执行案件的核准程序和判处死刑缓期二年执行案件的核准程序。

第一节 死刑复核程序概述

一、死刑复核程序的概念、特点和任务

死刑复核程序，是指人民法院对判处死刑的案件进行审查、核准所遵循的特别审判程序。死刑复核程序的特殊性在于，对于判处死刑立即执行、死刑缓期二年执行的案件，即使控辩双方没有上诉、抗诉，抑或经过第二审的死刑判决、裁定，也并不发生终局的法律效力，必须依法经过最高人民法院或高级人民法院核准后，才发生法律效力。

死刑复核程序具有以下特点。

(1) 适用对象的单一性。死刑复核程序只适用于判处死刑的案件，包括判处死刑立即执行案件和判处死刑缓期二年执行案件，而不适用于其他案件。

(2) 程序启动的主动性。与其他程序必须遵循不告不理原则不同，死刑复核程序不需经过告诉而自动启动。死刑复核程序由作出死刑裁判的法院主动逐级上报有核准权的法院，由有核准权的法院核准死刑。

(3) 死刑核准权具有专属性。专属性即只有最高人民法院对死刑立即执行案件、高级人民法院对死刑缓期二年执行案件有核准权。

(4) 程序运行的特殊性。具有死刑核准权的人民法院对于报请复核的死刑判决或裁定进行事实和法律的全面审查，依法核准正确的死刑判决或裁定，变更、纠正错误的死刑判决或裁定，并制定相应的司法文书。

死刑复核程序的任务是查明原判认定的犯罪事实是否清楚，据以定罪的证据是否确实、充分，罪名是否准确，量刑是否适当，程序是否合法；依据事实和法律，作出是否核准死刑的决定并制作相应的司法文书，以核准正确的死刑判决、裁定，纠正不当或错误的死刑判决、裁定。

二、死刑复核程序的意义

(1) 死刑复核程序有利于保证死刑适用的正当性。在死刑案件中，死刑复核程序是继第一审、第二审程序之后的复查程序，这对于保证死刑案件的正确性具有重要意义。

(2) 死刑复核程序既是正确贯彻宽严相济的刑事政策、防止死刑滥用的可靠保证，又是

以人为本、保障人权的重要措施。

(3) 死刑复核程序是统一死刑规格、统一执法尺度的关键程序，有利于控制死刑的数量。通过死刑复核，有利于保证办案质量，防止冤杀、错杀。同时，将判处死刑立即执行的权力集中在最高人民法院，有利于最高人民法院在整体上控制我国死刑的适用数量。

第二节　死刑案件的复核程序

一、死刑案件核准权的沿革

中华人民共和国成立后，死刑案件核准权的归属经历了以下数次变化。

(1) 1954 年的《中华人民共和国人民法院组织法》规定，中级人民法院和高级人民法院对于死刑案件的终审判决和裁定，如果当事人不服，可以申请上一级人民法院复核。基层人民法院对于死刑案件的判决和中级人民法院对于死刑案件的判决和裁定，如果当事人不上诉、不申请复核，应当报请高级人民法院核准后执行。可见，当时基层法院对死刑案件有判决权，死刑案件的核准权由最高人民法院和高级人民法院共同行使。

(2) 1957 年，第一届全国人民代表大会第四次会议决定："今后一切死刑案件，都由最高人民法院判决或核准。"即这一时期的死刑案件核准权集中于最高人民法院。1958 年，最高人民法院发出通知，将死刑缓期二年执行案件的核准权交给各高级人民法院行使，从而将死刑立即执行案件和死刑缓期二年执行案件的核准权作了明确的划分。

(3) 1979 年，第五届全国人民代表大会第二次会议通过我国第一部《刑事诉讼法》，该法规定死刑立即执行案件由最高人民法院核准。基层法院不再审判死刑案件。

(4) 1980 年 2 月，全国人民代表大会常务委员会决定，在 1980 年内的杀人、强奸、抢劫、爆炸以及其他严重危害公共安全和社会治安判处死刑的案件的核准权，最高人民法院在必要时，可以授权省、自治区、直辖市的高级人民法院行使。

(5) 1983 年 9 月，第六届全国人民代表大会常务委员会第二次会议修订后的《中华人民共和国人民法院组织法》第十三条规定："死刑案件除由最高人民法院判决的以外，应当报请最高人民法院核准。杀人、强奸、抢劫、爆炸以及其他严重危害公共安全和社会治安判处死刑的案件的核准权，最高人民法院在必要的时候，得授权省、自治区、直辖市的高级人民法院行使。"据此，1983 年 9 月 7 日，发布了《最高人民法院关于授权高级人民法院核准部分死刑案件的通知》，该通知规定：除由最高人民法院判处死刑的案件外，各地反革命案件和贪污等严重经济犯罪案件判处死刑的，仍应由高级人民法院复核同意后，报本院核准；对杀人、强奸、抢劫、爆炸以及其他严重危害公共安全和社会治安判处死刑的案件的核准权，本院依法授权由省、自治区、直辖市的高级人民法院和解放军军事法院行使。

(6) 最高人民法院在 1991—1997 年分别以通知形式授予云南省、广东省、广西壮族自治区、四川省、甘肃省和贵州省的高级人民法院对毒品犯罪判处死刑的案件的核准权(最高人民法院判决的和涉外、涉港澳台的毒品犯罪判处死刑的案件除外)。

(7) 2006 年 10 月 31 日，第十届全国人民代表大会常务委员会第二十四次会议表决通过了《全国人民代表大会常务委员会关于修改〈中华人民共和国人民法院组织法〉的决定》，明确规定：自 2007 年 1 月 1 日起，死刑除依法由最高人民法院判决的以外，应当报请最高人民法院核准。至此，死刑立即执行案件的核准权全部由最高人民法院行使。

二、死刑立即执行案件的报请复核

报请最高人民法院核准死刑的案件，按照以下情形办理。

(1) 中级人民法院判处死刑的第一审案件，被告人不上诉、人民检察院不抗诉的，在上诉、抗诉期满后三日内报请高级人民法院复核。高级人民法院同意判处死刑的，应当依法作出裁定后，报请最高人民法院核准；不同意判处死刑的，应当提审或者发回重审。

(2) 中级人民法院判处死刑的第一审案件，被告人提起上诉或者人民检察院提出抗诉，高级人民法院终审裁定维持死刑判决的，报请最高人民法院核准。高级人民法院不同意判处死刑而改判死刑缓期的，即为终审程序，不再报请最高人民法院复核。

(3) 高级人民法院判处死刑的第一审案件，被告人不上诉、人民检察院不抗诉的，在上诉、抗诉期满后三日内报请最高人民法院核准。高级人民法院判处死刑的第一审案件，被告人提起上诉的，则应当按第二审程序移送案件，由最高人民法院审理。

(4) 依法判处死刑缓期二年执行的罪犯，在死刑缓期执行期间，如果故意犯罪，查证属实，应当执行死刑的，由高级人民法院报请最高人民法院核准。

三、死刑缓期二年执行案件的报请复核

(1) 中级人民法院判处死刑缓期二年执行的第一审案件，被告人不上诉、人民检察院不抗诉的，应当报请高级人民法院核准。高级人民法院同意判处死刑缓期二年执行的，应当裁定予以核准；如果认为事实不清、证据不足的，应当裁定发回原审法院重新审判，重新审判所作的判决、裁定，被告人可以提起上诉，人民检察院可以提出抗诉；如果认为原判量刑过重的，高级人民法院应当依法改判。

(2) 中级人民法院判处死刑缓期二年执行的第一审案件，被告人提出上诉或者人民检察院提出抗诉的，高级人民法院经过第二审程序，同意判处死刑缓期二年执行的，作出维持原判并核准死刑缓期二年执行的裁定；如果认为原判量刑过重，应当依法改判；如果认为事实不清、证据不足的，应当裁定发回重新审判。

(3) 高级人民法院判决的死刑缓期二年执行案件，如果是第一审，对于当事人不上诉、检察机关不抗诉的，即作出核准死刑缓期二年执行的裁定。

四、报请复核死刑案件的材料、内容和方式

(一) 报送诉讼案卷材料和各种法律文书

报请复核死刑案件，应当一案一报。报送材料应当包括：第一审、第二审裁判文书，报请复核死刑案件的报告，死刑案件综合报告各五份以及全部诉讼案卷和证据。

(1) 第一审、第二审裁判文书。

(2) 报请复核死刑案件的报告。该报告应载明案由、简要案情、审理过程以及判决结果。

(3) 死刑案件综合报告。其内容包括：① 被告人、被害人的基本情况，被告人有前科或者曾受过行政处罚的，应当写明；② 案件的由来和审理经过，案件曾经发回重新审判的，应当写明发回重新审判的原因、时间、案号等；③ 案件侦破情况，通过技术侦查措施抓获被告人、侦破案件，以及与自首、立功认定有关的情况，应当写明；④ 第一审审理情况，包括控辩双方意见、第一审认定的犯罪事实、合议庭和审判委员会意见；⑤ 第二审审理或者高级人民法院复核情况，包括上诉理由、检察机关意见、第二审审理或者高级人民法院复核认定的事实、证据采信情况及理由、控辩双方意见及采纳情况；⑥ 需要说明的问题，包括共同犯罪案件中另案处理的同案犯的定罪量刑情况、案件有无重大社会影响以及当事人的反应等情况；⑦ 处理意见，写明合议庭和审判委员会的意见。

(4) 全部诉讼案卷和证据。其内容包括：① 拘留证、逮捕证、搜查证的复印件；② 扣押赃款、赃物和其他在案物证的清单；③ 公安机关、国家安全机关的起诉意见书，或者人民检察院的侦查终结报告；④ 人民检察院的起诉书；⑤ 案件的审查报告、法庭审理笔录、合议庭评议笔录和审判委员会讨论决定笔录；⑥ 被告人的上诉状、人民检察院的抗诉书；⑦ 人民法院判决书、裁定书和宣判笔录、送达回证；⑧ 能够证明案件具体情况并经过查证属实的各种肯定的和否定的证据，包括物证或物证照片、书证、证人证言、被害人陈述、被告人供述和辩解、鉴定结论、勘验和检查笔录以及视听资料。

(二) 复核死刑案件的内容和方式

最高人民法院复核死刑案件，高级人民法院复核死刑缓期执行的案件，应当由三名审判员组成合议庭进行。

最高人民法院和高级人民法院复核或者核准死刑(死刑缓期)案件，一般是通过全面审查案卷、讯问被告人、听取检察机关的意见、听取辩护律师的意见、制作复核审理报告等方式。

1. 全面审查案卷

审查案卷应当全面进行，一般包括下列内容：① 被告人的年龄，有无责任能力，是否正在怀孕的妇女，是否属于未成年人及已满七十五周岁的人；② 原审判决认定的主要事实、犯罪情节、后果及危害程度是否清楚，证据是否确实、充分；③ 原审判决适用法律是否正确，是否必须判处死刑，是否必须立即执行；④ 有无法定、酌定从轻或者减轻处罚的情节；⑤ 诉讼程序是否合法；⑥ 其他应当审查的情况。

2. 讯问被告人

讯问被告人是死刑复核程序中的重要环节。通过提审被告人，使其得到最后辩解的机会，对于查明案件真实情况，发现和纠正错判，切实保障被告人的辩护权，都具有重要的作用。

3. 听取检察机关的意见

死刑复核期间，最高人民检察院提出意见的，最高人民法院应当审查，并将采纳情况及理由反馈给最高人民检察院。

4. 听取辩护律师的意见

死刑复核期间，辩护律师要求当面反映意见的，最高人民法院有关合议庭应当在办公场所听取其意见，并制作笔录；辩护律师提出书面意见的，应当附卷。

5. 制作复核审理报告

对报请复核的死刑案件进行全面审查后，合议庭应当进行评议并制作复核审查报告，该报告的内容包括：① 案由和审理经过；② 被告人和被害人的简况；③ 案件的侦破情况；

④ 原审判决要点和控辩双方意见；⑤ 对事实和证据复核后的分析与认定；⑥ 合议庭评议意见，审判委员会讨论决定意见；⑦ 其他需要说明的情况。

五、复核死刑案件后的处理

最高人民法院复核死刑案件，应当作出核准或者不核准死刑的裁定。对于不核准死刑的，最高人民法院可以发回重新审判或者予以改判。

(1) 对于原判认定事实和适用法律正确、量刑适当、诉讼程序合法的，应当作出核准死刑的裁定。原判判处被告人死刑并无不当，但具体认定的某一事实或者援引的法律条款等不完全准确、规范的，可以在纠正后作出核准死刑的判决或裁定。

(2) 原判认定事实不清、证据不足的，应当裁定不予核准，并撤销原判，发回重审。

(3) 原判认定事实正确，但依法不应当判处死刑的，裁定不予核准，并撤销原判，可以直接改判。

(4) 发现原审法院违反法定诉讼程序、可能影响公正审判的，应当裁定不予核准，并撤销原判，发回重审。

(5) 复核期间出现新的影响定罪量刑的事实、证据的，应当裁定不予核准，并撤销原判，发回重新审判。

(6) 数罪并罚案件，一人有两罪以上被判处死刑，最高人民法院复核后，认为其中部分犯罪的死刑裁判认定事实不清、证据不足的，对全案裁定不予核准，并撤销原判，发回重审；认为其中部分犯罪的死刑裁判认定事实正确，但依法不应当判处死刑的，可以改判，并对其他应当判处死刑的犯罪作出核准死刑的判决。

(7) 一案中两名以上被告人被判处死刑，最高人民法院复核后，认为其中部分被告人的死刑裁判认定事实不清、证据不足的，对全案裁定不予核准，并撤销原判，发回重审；认为其中部分被告人的死刑裁判认定事实正确，但依法不应当判处死刑的，可以改判，并对其他应当判处死刑的罪犯作出核准死刑的判决。

高级人民法院对于判处死刑缓期二年执行的案件，复核的结果有以下几种情形。

(1) 原判认定事实和适用法律正确、量刑适当、诉讼程序合法的，应当裁定核准。

(2) 原判认定的某一具体事实或者引用的法律条款等存在瑕疵，但判处被告人死刑缓期二年执行并无不当的，可以在纠正后作出核准的判决、裁定。

(3) 原判认定事实正确，但适用法律有错误，或者量刑过重的，应当改判。

(4) 原判事实不清、证据不足的，可以裁定不予核准，并撤销原判，发回重新审判，或者依法改判。

(5) 复核期间出现新的影响定罪量刑的事实、证据的，可以裁定不予核准，并撤销原判，发回重新审判，或者依照《最高法院解释》第二百二十条规定审理后依法改判。

(6) 原审违反法定诉讼程序，可能影响公正审判的，应当裁定不予核准，并撤销原判，发回重新审判。

案例解析

(1) 对杨某来说，中级人民法院在上诉、抗诉期满后三日内报请高级法院复核。高级人民法院同意判处死刑的，应当依法作出裁定后，报请最高人民法院核准；不同意判处死刑的，应当提审或发回重新审判。对董某来说，中级人民法院在上诉、抗诉期满后应当报请高级人民法院核准。高级人民法院同意判处死刑缓期二年执行的，应当裁定予以核准；认为原判事实不清、证据不足的，应当裁定发回原中级人民法院重新审判；认为原判量刑过重的应当依法改判。对樊某来说，中级人民法院在上诉、抗诉期满后应当交付执行。

(2) 高级人民法院应按第二审程序对第一审判决进行全面审查。理由：杨某、董某和樊某系共同犯罪，根据《刑事诉讼法》的规定，共同犯罪的案件只有部分被告人上诉的，第二审法院应当对全案进行审查，一并处理。

(3) 高级人民法院应按死刑复核程序处理对杨某、董某的第一审判决。理由：对刑事附带民事案件，其刑事部分与民事部分可以独立提出上诉，按《最高法院解释》，如果只对民事部分提出上诉，其效力不影响刑事部分的效力，高级人民法院对杨某、董某的死刑判决不适用第二审程序，而应按死刑复核程序处理。

(4) 下级人民法院应当停止执行，并且立即报告最高人民法院，由最高人民法院作出裁定。

本章小结

死刑复核程序的特殊性在于它是死刑案件的必经程序，人民法院会主动提起和审查，其目的在于确保死刑判决的正确性，并控制死刑的适用。无论是判处死刑立即执行案件，还是死刑缓期二年执行案件，人民法院都要进行全面的审查，并通过讯问被告人、听取检察机关和辩护律师的意见等方式，来确保复核的准确性。

思考题

1. 简述死刑复核程序的特点。
2. 最高人民法院在复核死刑立即执行的案件中，哪些情况下可以发回重审？

第十四章 审判监督程序

学习目标

通过本章的学习，你可以……

- 了解审判监督程序的概念、特点、意义
- 了解提起审判监督程序的材料来源
- 了解申诉的法律效力、理由及其程序
- 掌握提起审判监督程序的主体、理由
- 掌握依照审判监督程序对案件进行重新审判的内容及主要程序

案例研讨

某公司员工张某与赵某因琐事发生口角,盛怒之下张某从抽屉里拿出一把刀向赵某臀部连刺两刀,赵某鲜血直流,被其他员工送往医院抢救。到医院后,该院医生及时将其伤口缝合,然后让其离开医院。在缝伤口之前,医院医生未测赵某的血压、脉搏,也未探查其伤口。赵某在离开医院3小时之后,神志不清,身下有大片血泊,处于失血休克状态,赵某又被送进该医院抢救。经探查伤口,发现系臀下动脉断裂。该医院已达到缝合动脉所应当具备的条件,当事医生也具备探查伤口、缝合动脉的学识及水平。但由于失去了抢救时间,赵某再次到医院后,终因流血过多,抢救无效死亡。案件发生后,公安机关经过侦查确认案件事实后,作出立案决定。随后以张某犯有故意伤害致人死亡罪提请人民检察院起诉,人民检察院也以此罪起诉。某县人民法院经过审理认为,被告人张某犯有故意伤害致人死亡罪,判处其死刑缓期二年执行,剥夺政治权利终身。被告人不服,提起上诉。第二审人民法院经过书面审理,驳回了上诉,维持原判决。在判决执行中,被告人张某又提出申诉,要求人民法院依审判监督程序重新审理。

问题:

(1) 本案的诉讼程序中是否存在不当之处?

(2) 张某是否有权提起审判监督程序?为什么?

(3) 张某如何才能令其申诉符合提起审判监督程序的条件?

引 言

对于已经发生法律效力的判决、裁定,如果发现其确有错误,应该如何处理呢?如果僵化地坚持既判力原则,维持原判不予纠正,则势必会引起人们对刑事审判公正性的质疑。有鉴于此,大陆法系发展出了颇为完备的刑事再审制度,以纠正可能出错的判决,维护当事人的合法权益。受大陆法系影响,我国的刑事司法中则设立了旨在纠错的审判监督程序,作为错判的特殊救济手段。本章对审判监督程序的一般原理和主要内容做了较为详细的介绍。

第一节 审判监督程序概述

一、审判监督程序的概念

审判监督程序,是指人民法院、人民检察院对于已经发生法律效力的判决和裁定,发现在认定事实或者适用法律上确有错误,依法提起并对案件进行重新审判的程序。

审判监督程序,是一种为纠正错判而设立的补救性程序,但它并不是每个案件的必经程序,只有对已经发生法律效力而且确有错误的判决和裁定才能适用。

二、审判监督程序的特点

作为刑事诉讼的一项特殊审判程序,审判监督程序既不同于第二审审判程序,也不同于死刑复核程序。审判监督程序具有以下几个方面的特点。

(1) 审判监督程序的审理对象必须是已经发生法律效力的判决和裁定,包括正在执行和已经执行完毕的判决和裁定。

(2) 审判监督程序是由各级人民法院院长提交本院审判委员会决定,最高人民法院和上级人民法院决定以及最高人民检察院和上级人民检察院提出抗诉而提起的。

(3) 审判监督程序必须经法定主体认真审查,有充分的根据和理由认为生效裁判在认定事实和适用法律上确有错误的,才能提起。

(4) 提起审判监督程序法律没有规定期限。只在发现新罪或者需要将无罪改为有罪时,才受追诉时限的限制;对有罪改为无罪的,法律未规定任何期限限制。

(5) 按照审判监督程序审判案件的法院,既可以是原审的第一审法院或第二审法院,也可以是提审的上级法院,还可以是由上级法院依法指令的与原审同级的法院。

(6) 依照审判监督程序重新审理的案件,除人民检察院抗诉的以外,一般不得加重原审被告人(原审上诉人)的刑罚。

三、审判监督程序的意义

（1）审判监督程序是使刑罚权得以正确行使的可靠保障。通过审判监督程序纠正已经发生法律效力的错误裁判，可以使有罪的人罪当其行、罚当其责，也可以使无罪的人得到解脱、罪轻的人免受重刑，从而保障刑罚权的正确行使。

（2）审判监督程序有利于保障当事人的合法权益。通过审判监督程序，对案件进行正确处理，可以避免被告人的合法权利遭到不法剥夺或侵犯，维护其生命、自由、财产等权利，也可以减少当事人的申诉、上访，消除不安定因素。

（3）审判监督程序有利于实现上级司法机关对下级法院审判工作的监督。在审判监督程序中，最高人民法院对地方各级人民法院、上级人民法院对下级人民法院、最高人民检察院对地方各级人民法院、上级人民检察院对下级人民法院的审判工作实行监督，纠正可能存在的错误，有利于保障审判工作的正确、合法进行，及时有针对性地总结经验教训，并切实提高办案质量。

第二节　审判监督程序的材料来源及其审查处理

一、提起审判监督程序的材料来源

1. 当事人及其法定代理人、近亲属的申诉

审判监督程序中的申诉，是指申诉权人对人民法院的生效裁判不服，向人民法院或人民检察院提出该裁判在认定事实或适用法律上的错误并要求重新审判的行为。

向司法机关提出申诉，是申诉权人的权利，也是提出审判监督程序的重要材料来源。当事人及其法定代理人、近亲属的申诉，既可以向人民法院提出，也可以向人民检察院提出。

2. 人民群众的来信来访

人民群众如果认为生效裁判确有错误，可以口头向司法机关反映意见，或者提出书面意见，或者在报刊上反映情况，要求司法机关予以复查和纠正。人民群众的来信来访是提起审判监督程序的重要材料来源，也是其监督人民法院、人民检察院司法工作的重要方式。

3. 公安、司法机关通过办案或复查案件发现的错误

公安机关在办案中经常遇到“办此案发现彼案”的情况，它是发现犯罪案件的重要途径，也是纠正错案的重要渠道。同时，公安、司法机关为了保证办案质量，定期或不定期地自查或互查，或按上级指示进行必要的总结检查或复查，也可能会发现错案，这也是审判监督程序的重要材料来源。

4. 各级人民代表大会代表提出的纠正错案的议案

人民代表大会代表在视察工作和调查研究过程中，能够了解到群众对人民法院判决、裁

定正确与否的意见，并在人民代表大会会议期间，有针对性地提出议案。这也是审判监督程序的重要材料来源。司法机关应当认真对待，并将处理结果报告权力机关。

5. 机关、团体、企业、事业单位和新闻媒介等对生效裁判提出的意见

党政领导部门、各级党的纪检组织、国家监察机关和国家经济管理机关等，在社会调查和履行职责中，发现生效裁判可能有错误，向有关司法机关所提出的建议、复查案件的文件等，都是提起审判监督程序的重要材料来源。律师协会及律师事务所等在履行职务中发现有错误的生效裁判，并以法律意见书等形式向司法机关提出意见，也是提起审判监督程序的材料来源。另外，新闻媒介反映的意见，其内容丰富且较为复杂，司法机关不应忽视，在掌握线索后应及时审查处理。

二、申诉的理由和效力

1. 申诉的理由

根据《刑事诉讼法》第二百五十三条的规定，申诉的理由有以下几种：① 有新的证据证明原判决、裁定认定的事实确有错误，可能影响定罪量刑的；② 据以定罪量刑的证据不确实、不充分、依法应当予以排除，或者证明案件事实的主要证据之间存在矛盾的；③ 原判决、裁定适用法律确有错误的；④ 违反法律规定的诉讼程序，可能影响公正审判的；⑤ 审判人员在审理该案件的时候，有贪污受贿、徇私舞弊、枉法裁判行为的。

另外，《最高人民法院关于规范人民法院再审立案的若干意见》（以下简称《再审立案意见》）第七条也规定，对终审刑事裁判的申诉，具备下列情形之一的，人民法院应当决定再审：① 有审判时未收集到的或者未被采信的证据，可能推翻原定罪量刑的；② 主要证据不充分或者不具有证明力的；③ 原裁判的主要事实依据被依法变更或撤销的；④ 据以定罪量刑的主要证据自相矛盾的；⑤ 引用法律条文错误或者违反《刑法》第十二条的规定适用失效法律的；⑥ 违反法律关于溯及力的规定的；⑦ 量刑明显不当的；⑧ 审判程序不合法，影响案件公正裁判的；⑨ 审判人员在审理案件时索贿受贿、徇私舞弊并导致枉法裁判的。

2. 申诉的效力

《刑事诉讼法》第二百五十二条规定，当事人及其法定代理人、近亲属，对已经发生法律效力的判决、裁定，可以向人民法院或者人民检察院提出申诉，但是不能停止判决、裁定的执行。《刑事诉讼法》第二百四十二条规定，当事人及其法定代理人、近亲属的申诉符合规定情形的，人民法院应当重新审判。

三、对申诉的受理和审查处理

1. 申诉的管辖

根据司法解释和司法实践，人民法院、人民检察院对自己受理的申诉案件的审查和处理，一般采取“分级负责、就地处理”的原则。人民法院受理申诉案件，一般由作出生效裁判的法院进行。直接向上级人民法院申诉的，如果未经作出生效裁判的人民法院审查处理，上级法院可以转交原审法院审查，并告知申诉人。如果案情疑难、复杂、重大的，或者已由作出

生效裁判的人民法院处理后当事人仍坚持申诉的，上级人民法院应当受理、审查。

2. 申诉的提出

申诉人向人民法院申诉，应当提交以下材料：① 申诉状，应当载明当事人的基本情况、申请再审或申诉的事实与理由；② 原第一审和第二审判决书、裁定书等法律文书，经过人民法院复查或再审的，应当附有驳回通知书、再审判决书或裁定书；③ 有新的证据证明原裁判认定的事实确有错误为由申诉的，应当附上新的证据；需要人民法院调查取证的，应当指出证据线索。

3. 受理和审查申诉的期限

人民法院对刑事案件的申诉人在刑罚执行完毕后两年内提出的申诉，应当受理。超过两年提出申诉，具有下列情形之一的，应当受理：① 可能将原审被告人宣告无罪的；② 原审被告人在《再审立案意见》规定的期限内向人民法院提出申诉，人民法院未受理的；③ 属于疑难、复杂、重大案件的。

人民法院受理申诉后，应当在三个月内作出决定，最迟不得超过六个月。

4. 对申诉不予受理的情形

(1) 人民法院对不符合法定主体资格的再审申请或申诉，不予受理。

(2) 有新的证据证明原判决、裁定认定的事实确有错误为由提出申诉的，应当附上新的证据。需要申请人民法院调取证据的，应当指出证据线索。未附上证据的，应当在七日内补充；经补充后仍不完备或逾期不补的，应当决定不予受理。

(3) 最高人民法院的再审裁判或者复查驳回的案件，再审申请人或申诉人仍不服，提出再审申请或申诉的，不予受理。

(4) 刑事申诉在刑罚执行完毕两年后提出的，除非符合法定情形，不予受理。

5. 审查后的处理

经审查，认为有《刑事诉讼法》第二百五十三条规定的情形之一的，由人民法院院长提请审判委员会决定重新审判；对于不符合《刑事诉讼法》第二百五十三条规定的申诉，应当说服申诉人撤回申诉；对仍然坚持申诉的，应当书面通知驳回。

申诉人对驳回申诉不服的，可以向上一级人民法院申诉。上一级人民法院审查认为申诉不符合《刑事诉讼法》第二百五十三条规定的，应当予以驳回。经上级人民法院处理后又提出申诉的，如果没有新的充分理由，人民法院可以不再受理。

人民检察院对受理的申诉审查后，认为人民法院已经生效的判决、裁定确有错误需要提出抗诉的，由控告申诉部门报请检察长提交检察委员会讨论决定。如果决定提出抗诉的，由审查起诉部门出庭支持抗诉。

第三节　审判监督程序的提起

一、提起审判监督程序的主体

根据《刑事诉讼法》的规定，有权提起审判监督程序的机关、人员及其权限如下所示。

1. 各级人民法院院长和审判委员会

各级人民法院院长对本院已经发生法律效力的判决和裁定，如果发现在认定事实上或者在适用法律上确有错误，必须提交本院审判委员会处理。这里，各级人民法院院长行使的是提交讨论权，审判委员会行使的是决定权。讨论后决定再审的案件，应当另行组成合议庭。

2. 最高人民法院和上级人民法院

最高人民法院对各级人民法院已经发生法律效力的判决和裁定，上级人民法院对下级人民法院已经发生法律效力的判决和裁定，如果发现确有错误，有权提审或指令下级人民法院再审。

提审，是指最高人民法院或上级人民法院认为确有错误的案件不需要或不宜由下级人民法院重新审判而由本院进行审判的方式。指令再审，是指依法指令原审或者本级人民法院的其他下级人民法院重新审判的方式。

提审和指令再审，是最高人民法院对各级人民法院、上级人民法院对其辖区内的下级人民法院已经生效的错误裁判行使审判监督职权的两种重要方式。

3. 最高人民检察院和上级人民检察院

根据《刑事诉讼法》的规定，最高人民检察院对各级人民法院已经发生法律效力的判决和裁定，上级人民检察院对下级人民法院已经发生法律效力的判决和裁定，如果发现确有错误，有权按照审判监督程序向同级人民法院提出抗诉。

可见，有权通过审判监督程序提出抗诉的机关只能是最高人民检察院或者其他原审法院的上级人民检察院。地方各级人民检察院发现同级人民法院或者上级人民法院已经发生法律效力的判决、裁定确有错误，无权提出抗诉，只能报请上级人民检察院决定是否抗诉。

人民检察院按照审判监督程序提出抗诉的案件，经人民法院审理并作出判决、裁定后，人民检察院认为仍然确有错误的，如果案件是依照第一审程序审判的，同级人民检察院应当通过第一审法院向上一级人民法院提出抗诉；如果案件是依照第二审程序审判的，上级人民检察院应当按照审判监督程序向同级人民法院提出抗诉。

二、提起审判监督程序的理由

1. 原裁判在认定事实上确有错误

原裁判在认定事实上的错误包括事实不清和证据不确实。事实不清，是指原判决、裁定认定的案件主要事实不清或罪与非罪不清、此罪彼罪不明、影响定罪量刑的重大情节不清楚或一罪数罪不轻以及共同犯罪中各被告人的罪责相混淆等。证据不确实，是指认定案件事实的证据不客观或者证据与案件事实之间无客观联系，或者证据之间有矛盾且矛盾不能得以合理排除等。

2. 原裁判在适用法律上确有错误

适用法律上的错误，包括适用实体法上的错误和适用程序法上的错误。适用实体法上的错误会导致定性不准，混淆罪与非罪的界限，或将此罪定为彼罪、轻罪定为重罪、重罪定为轻罪等。适用程序法上的错误，主要是指原审法院严重违反法律规定的诉讼程序，如应当回避而没有回避、审判组织不合法、审判人员在审理案件过程中贪污受贿和徇私枉法等。

第四节 按照审判监督程序对案件的重新审判

一、对人民检察院抗诉的处理

人民检察院按照审判监督程序抗诉的案件,接受抗诉的人民法院应当组成合议庭重新审理,对于原判决事实不清楚或者证据不足的,可以指令下级人民法院再审。

人民法院在收到人民检察院的刑事抗诉书后,应当根据不同情况,分别处理:① 对不属于本院管辖的,应当将案件退回人民检察院;② 按照抗诉书提供的住址无法向被抗诉的原审被告人送达抗诉书的,应当通知人民检察院在三日内重新提供原审被告人的住址;逾期未提供的,将案件退回人民检察院;③ 以有新的证据为由提出抗诉,但未附相关证据材料或者有关证据不是指向原起诉事实的,应当通知人民检察院在三日内补送相关材料;逾期未补送的,将案件退回人民检察院。

二、重新审判的方式

在刑事审判中,审判方式主要有两种,即开庭审理和不开庭审理。考虑到审判监督程序所涉及的案件一般都比较复杂,为了全面了解案情、查清案件事实、依法纠正可能存在的错误,因而这类案件应当以开庭审理为主,以不开庭审理为辅。

根据最高人民法院的相关规定,下列案件应当开庭审理:① 依照第一审程序审理的;② 依照第二审程序需要对案件事实或证据进行审理的;③ 人民检察院按照审判监督程序抗诉的;④ 可能对原审被告人(原审上诉人)加重刑罚的;⑤ 有其他应当开庭审理情形的。

对于下列案件,则可以不开庭审理:① 原判决、裁定事实清楚,证据确实、充分,但适用法律错误或量刑畸重的;② 1979 年《刑事诉讼法》实施以前裁判的;③ 原审被告人(原审上诉人)、原审自诉人已经死亡或者丧失刑事责任能力的;④ 原审被告人(原审上诉人)在交通十分不便的边远地区监狱服刑,提押到庭确有困难的;⑤ 人民法院按照审判监督程序决定再审,经两次通知,人民检察院不派员的。

三、重新审判应当适用的程序

人民法院按照审判监督程序重新审判的案件,如果原来是第一审案件,应当依照第一审程序进行审判,所作的判决、裁定,可以上诉、抗诉;如果原来是第二审案件,或者是上级人民法院提审的案件,应当依照第二审程序进行审判,所作的判决、裁定,是终审的判决、裁定。

人民法院按照审判监督程序重新审判的案件,由原审人民法院审理的,应当另行组成合议庭进行。人民法院开庭审理的再审案件,同级人民检察院应当派员出席法庭。

人民法院决定再审的案件,需要对被告人采取强制措施的,由人民法院依法决定;人民检察院提出抗诉的再审案件，需要对被告人采取强制措施的，由人民检察院依法决定。

人民法院按照审判监督程序审判的案件，可以决定中止原判决、裁定的执行。

四、重新审判的期限

根据《刑事诉讼法》第二百五十八条的规定，人民法院按照审判监督程序重新审判的案件，应当在作出提审、再审决定之日起三个月以内审结；需要延长期限的，不得超过六个月。接受抗诉的人民法院按照审判监督程序审判抗诉的案件，审理期限适用前款规定；对需要指令下级人民法院再审的，应当自接受抗诉之日起一个月以内作出决定，下级人民法院审理案件的期限适用前款规定。

五、重新审判后的处理

重新审判后的处理有以下四种情况。

(1) 原判决、裁定认定事实和适用法律正确、量刑适当的，应当裁定驳回申诉或者抗诉，维持原判决、裁定。

(2) 原判决、裁定定罪准确、量刑适当，但在认定事实、适用法律等方面有瑕疵的，应当裁定纠正并维持原判决、裁定。

(3) 原判决、裁定认定事实没有错误，但适用法律错误或者量刑不当的，应当撤销原判决、裁定，依法改判。

(4) 依照第二审程序审理的案件，原判决、裁定事实不清或者证据不足的，可以在查清事实后改判，也可以裁定撤销原判，发回原审人民法院重新审判。

原判决、裁定事实不清或者证据不足，经审理事实已经查清的，应当根据查清的事实依法裁判；事实仍无法查清、证据不足，不能认定被告人有罪的，应当撤销原判决、裁定，判决宣告被告人无罪。

原判决、裁定认定被告人姓名等身份信息有误，但认定事实和适用法律正确、量刑适当的，作出生效判决、裁定的人民法院可以通过裁定对有关信息予以更正。

对再审改判宣告无罪并依法享有申请国家赔偿权利的当事人，人民法院宣判时，应当告知其在判决发生法律效力后可以依法申请国家赔偿。

案 例 解 析

(1) 本案的诉讼程序中是否存在不当之处？

诉讼程序中的不当之处：① 公安机关先侦查后立案是错误的；② 县人民法院无权审理本案，因为被告人的罪行可能被判处死刑或无期徒刑；③ 第二审法院书面审理存在问题，根据法律规定第二审死刑案件必须开庭审理。

(2) 张某是否有权提起审判监督程序？为什么？

被告人无权提起审判监督程序，只有人民法院和人民检察院才能是审判监督程序的提起主体。但被告人可以向人民法院申诉，为人民法院提起审判监督程序提供材料来源。

(3) 张某如何才能令其申诉符合提起审判监督程序的条件？

根据《刑事诉讼法》第二百五十三条的规定,申诉符合法定的审判监督程序提起理由的,人民法院应当重新审判,其中包括:① 有新的证据证明原判决、裁定认定的事实确有错误,可能影响定罪量刑的;② 据以定罪量刑的证据不确实、不充分、依法应当予以排除,或者证明案件事实的主要证据之间存在矛盾的;③ 违反法律规定的诉讼程序,可能影响公正审判的;等等。

本章小结

审判监督程序是我国刑事诉讼程序的重要组成部分,尽管它不是刑事诉讼中的必经程序,但它对于纠正可能存在的错误裁判、维护当事人的合法权益、加强上级司法机关对下级法院的监督都具有十分重要的意义。审判监督程序的运行可以看成是既判力原则的一种例外,必须严格遵循法律规定的条件、方式和程序,从而保证审判监督发挥应有的功能。

思考题

1. 在我国,哪些主体可以提起审判监督程序?
2. 简述审判监督程序抗诉与刑事第二审程序抗诉的区别。

第十五章 刑事执行程序

学习目标

通过本章的学习,你可以……

- ◆ 了解刑事执行的概念、特点、意义
- ◆ 掌握我国的刑事执行机关及其执行的具体刑罚
- ◆ 了解我国各种刑事判决执行的内容和要求
- ◆ 掌握死刑立即执行变更和死刑缓期执行变更的条件和程序
- ◆ 了解监外执行的条件
- ◆ 掌握减刑、假释的条件和程序
- ◆ 了解人民检察院进行执行监督的内容和方式
- ◆ 掌握处理新罪、漏罪的程序规范

案例研讨

(一)

某市中级人民法院在审理赵某、钱某、孙某共同抢劫和李某窝藏一案时,依法作出如下判决:赵某是抢劫罪主犯,判处死刑立即执行,剥夺政治权利终身,并处没收个人全部财产;钱某亦为抢劫罪主犯,判处死刑缓期二年执行;孙某系抢劫罪从犯,犯罪后主动投案自首,故判处有期徒刑七年,剥夺政治权利三年;李某明知赵某犯有抢劫罪,却为其提供隐匿处所,判处管制一年。

问题: 本案中,赵某、钱某、孙某和李某所判处各类刑罚应如何执行?执行机关分别是谁?

(二)

某市人民检察院以故意杀人罪向该市中级人民法院提起公诉,指控被告人吴某故意杀害张某一家五口。市中级人民法院经过依法审理,判处被告人吴某死刑,剥夺政治权利终身。经最高人民法院依法核准,6 月 7 日最高人民法院院长签发了执行死刑的命令。6 月 8 日,市中级人民法院接到执行令。考虑到本案被告人吴某在当地民愤极大,为加强法制宣传,市中级人民法院决定将该死刑判决委托被告人所在地的县人民法院执行,并要求县人民法院在交付前召开公开执行大会。6 月 17 日上午,县人民法院在开完公开执行大会之后,将吴某押赴刑场执行枪决。

问题: 本案处理过程中是否存在不当之处?为什么?

引 言

刑事诉讼应当是一个完整的过程，在经历了立案、侦查、起诉、审判程序之后，刑事诉讼并未真正终结，这是因为人民法院所作出的生效裁判只有付诸实现，才意味着国家刑罚权得到了最终的实施，惩罚犯罪、保障人权的目标才最终实现。刑事执行程序正是担负这一使命的诉讼程序。没有执行程序，即便法院裁判的结果是公正的、程序是合法的，也无法体现刑事司法活动的意义。

第一节 刑事执行程序概述

一、刑事执行的概念及特点

刑事执行，是指人民法院、公安机关、监狱等执行机关将已经发生法律效力的判决、裁定所确定的内容付诸实施，以及解决实施中出现的执行变更等问题而进行的诉讼活动。

执行是刑事诉讼的最后一个程序，也是国家刑罚权得以实现的关键程序。刑事执行活动具有如下几个特点。

第一，合法性。执行的对象必须是已经发生法律效力的判决和裁定，执行活动必须依照法律规定的诉讼程序进行。

第二，及时性。人民法院的判决、裁定在发生法律效力后，就应当迅速执行，任何机关、团体和个人都无权阻止和拖延。

第三，强制性。已经发生法律效力的判决和裁定，具有普遍的约束力，任何机关、团体和个人都不得干扰其执行。就被告人而言，不论其是否同意，生效判决、裁定的内容都会被强制无条件地执行。

第四，广泛性。这里主要指执行主体的广泛性。在我国，有权执行生效裁判的主体较为广泛，包括人民法院、公安机关、监狱、看守所、未成年犯管教所以及社区矫正机构等；同时，人民检察院是执行监督机关。

二、刑事执行的意义

（1）准确、及时、迅速地执行判决和裁定，可以使被判处刑罚的犯罪分子受到应有的惩罚和教育。这体现了惩罚与改造相结合的原则，能够对预防犯罪起到特殊的作用。

（2）准确、及时地执行判决和裁定，能够有效地保护公民的合法权益。这表现为使被害人的各项权利得到保护、使无罪和被免除刑事处罚的在押被告人得到立即释放。

（3）通过正确地执行判决和裁定，可以增强公民的法制观念，教育公民自觉遵守法律，提高公民同违法犯罪行为作斗争的自觉性。同时，可以起到预防和减少犯罪的作用，实现社会秩序的长治久安。

三、刑事执行的依据

根据我国《刑事诉讼法》第二百五十九条和有关法律的规定，刑事执行的依据包括以下几种：

(1) 已过法定期限没有上诉、抗诉的判决和裁定；

(2) 终审的判决和裁定；

(3) 高级人民法院核准的死刑缓期二年执行的判决；

(4) 最高人民法院核准死刑的判决和对具有特殊情况的案件在法定刑以下判处刑罚的判决。

四、刑事执行的机关

根据我国《刑事诉讼法》的规定，无罪判决、免除刑事处罚的判决、死刑立即执行的判决、罚金和没收财产的判决和裁定，均由人民法院执行。死刑缓期二年执行、无期徒刑、有期徒刑的判决，由监狱执行。对于被判处有期徒刑的罪犯，在被交付执行刑罚前，剩余刑期在三个月以下的，由看守所代为执行。剥夺政治权利、拘役的判决，由公安机关执行。另外，对被判处管制、宣告缓刑、假释或者暂予监外执行的罪犯，依法实行社区矫正，由社区矫正机构负责执行。

在执行过程中，人民检察院依法实行法律监督。例如，人民法院在执行死刑前，应当通知人民检察院派员临场监督；监狱和其他执行机关在执行中，如果认为判决有错误或者服刑犯提出申诉的，应当转请人民检察院处理，等等。

第二节　各种判决、裁定的执行

一、死刑立即执行判决的执行

最高人民法院核准死刑的判决或裁定，应当由最高人民法院院长签发执行死刑的命令，由高级人民法院交付原审人民法院执行。原审人民法院接到执行死刑命令后，应当在七日内执行。司法实践中，原审人民法院一般是指原第一审人民法院。

执行死刑时，由人民法院审判人员负责指挥。执行前，应当对罪犯验明正身，要认真、细致地核对罪犯的有关情况，查明其确系该判决认定的应当执行死刑的罪犯，以确保执行无误。审判人员还应当询问罪犯有无遗言、信札，并制作笔录。对于罪犯的遗言、信札，人民法院应及时进行审查，不同情况分别予以不同处理。在执行前，如果发现可能有错误，应当暂停执行，依法定程序报请最高人民法院裁定。

关于执行死刑的方法，《刑事诉讼法》规定，死刑采用枪决或者注射等方法执行。执行的地点应当在刑场或者指定的羁押场所。刑场不得设在繁华地区、交通要道和旅游区附近。

所谓“指定的羁押场所”，是指人民法院指定的监狱或者看守所。

执行死刑应当公布，但不得示众。处决罪犯的布告要选择在适当范围、适当地点张贴，以便人民群众了解情况。对于在刑场执行死刑的罪犯，禁止游街示众以及一切侮辱其人格、有伤风化的情况发生。

执行死刑后，书记员应当写成笔录。笔录应当记明执行的具体情况，包括执行死刑的时间、地点、方法，指挥执行的审判人员、临场监督的人民检察院检察人员、负责执行人员的姓名，执行死刑具体情况等。交付执行的人民法院应将执行死刑的情况以及所附执行死刑前后的照片，及时逐级上报最高人民法院。

执行死刑后，交付执行的人民法院应当通知罪犯家属，做好罪犯遗物、遗款的清点、移交工作。罪犯执行死刑后的尸体或火化后的骨灰，应通知其家属认领。罪犯家属不予认领的，由人民法院通知有关单位处理。对外国籍罪犯执行死刑后，应通知外国驻华使领馆。

二、死刑缓期二年执行、无期徒刑、有期徒刑和拘役判决的执行

我国《刑事诉讼法》第二百六十四条规定，罪犯被交付执行刑罚的时候，应当由交付执行的人民法院在判决生效后十日以内将有关的法律文书送达公安机关、监狱或者其他执行机关。对被判处死刑缓期二年执行、无期徒刑、有期徒刑的罪犯，由公安机关依法将该罪犯送交监狱执行刑罚。对被判处有期徒刑的罪犯，在被交付执行刑罚前，剩余刑期在三个月以下的，由看守所代为执行。对被判处拘役的罪犯，由公安机关执行。对未成年犯应当在未成年犯管教所执行刑罚。

执行机关收押罪犯时，应对其进行身体检查，对于不适合在监狱或其他执行场所执行的，可以暂不收监，但是如果对其暂予监外执行有社会危害性的，应当收监。对罪犯收监时，应当严格检查其人身和所携带的物品。属非生活必需品的，由执行机关代为保管或者征得其同意后退回其家属，对违禁品一律予以没收。

执行机关对罪犯收押后，应当将罪犯的罪名、刑期、执行地址等自收监之日起五日以内通知其家属。

对于在死刑缓期执行期间故意犯罪的，应当由人民检察院提起公诉，服刑地的中级人民法院审判，所作的判决可以上诉、抗诉。认定构成故意犯罪的判决、裁定发生法律效力后，需要执行原判死刑的，应将所作的判决、裁定报请最高人民法院核准。核准后，交罪犯服刑地的中级人民法院执行。

如果服刑犯在死刑缓期执行二年期满被减为无期徒刑或者有期徒刑后故意犯罪的，不能执行死刑，只能依法对所犯新罪作出判决，把前罪没有执行的刑罚和后罪所判处的刑罚，依照数罪并罚原则，决定执行的刑罚。

三、有期徒刑缓刑、拘役缓刑、管制的执行

缓刑，是指在具备一定的法定条件下，对于被判处一定刑罚的罪犯，在一定期间内暂缓执行刑罚，如果其在暂缓执行期间未犯新罪，则原判刑罚不再执行的一种制度。缓刑不是独立的刑种，而是刑罚运用的一种特殊执行方式。根据《刑法》第七十二条的规定，对于被判处拘役、三年以下有期徒刑的犯罪分子，同时符合下列条件的，可以宣告缓刑，对其中不满十八

周岁、怀孕的妇女和已满七十五周岁的人,应当宣告缓刑:① 犯罪情节较轻;② 有悔罪表现;③ 没有再犯罪的危险;④ 宣告缓刑对所居住社区没有重大不良影响。

管制,是指对罪行较轻的犯罪分子不予关押,在社区矫正机构的管理和监督下进行改造,并限制一定自由的一种刑罚。

根据《刑事诉讼法》第二百六十九条的规定,对被判处管制、宣告缓刑、假释或者暂予监外执行的罪犯,依法实行社区矫正,由社区矫正机构负责执行。

缓刑考验期从判决之日起计算。拘役的缓刑考验期为原判刑期以上一年以下,但是不能少于两个月。有期徒刑的缓刑考验期为原判刑期以上五年以下,但是不能少于一年。

被宣告缓刑的罪犯,在缓刑考验期限内没有再犯新罪,考验期满,原判刑罚就不再执行,并公开予以宣告。在缓刑考验期限内再犯新罪或者有漏罪没有判决,需要撤销缓刑的,应当由审判新罪的人民法院在审判新罪、漏罪时,对原判宣告的缓刑予以撤销,按《刑法》规定的数罪并罚原则处理。

第一审人民法院判决被告人管制,宣判时如果被告人在押的,应当通知公安机关变更强制措施,待判决生效后,将有关的法律文书送达社区矫正机构执行。管制的期限为三个月以上两年以下。管制的刑期,从判决确定之日起计算,判决执行以前先行羁押的,羁押一日折抵刑期两日。管制期满,执行机关应及时解除对犯罪分子的管制,同时向本人和有关的群众公开宣布,并且发给本人解除管制通知书。

四、剥夺政治权利的执行

剥夺政治权利是我国《刑法》规定的一种附加刑,但可以单独适用。根据我国《刑法》的规定,对罪犯剥夺政治权利,主要是剥夺其选举权和被选举权,言论、出版、集会、结社、游行、示威的权利,担任国家机关职务权,担任国有公司、企事业单位和人民团体领导职务等权利。

判决生效后,人民法院应当将判决书交付罪犯居住地的公安机关执行。执行期满,公安机关应当通知罪犯本人,并向其所在单位、居住地基层组织等有关群众公开宣布,恢复其政治权利。

五、罚金、没收财产的执行

罚金,是人民法院依法判决犯罪的公民或单位向国家缴纳一定数额金钱的刑罚方法。罚金判决由人民法院负责执行。被判处罚金的罪犯或犯罪单位,应按照判决确定的数额在判决规定的期限内一次或分期缴纳。期满无故不缴纳的,人民法院应当强制缴纳。如果由于遭遇不能抗拒的灾祸等原因缴纳确实有困难的,经人民法院裁定,可以延期缴纳、酌情减少或者免除。被执行人死亡或者被执行死刑,且无财产可供执行的,人民法院应当裁定终结执行。

对于罪犯缴纳的罚金,应按规定及时上缴国库,任何机关、个人都不得挪作他用或者私分。

没收财产,是指把犯罪分子个人所有财产的一部分或者全部依法无偿地收归国有的一种刑罚。没收财产可以附加适用,也可以独立适用。没收财产的判决,无论附加适用还是独立适用，都由人民法院执行；在必要的时候，可以会同公安机关执行。

没收财产的范围，只限于犯罪分子本人所有的部分财产或全部财产，不得没收属于犯罪分子家属所有或应有的财产。对于没收财产以前犯罪分子所负的正当债务，需要以没收的财产偿还的，经债权人申请，应当偿还。

六、无罪判决和免除刑事处罚判决的执行

无罪判决，是指人民法院依法确认被告人的行为不构成犯罪或者依法不追究和不能追究其刑事责任的一种判决。免除刑事处罚判决，是指人民法院依法作出的确认被告人有罪但因具有法定免除刑罚情形而免于刑事处罚的决定。

《刑事诉讼法》第二百六十条规定，第一审人民法院判决被告人无罪、免除刑事处罚的，如果被告人在押，在宣判后应当立即释放。该规定表明，无罪判决和免除刑事处罚判决由人民法院执行。并且，在判决未生效以前就应当立即释放在押的被告人，即使判决宣告后当事人提起上诉或人民检察院提出抗诉。

无罪判决和免除刑事处罚判决生效后，人民法院和其他司法机关应当协同有关单位做好善后工作。对于免除刑事处罚的被告人，应恢复其人身自由，撤销非羁押性质的其他强制措施。同时，人民法院可根据案件不同情况予以训诫或责令具结悔过、赔礼道歉、赔偿损失，或建议有关主管机关给予被告人行政处罚或行政处分。

第三节　刑事执行的变更

执行变更，是指生效判决、裁定在执行过程中，由于出现法定情形，人民法院、监狱及其他执行机关依照法定程序改变刑罚种类或执行方法的活动。

在我国，执行变更主要包括：死刑立即执行的变更、死刑缓期二年执行的变更、暂予监外执行、减刑和假释。

一、死刑立即执行的变更

根据《刑事诉讼法》第二百六十二条的规定，下级人民法院接到最高人民法院执行死刑的命令后，应当在七日以内交付执行，但是发现有下列情形之一的，应当停止执行，并且立即报告最高人民法院，由最高人民法院做出裁定：① 在执行前发现判决可能有错误的；② 在执行前罪犯揭发重大犯罪事实或者有重大立功表现，可能需要改判的；③ 罪犯正在怀孕的。

最高人民法院对于依法已停止执行死刑的案件，依照下列情形分别处理：① 确认罪犯正在怀孕的，应当依法改判；② 确认原裁判有错误，或者罪犯有重大立功表现，需要依法改判的，应当裁定不予核准死刑，撤销原判，发回重新审判；③ 确认原裁判没有错误，或者罪犯没有重大立功表现，或者重大立功表现不影响原裁判执行的，应当裁定继续执行原核准死刑的裁判，并由最高人民法院院长再签发执行死刑的命令。

二、死刑缓期二年执行的变更

死刑缓期二年执行不是独立的刑罚，而是我国刑罚中死刑的一种特殊执行方法，是指对罪该判处死刑的犯罪分子，如果不是必须立即执行，在判处死刑的同时宣告缓期二年执行，实行监管改造以观后效的一种制度。死刑缓期的执行过程中可能产生减刑或执行死刑两种结果。

《刑事诉讼法》第二百六十一条规定："被判处死刑缓期二年执行的罪犯，在死刑缓期执行期间，如果没有故意犯罪，死刑缓期执行期满，应当予以减刑的，由执行机关提出书面意见，报请高级人民法院裁定；如果故意犯罪，情节恶劣，查证属实，应当执行死刑的，由高级人民法院报请最高人民法院核准；对于故意犯罪未执行死刑的，死刑缓期执行的期间重新计算，并报最高人民法院备案。"

可见，被判处死刑缓期的罪犯最终是获得减刑还是被执行死刑，主要依据两个要素：一是在考验期内有无故意犯罪，二是故意犯罪情节是否恶劣。只有故意犯罪且情节恶劣的，才应当执行死刑。对于没有故意犯罪的，应当予以减刑。对于故意犯罪但情节不恶劣的，死刑缓期执行的期间重新计算，并报最高人民法院备案。

三、暂予监外执行

暂予监外执行，是指被判处有期徒刑、拘役的罪犯因具备或出现某种法定情形不宜在监内执行时，暂时将其放在监外交由社区矫正机构执行的一种变通方法。

(一) 监外执行的条件

《刑事诉讼法》第二百六十五条规定，对于被判处有期徒刑或者拘役的罪犯，有下列情形之一的，可以暂予监外执行：① 有严重疾病需要保外就医的；② 怀孕或者正在哺乳自己婴儿的妇女；③ 生活不能自理，适用暂予监外执行不致危害社会的。对被判处无期徒刑的罪犯，有前款第二项规定情形的，可以暂予监外执行。对于适用保外就医可能有社会危险性的罪犯，或者自伤自残的罪犯，不得保外就医。对于罪犯确有严重疾病，必须保外就医的，由省级人民政府指定的医院诊断并开具证明文件，再依照法律规定的程序审批。

(二) 监外执行的程序

在交付执行前，暂予监外执行由交付执行的人民法院决定。人民法院应当制作暂予监外执行决定书，载明罪犯的基本情况、判决确定的罪名和刑罚、决定暂予监外执行的原因和依据等内容，并抄送人民检察院。

在交付执行后，暂予监外执行由监狱或者看守所提出书面意见，报省级以上监狱管理机关或者设区的市一级以上公安机关批准。

根据《刑事诉讼法》第二百六十九条的规定，对于暂予监外执行的罪犯，依法实行社区矫正，由社区矫正机构负责执行。在执行中，发现被保外就医的罪犯不符合保外就医条件的，或者严重违反有关保外就医规定的，应当及时收监。执行中，暂予监外执行的情形消失后，刑期未满的，负责执行的机构应当及时通知监狱等有关机关予以收监；刑期届满的，由原关押机关办理释放手续。

同时，根据《刑事诉讼法》第二百六十八条的规定，对暂予监外执行的罪犯，有下列情形之一的，应当及时收监：① 发现不符合暂予监外执行条件的；② 严重违反有关暂予监外执行监督管理规定的；③ 暂予监外执行的情形消失后，罪犯刑期未满的。

不符合暂予监外执行条件的罪犯通过贿赂等非法手段被暂予监外执行的，在监外执行的期间不计入执行刑期。罪犯在暂予监外执行期间脱逃的，脱逃的期间不计入执行刑期。罪犯在暂予监外执行期间死亡的，执行机关应当及时通知监狱或者看守所。

四、减刑和假释

（一）减刑

减刑，是指被判处管制、拘役、有期徒刑或者无期徒刑的罪犯，在执行期间如果认真遵守监规，接受教育改造，确有悔改或立功表现的，可以依法减轻其刑罚的一种制度。减刑既可以减少原判刑期，也可以将原判较重的刑种改为较轻的刑种。

具有下列情形之一的，应当认定为有“立功表现”：① 揭发、检举监狱内外犯罪活动，或者提供重要的破案线索，经查证属实的；② 阻止他人犯罪活动的；③ 协助司法机关抓捕其他犯罪嫌疑人的；④ 在生产、科研中进行技术革新，成绩突出的；⑤ 在抢险救灾或者排除重大事故中表现积极的；⑥ 对国家和社会有其他贡献的。

具有下列情形之一的，应当认定为有“重大立功表现”：① 阻止他人实施重大犯罪活动的；② 检举监狱内外重大犯罪活动，经查证属实的；③ 协助司法机关抓捕其他重大犯罪嫌疑人的；④ 有发明创造或者重大技术革新的；⑤ 在日常生产、生活中舍己救人的；⑥ 在抗御自然灾害或者排除重大事故中，有突出表现的；⑦ 对国家和社会有其他重大贡献的。

对于被判处管制、拘役、有期徒刑、无期徒刑的罪犯，在执行期间确有悔改或者立功表现，应当依法予以减刑时，应由各刑罚执行机关提出建议书，报请不同的人民法院审核裁定：① 对被判处死刑缓期执行的罪犯的减刑，由罪犯服刑地的高级人民法院根据同级监狱管理机关审核同意的减刑建议书裁定；② 对被判处无期徒刑的罪犯的减刑，由罪犯服刑地的高级人民法院，在收到同级监狱管理机关审核同意的减刑建议书后一个月内作出裁定，案情复杂或者情况特殊的，可以延长一个月；③ 对被判处有期徒刑和被减为有期徒刑的罪犯的减刑，由罪犯服刑地的中级人民法院，在收到执行机关提出的减刑建议书后一个月内作出裁定，案情复杂或者情况特殊的，可以延长一个月；④ 对被判处拘役、管制的罪犯的减刑，由罪犯服刑地的中级人民法院，在收到同级执行机关审核同意的减刑建议书后一个月内作出裁定。

（二）假释

假释，是指被判处有期徒刑和无期徒刑的罪犯在执行一定刑罚以后，确有悔改表现且不致再危害社会的，将其附条件地予以提前释放的制度。

根据我国《刑法》的规定，假释的对象只能是被判处有期徒刑和无期徒刑的罪犯。但是，对累犯以及因故意杀人、抢劫、强奸、绑架、放火、爆炸、投放危险物质或者有组织的暴力性犯罪被判处十年以上有期徒刑、无期徒刑的犯罪分子，不得假释。

对被判处无期徒刑的罪犯的假释，由罪犯服刑地的高级人民法院负责审核裁定；对被判处有期徒刑的罪犯的假释，由罪犯服刑地的中级人民法院负责审核裁定。

监狱等刑罚执行机关在报请人民法院审核裁定减刑、假释时，必须做到材料完备、手续齐全，以保证人民法院审理活动的顺利进行。人民法院审理减刑、假释案件，应当组成合议庭进行，可以采用书面审理的方式，但下列案件应当开庭审理：① 因罪犯有重大立功表现提请减刑的；② 提请减刑的起始时间、间隔时间或者减刑幅度不符合一般规定的；③ 社会影响重大或者社会关注度高的；④ 公示期间收到投诉意见的；⑤ 人民检察院有异议的；⑥ 有必要开庭审理的其他案件。

人民法院应当自收到减刑建议书或者假释建议书之日起一个月之内予以审核裁定；案情复杂或者情况特殊的，可以延长一个月。对人民法院的减刑或者假释裁定不准上诉。对于人民法院裁定假释的罪犯，监狱等刑罚执行机关应当按期假释并发给释放证明书。

有期徒刑的假释考验期为没有执行完毕的刑期，无期徒刑的假释考验期为十年。假释考验期限自假释之日起计算。如果原判决附加剥夺政治权利的，应当从假释之日起执行。

对被假释的罪犯，应当依法实行社区矫正，由社区矫正机构负责执行。被假释的罪犯在假释考验期内，必须遵守国家法律、行政法规和国务院有关部门制定的监督管理规定，定期向监督机关报告自己的活动情况，遵守监督机关关于会客的规定，迁居或者离开居住区域必须经监督机关核准。被假释的罪犯，在假释考验期内有违反法律、行政法规和国务院有关部门关于假释的监督管理规定的行为，尚未构成新的犯罪的，应当依照法定程序撤销假释，收监执行未执行完毕的刑罚。

第四节　刑事执行的监督

一、对执行死刑的监督

《刑事诉讼法》规定，人民法院在交付执行死刑三日以前，应当通知同级人民检察院派员临场监督。人民检察院应当做好如下监督工作：① 查明同级法院是否收到最高人民法院的核准死刑的判决或裁定、死刑执行的命令；② 检查执行死刑的场所、方法和执行死刑的活动是否合法；③ 发现有“应当停止执行”或“暂停执行”的法定情形后，应当建议人民法院停止执行；④ 执行中根据需要可以进行拍照、摄像；执行后，检查罪犯是否确已死亡，并填写死刑临场监督笔录。

检察人员在执行死刑前，发现有下列情形之一的，应当建议人民法院停止执行：① 被执行人并非应执行死刑的罪犯的；② 罪犯犯罪时不满十八周岁的；③ 判决可能有错误的；④ 在执行前罪犯检举、揭发重大犯罪事实或者有其他重大立功表现，可能需要改判的；⑤ 罪犯正在怀孕的。另外，在执行死刑中发现其他严重违法情况的，也应及时提出纠正意见。

二、对暂予监外执行的监督

《刑事诉讼法》第二百六十六条规定：“监狱、看守所提出暂予监外执行的书面意见的，应当将书面意见的副本抄送人民检察院。人民检察院可以向决定或者批准机关提出书面意见。”第二百六十七条规定:“决定或者批准暂予监外执行的机关应当将暂予监外执行决定抄送人民检察院。人民检察院认为暂予监外执行不当的,应当自接到通知之日起一个月以内将书面意见送交决定或者批准暂予监外执行的机关,决定或者批准暂予监外执行的机关接到人民检察院的书面意见后,应当立即对该决定进行重新核查。”

人民检察院在接到人民法院或公安机关对罪犯暂予监外执行的决定后,应当迅速指派检察人员进行审查。人民检察院的承办人员审查时可以向罪犯所在单位和有关人员进行调查,可以向有关机关调阅有关资料等。经审查认为暂予监外执行不当的,应当向批准或决定暂予监外执行的机关提出纠正意见。该机关应当立即对原决定进行重新审核,并将核查结果报请人民检察院。

三、对减刑和假释的监督

《刑事诉讼法》第二百七十四条规定:“人民检察院认为人民法院减刑、假释的裁定不当,应当在收到裁定书副本后二十日以内,向人民法院提出书面纠正意见。人民法院应当在收到纠正意见后一个月以内重新组成合议庭进行审理,作出最终裁定。”

人民检察院在接到人民法院减刑、假释的裁定书副本后,应当立即进行审查,重点是罪犯有无减刑、假释的法定条件,以及有无确实证据予以证明。对此,承办人员可以向罪犯服刑机关和有关人员进行调查,可以向人民法院和罪犯服刑机关调阅有关资料等。经审查,人民检察院认为人民法院减刑、假释的裁定不当,应当在收到裁定书副本后二十日以内,向作出减刑、假释裁定的人民法院提出书面纠正意见。

人民法院应当认真接受人民检察院的监督,在收到纠正意见书后的一个月内重新组成合议庭进行审理,并作出终审裁定。裁定一经宣告,立即生效,交付有关机关执行。对最终裁定不符合法律规定的,人民检察院应当向同级人民法院提出纠正意见。

四、对执行刑罚活动的监督

《刑事诉讼法》第二百七十六条规定:“人民检察院对执行机关执行刑罚的活动是否合法实行监督。如果发现有违法的情况,应当通知执行机关纠正。”

人民检察院监督的内容主要包括:人民法院判决被告人无罪、免除刑事处罚的,在押被告人是否被立即释放;人民法院将罪犯交付执行时,据以交付执行的刑事判决、裁定是否已经发生法律效力,交付执行的手续、程序是否合法,执行机关是否符合法律规定;监狱和其他刑罚执行机关收押罪犯的活动是否合法;对于死刑缓期二年执行的罪犯,二年期满是否依法及时予以减刑;对于被判处管制、剥夺政治权利的罪犯和宣告缓刑、假释的罪犯及没收财产判决的执行是否合法,罚没的钱物是否依法处理;对于服刑中的罪犯又犯新罪或者发现了漏罪的,是否依法进行了追究,等等。

人民检察院在对执行机关的活动进行监督的过程中,发现有违法情况的,应当通知执行机关纠正。对于情节较轻的违法行为,检察人员可以以口头方式向违法人员或者执行机关负责人提出纠正意见;对于比较严重的违法行为,经人民检察院检察长批准后,以书面方式向执行机关发出纠正违法通知书;对于造成严重后果、构成犯罪的,提请有关机关追究责任人员的刑事责任。

五、对新罪、漏罪处理的监督

在刑罚执行期间，如果发现了罪犯在判决宣告以前所犯的尚未判决的漏罪，或者罪犯实施了脱逃、组织越狱等新罪，由监狱等有管辖权的专门机关进行侦查。侦查终结后，写出起诉意见书，连同案卷材料、证据一并移送人民检察院。如果认为需要追究刑事责任，人民检察院应按管辖分工的不同，向有管辖权的基层人民法院或中级人民法院起诉。人民法院应依法进行审判，对罪犯的新罪和漏罪所判处的刑罚与原判决尚未执行完毕的刑期，按数罪并罚的原则，决定应当执行的刑罚。

关于服刑罪犯脱逃后又犯新罪，应依据情况分别处理。如果新罪是在被捕以后发现的，应按前述管辖和处理程序进行追究；如果新罪是在犯罪地发现的，则由犯罪地的公安机关、人民检察院、人民法院依照管辖范围和法定程序进行处理。判决后，原则上仍将罪犯送回原所在监狱执行。人民法院对新罪、漏罪审理后制作的判决书，除应送达罪犯服刑机关外，还应送达原审人民法院和担负监督检察任务的人民检察院。

六、对错判申诉的监督

《刑事诉讼法》第二百七十五条规定："监狱和其他执行机关在刑罚执行中，如果认为判决有错误或者罪犯提出申诉，应当转请人民检察院或者原判人民法院处理。"

根据这一规定，监狱和其他执行机关如果发现对罪犯的判决有错误，应及时将有关情况及意见向人民检察院或原判人民法院反映。罪犯本人认为生效裁判有错误的，也可以向人民检察院或原判人民法院提出申诉，请求重新处理。

人民检察院或者原判人民法院对收到的申诉材料及意见，应当迅速审查。对于确有错误的，应依法提起审判监督程序，对案件进行再审。对于原判正确，申请没有理由的，可以驳回申诉，并将处理结果通知申诉人和有关执行机关。

案 例 解 析

(一)

本案中，赵某被判处死刑立即执行，依法应由原审中级人民法院执行，同时没收个人全部财产的判决也由人民法院执行；钱某被判处死刑缓期二年执行，依法应由监狱执行；孙某被判处有期徒刑七年，也应由监狱执行；李某被判处管制一年，依法应由社区矫正机构执行；另外，对孙某剥夺政治权利的判决应由公安机关执行。

(二)

本案中，有三点不当之处。

第一，市中级人民法院将死刑判决委托县人民法院执行的做法是违法的。根据刑事诉讼法的规定，基层人民法院无权审理死刑案件，当然也无权执行死刑判决。同时，刑事诉讼法规定，死刑判决应由接到死刑命令的人民法院交付执行。因此，本案的死刑判决依法应由市中级人民法院执行，而不能委托县人民法院执行。

第二，市中级人民法院要求县人民法院在交付执行前召开公开处理大会也是错误的。《刑事诉讼法》第二百六十三条规定，执行死刑应当公布，不应示众。召开公开执行大会，实际上是一种变相示众。

第三，根据刑事诉讼法的规定，下级人民法院在接到最高人民法院执行死刑的命令后，应当在七日以内交付执行。本案死刑判决经最高人民法院核准后，市中级人民法院于6月8日接到执行令。因此，该死刑判决应当在6月15日以前交付执行。而实际上，该判决直到6月17日才得以执行，已超过了刑事诉讼法规定的法定期限，因而也是错误的。

本章小结

刑事执行的核心内容是将生效裁判付诸实施，从而最终体现惩罚犯罪、保障人权的诉讼任务。刑事执行程序需严格依法进行，其依据是已经生效的、合法的刑事裁判文书。我国的刑事执行机关包括人民法院、监狱、公安机关、未成年管教所以及社区矫正机构，执行监督机关是人民检察院。在刑事执行过程中，如果遇到法定情形需要变更执行的，应由法定机关依照法定程序予以及时变更。人民检察院作为法定的刑事诉讼监督主体，应切实履行对人民法院生效裁判执行的监督工作，维护生效判决与裁定的稳定性予严肃性，从而保障刑事诉讼任务的实现。

思考题

1. 刑事执行有哪些特点？
2. 刑事执行的依据有哪些？
3. 暂予监外执行需要满足何种条件？
4. 人民检察院在死刑执行的监督中应着重审查哪些内容？

第十六章　刑事赔偿程序

学习目标

通过本章的学习，你可以……

- 了解刑事赔偿的概念和意义
- 掌握刑事赔偿责任的构成要件
- 掌握我国刑事赔偿的范围和不予赔偿的范围
- 掌握刑事赔偿的基本程序
- 了解我国刑事赔偿的方式和计算标准
- 了解我国刑事赔偿的请求时效

案例研讨

（一）

何某因涉嫌强奸而被A县公安局拘留，后被逮捕。A县人民检察院以其犯有强奸罪向A县人民法院提起公诉。第一审人民法院认为公诉机关证据不足，指控不成立，判处宣告何某无罪。A县人民检察院提起抗诉，第二审期间，A市人民检察院作出证据不足、撤销抗诉的决定，A市中级人民法院裁定终止审理。何某遂以A县人民检察院错误逮捕为由，向其提出刑事赔偿请求，具体包括：赔偿错误羁押赔偿金5万元；赔偿释放后医疗费用3 600元；赔偿律师代理费及其他费用12 000元。

问题：本案中，对于何某的赔偿请求，哪些可予以支持，哪些应予以驳回？

（二）

黄某因涉嫌故意杀人于2011年12月10日被公安机关拘留。在拷打刑讯下承认自己有杀人行为，后被批准逮捕。侦查终结后，公安机关将案件移送甲市人民检察院审查起诉。其间，检察院两次退回补充侦查。后甲市人民检察院于2012年6月5日以“事实不清，证据不足，虽经两次补充侦查，但据以定案的证据仍然存在疑问，无法查证属实”为由，对黄某作出不起诉决定。黄某遂向甲市人民检察院要求国家赔偿。甲市人民检察院认为，根据《中华人民共和国国家赔偿法》第十九条的规定，黄某“自己故意作虚伪供述”，故检察机关依法不承担赔偿责任。

问题：甲市人民检察院的理由能否成立？

引　言

刑事赔偿是国家赔偿制度中的一项重要内容。通过刑事赔偿,可以弥补公民因国家机关及其工作人员的职务行为而受到的损害,同时也可以促使国家机关及其工作人员严格依照法律规定行使其职权。进行刑事赔偿应当明确刑事赔偿请求人和刑事赔偿义务机关,刑事赔偿请求人应依照法律规定的程序向赔偿义务机关提出赔偿请求。

第一节　刑事赔偿概述

一、刑事赔偿的概念和意义

刑事赔偿,是指侦查、检察、审判、监狱管理机关及其工作人员在行使职权时,侵犯个人、法人和其他组织的合法权益并造成损害,国家为此承担赔偿责任的制度。刑事赔偿是国家赔偿制度的重要组成部分。

在我国,确立和完善刑事赔偿制度具有非常重要的意义。

第一,刑事赔偿制度作为一项救济制度,可以对无辜受冤屈者提供赔偿,对其物质损失加以弥补,对其精神加以抚慰。

第二,刑事赔偿制度可以对国家专门机关及其工作人员加以约束,促使其谨慎行使权力,避免给公民、法人或者其他组织造成不必要的损失。

第三,刑事赔偿制度有利于化解因侦查、检察、审判、监狱管理机关及其工作人员的行为所引起和激化的矛盾,平复被冤屈者及其亲友的不满和怨气,消解消极因素,维护和促进社会的安定。

二、刑事赔偿的条件

《中华人民共和国国家赔偿法》(以下简称《国家赔偿法》)第二条规定:"国家机关和国家机关工作人员行使职权,有本法规定的侵犯公民、法人和其他组织的合法权益的情形,造成损害的,受害人有依照本法取得国家赔偿的权利。"可见,现行《国家赔偿法》确立的归责原则是结果责任原则,即不论专门机关及其工作人员的职权行为是否合法,只要侵犯了公民、法人和其他组织的合法权益,只要符合法律规定的情形,都应承担赔偿责任。

国家承担刑事赔偿责任,应具备以下条件。

(1) 加害主体必须是行使侦查、检察、审判职权的机关以及看守所、监狱管理机关及其工作人员。其他任何国家机关、企事业单位和个人均不能构成刑事赔偿责任的主体。

(2) 上述机关及其工作人员的行为应是行使职权的行为,与行使职权无关的个人行为、民事行为所造成的损害,不在刑事赔偿之列。

(3) 上述机关及其工作人员的行为给相对人造成了损害。该损害既可以是人身损害,也可以是财产损害。无论行使职权的行为是否违法，只要职权行为造成侵权结果即可。

(4) 损害后果与行使职权的行为之间必须有因果关系，因公民、法人和其他组织自己的行为致使损害发生的，国家不予赔偿。

(5) 受害人本身没有过错。如果损害是由被害人的过错引起的，如故意作虚伪陈述，造成错误逮捕、起诉和审判的，或者自伤、自残，国家不承担赔偿责任。

上述条件必须同时具备，国家才承担赔偿责任。

三、我国刑事赔偿制度的建立和完善

我国刑事赔偿制度的正式建立是在1994年5月12日，第八届全国人民代表大会常务委员会第七次会议通过了《国家赔偿法》。该法第三章专章规定了刑事赔偿，包括刑事赔偿的范围、赔偿请求人、赔偿义务机关和赔偿程序等。第四章规定了赔偿方式和计算标准。这些规定为刑事司法错误和刑事诉讼违法行为的受害者提供了法律制度上的保障。对维护公民、法人和其他组织的合法权益，促进依法行政、公正司法，缓和社会矛盾、维护社会稳定具有重要作用。

2010年4月29日，第十一届全国人民代表大会常务委员会第十四次会议通过了《全国人民代表大会常务委员会关于修改〈中华人民共和国国家赔偿法〉的决定》。修订后的《国家赔偿法》确立了新的归责原则、完善了赔偿程序，为公民、法人和其他组织维护自身合法权益提供了进一步的保障。2011年2月28日，最高人民法院审判委员会通过了《最高人民法院关于人民法院赔偿委员会审理国家赔偿案件程序的规定》，进一步完善了人民法院审理国家赔偿案件的程序。2012年10月26日，第十一届全国人民代表大会常务委员会第二十九次会议通过《全国人民代表大会常务委员会关于修改〈中华人民共和国国家赔偿法〉的决定》，对其中涉及的刑事诉讼法的法律条文进行修改，修正后的《国家赔偿法》自2013年1月1日起施行。

第二节　刑事赔偿范围

根据我国《国家赔偿法》的规定，刑事赔偿包括侵犯人身权的赔偿和侵犯财产权的赔偿。同时，在特定情况下国家不承担赔偿责任。

一、侵犯人身权的赔偿范围

行使侦查、检察、审判职权的机关以及看守所、监狱管理机关及其工作人员在刑事诉讼中侵犯人身权利的，受害人有申请赔偿的权利。具体来说包括以下五个方面。

(1) 违法对公民采取拘留措施的，或者依法对公民采取拘留措施，但是拘留时间超过《刑事诉讼法》规定的时限，其后决定撤销案件、不起诉或者判决宣告无罪，终止追究刑事责任的。

(2) 对公民采取逮捕措施后，决定撤销案件、不起诉或者判决宣告无罪，终止追究刑事责任的。根据《国家赔偿法》的精神，对于错误拘留、错误逮捕，是从实际结果来判定是否应

予赔偿而不以违法责任为前提，只要不再追究犯罪嫌疑人、被告人的刑事责任，就应当认定为错误拘留、错误逮捕而予以赔偿。

(3) 依照审判监督程序再审改判无罪，原判刑罚已经执行的。这里的"原判刑罚"是指原判剥夺人身自由或者生命的刑罚，不包括管制和有期徒刑缓刑及剥夺政治权利。因为管制是在社会上监督改造的刑罚，没有剥夺犯罪嫌疑人的人身自由；有期徒刑缓刑，是有条件地不执行原判刑罚。"已经执行"包括已经全部执行或者部分执行。

(4) 刑讯逼供，以殴打、虐待等行为或者唆使、放纵他人以殴打、虐待等行为，造成公民身体伤害或者死亡的。这是指行使侦查、检察、审判、监狱管理职权的机关的工作人员使用肉刑和变相肉刑亲自或者放纵他人摧残、虐待犯罪嫌疑人、被告人或者罪犯，造成其身体伤害或者死亡。

(5) 违法使用武器、警械造成公民身体伤害或者死亡的。武器、警械是指枪支、警棍、手铐、脚镣、警绳和其他警械。如果人民警察和国家审判机关、检察机关、公安机关、国家安全机关、司法行政机关及其他依法执行职务的人员违反有关法律规定使用武器、警械造成公民身体伤害或者死亡的，应当予以赔偿。

二、侵犯财产权的赔偿范围

刑事诉讼中违法行使职权侵犯公民、法人或其他组织的财产权应予赔偿的有两种情况。

(1) 违法对财产采取查封、扣押、冻结、追缴等措施。这是指查封、扣押、冻结了与案件无关的财物或存款，超出法定范围查封、扣押财物或冻结存款，追缴的财物不是犯罪分子的违法所得而是其合法的收入，没收的财物不是违禁品、不是犯罪分子用以作案的个人物品等。

(2) 依照审判监督程序再审改判无罪，原判罚金、没收财产已经执行的。对有关财产的判决已经执行后发现被判决有罪的人应当改判无罪的，人民法院应当以审判监督程序加以改判，并就财产刑部分做出改判。

三、国家不承担赔偿责任的情形

根据《国家赔偿法》的规定，在刑事诉讼中，属于下列情形之一的，国家不承担赔偿责任。

(1) 因公民自己故意作虚假供述，或者伪造其他有罪证据被羁押或者被判处刑罚的。需要指出的是，这种不予赔偿的情形限于错误羁押或者被错判刑罚，但不包括刑讯逼供或者以殴打等暴力行为造成公民身体伤害或者死亡的情形。也就是说，由于司法工作人员刑讯逼供、威胁等行为迫不得已承认自己有罪或者提供所谓"证据"而被羁押或者被处刑罚的，不能认定为故意作虚假供述或者伪造有罪证据，国家对该公民受到的损害仍应承担赔偿责任。

(2) 依照《刑法》第十七条、第十八条的规定，不负刑事责任的人被羁押的。这是指实施了《刑法》所禁止的危害社会的行为，因其未达到刑事责任年龄或不具有刑事责任能力而不负刑事责任，但公安、司法机关在未弄清行为人的年龄和实际责任能力前对其羁押的，行为人不能请求赔偿。

(3) 依照《刑事诉讼法》第十六条、第一百七十七条第二款、第二百八十四条第二款、第二百九十条的规定不追究刑事责任的人被羁押的。这是指对于情节显著轻微，危害不大，不认为是犯罪的；犯罪已过追诉时效的；经特赦令免除刑罚的；依照《刑法》告诉才处理，没有告诉或者撤回告诉的；犯罪嫌疑人、被告人死亡的；其他法律规定免予追究刑事责任的人曾被羁押的，国家不予赔偿。对于犯罪情节轻微，依照《刑法》规定不需要判处刑罚或者免除刑罚，人民检察院依法作出不起诉处理的，国家不予赔偿。

(4) 侦查、检察、审判、监狱管理机关的工作人员实施的与行使职权无关的个人行为。国家只对国家专门机关及其工作人员的职权行为承担责任，对于非职权行为则不承担责任。

(5) 因公民自伤、自残等故意行为导致损害发生的。此种情况下，公民的损害是由其自身的故意行为造成的，国家专门机关及其工作人员没有过错，国家当然不应承担赔偿责任。

(6) 法律规定的其他情形。包括不可抗力和意外事件、第三人的过错行为、正当防卫行为、超过赔偿请求时效，等等。

第三节　刑事赔偿程序

一、刑事赔偿请求的提起

(一) 刑事赔偿请求权人

我国《国家赔偿法》第六条规定："受害的公民、法人和其他组织有权要求赔偿。受害的公民死亡，其继承人和其他有扶养关系的亲属有权要求赔偿。受害的法人或者其他组织终止的，其权利承受人有权要求赔偿。"

据此，刑事赔偿的请求权人包括以下三个方面。

(1) 受害的公民、法人和其他组织。赔偿请求权原则上由受害者行使，受害者有能力提出国家赔偿请求却不提出的，一般认为其放弃了自己的赔偿请求权。这里的受害者包括自然人、法人和其他组织。在实践中，受害者还可以委托诉讼代理人来帮助其行使赔偿请求权。

(2) 继承人和其他有扶养关系的亲属。受害者死亡的，应当由其继承人优先行使请求权，然后才由其他与受害者具有扶养关系的亲属行使请求权。

(3) 权利承受人。受害的法人或其他组织终止的，其权利承受人有权要求赔偿。

(二) 刑事赔偿请求的方式

刑事赔偿请求一般采取书面方式提起，即提交刑事赔偿申请书，申请书的主要内容包括：① 受害者是自然人的应写明受害人的姓名、性别、年龄、工作单位和住所；受害者是法人或其他组织的应写明法人或其他组织的名称、地址，以及法定代表人或主要负责人的姓名、职务；② 具体的要求、事实根据和理由；③ 提出申请的时间(写明年、月、日)。

赔偿请求人书写申请书确有困难的，可以委托他人代书；提出赔偿申请也可以采取口头形式，由赔偿义务机关记入笔录。

(三) 刑事赔偿请求的时效

赔偿请求人请求国家赔偿的时效为两年，自其知道或者应当知道国家机关及其工作人员行使职权时的行为侵犯其人身权、财产权之日起计算,但被羁押等限制人身自由期间不计算在内。

在申请行政复议或者提起行政诉讼时一并提出赔偿请求的,适用行政复议法、行政诉讼法有关时效的规定。

赔偿请求人在赔偿请求时效的最后六个月内,因不可抗力或者其他障碍不能行使请求权的,时效中止。从中止时效的原因消除之日起,赔偿请求时效期间继续计算。

二、刑事赔偿义务机关

确定刑事赔偿义务机关的一般原则是,行使国家侦查、检察、审判职权的机关以及看守所、监狱管理机关及其工作人员在行使职权时侵犯公民、法人和其他组织的合法权益造成损害的,该机关为赔偿义务机关。我国《国家赔偿法》第二十一条对刑事赔偿义务机关作了明确的规定。

(1) 行使侦查、检察、审判职权的机关以及看守所、监狱管理机关及其工作人员在行使职权时侵犯公民、法人和其他组织的合法权益造成损害的,该机关为赔偿义务机关。

(2) 对公民采取拘留措施,依照《国家赔偿法》的规定应当给予国家赔偿的,作出拘留决定的机关为赔偿义务机关。

(3) 对公民采取逮捕措施后决定撤销案件、不起诉或者判决宣告无罪的,作出逮捕决定的机关为赔偿义务机关。

(4) 再审改判无罪的,作出原生效判决的人民法院为赔偿义务机关。二审改判无罪,以及二审发回重审后作无罪处理的,作出一审有罪判决的人民法院为赔偿义务机关。

三、刑事赔偿的具体程序

根据《国家赔偿法》的规定,赔偿请求人要求赔偿的,应当先向赔偿义务机关提出请求。而赔偿义务机关则需根据具体情况来确定,包括侦查、检察、审判和监狱等机关。

其中,人民法院受理赔偿请求分为两种情况:一是作为赔偿义务机关的本级人民法院,二是中级以上的人民法院专门设立的赔偿委员会。赔偿委员会由人民法院三名至七名审判员组成,组成人员的人数应当为单数。在赔偿委员会作出赔偿决定时,实行少数服从多数的原则。赔偿委员会认为重大、疑难的案件,必要时由赔偿委员会主任报请人民法院院长提交审判委员会讨论决定,审判委员会的决定,赔偿委员会应当执行。

刑事赔偿可以按照以下四项程序进行。

(一) 刑事赔偿的一般程序

如果赔偿义务机关发现有《国家赔偿法》第十七条、第十八条规定情形之一的,应主动给予赔偿。

如果是受害者提出赔偿申请的,一般应提交申请书。赔偿义务机关应当自收到申请之日起两个月内,作出是否赔偿的决定。赔偿义务机关决定赔偿的,应当制作赔偿决定书,并自作出决定之日起十日内送达赔偿请求人。共同赔偿的案件中,赔偿请求人可以向共同赔偿义务机关中的任何一个赔偿义务机关要求赔偿,该赔偿义务机关应当先予赔偿。赔偿义务机关决定不予赔偿的，应当自作出决定之日起十日内书面通知赔偿请求人，并说明不予赔偿的理由。

赔偿义务机关作出赔偿决定，应当充分听取赔偿请求人的意见，并可以与赔偿请求人就赔偿方式、赔偿项目和赔偿数额依照《国家赔偿法》的规定进行协商。

（二）刑事赔偿的复议程序

赔偿义务机关在规定期限内未作出是否赔偿的决定，赔偿请求人可以自期限届满之日起三十日内向赔偿义务机关的上一级机关申请复议。

赔偿请求人对赔偿的方式、项目、数额有异议的，或者赔偿义务机关作出不予赔偿决定的，赔偿请求人可以自赔偿义务机关作出赔偿或者不予赔偿决定之日起三十日内，向赔偿义务机关的上一级机关申请复议。

赔偿义务机关是人民法院的，赔偿请求人可以依照《国家赔偿法》规定向其上一级人民法院赔偿委员会申请作出赔偿决定。

复议机关应当自收到申请之日起两个月内作出决定。复议后的处理结果包括：① 原决定认定事实清楚，适用法律正确的，予以维持；② 原决定认定事实不清，适用法律或赔偿方式、数额不当的，作出新的赔偿决定。

（三）赔偿委员会的决定程序

赔偿请求人不服复议决定的，可以在收到复议决定之日起三十日内向复议机关所在地的同级人民法院赔偿委员会申请作出赔偿决定；复议机关逾期不作决定的，赔偿请求人可以自期限届满之日起三十日内向复议机关所在地的同级人民法院赔偿委员会申请作出赔偿决定。

人民法院赔偿委员会处理赔偿请求时，赔偿请求人和赔偿义务机关对自己提出的主张，应当提供证据。被羁押人在羁押期间死亡或者丧失行为能力的，对于赔偿义务机关的行为与被羁押人的死亡或者丧失行为能力是否存在因果关系，赔偿义务机关应当提供证据。

赔偿委员会处理赔偿请求时，采取书面审查的方法，必要时可向赔偿义务机关或赔偿请求人调查、了解情况。

赔偿委员会经过审查，可以做出如下处理：① 赔偿义务机关决定或者复议机关复议决定适用法律正确，赔偿方式、赔偿数额适当的，应当决定予以维持；② 赔偿义务机关决定、复议机关复议决定适用法律不当的，应当撤销原决定，依法作出决定；③ 赔偿方式、赔偿数额不当的，应当作出变更决定；④ 确有《国家赔偿法》第十七条、第十八条规定情形之一，赔偿义务机关或者复议机关逾期未作出决定的，应当依法作出赔偿或者不予赔偿的决定；⑤ 赔偿请求人申请赔偿事项属于《国家赔偿法》第十九条规定的国家不承担赔偿责任的情形之一，或者已超过法定时效的，应当作出不予赔偿的决定。

人民法院赔偿委员会应当自收到赔偿申请之日起三个月内作出决定；属于疑难、复杂、重大案件的，经本院院长批准，可以延长三个月。

赔偿请求人或者赔偿义务机关对赔偿委员会作出的赔偿决定，认为确有错误的，可以向上一级人民法院赔偿委员会提出申诉。

（四）刑事赔偿中的追偿制度

刑事赔偿义务机关在赔偿请求人的损失后，对具有法定情形而造成损害的工作人员可以进行追偿，以督促其严格执法，增强责任感，同时也可以减少国家因赔偿所遭受的损失，减轻财政负担。

根据《国家赔偿法》第三十一条的规定，刑事赔偿中的追偿对象包括：① 刑讯逼供或者以殴打、虐待等行为或者唆使、放纵他人以殴打、虐待等行为造成公民身体伤害或者死亡的；② 违法适用武器、警械造成公民身体伤害或者死亡的；③ 在处理案件时有贪污受贿、徇私舞弊、枉法裁判行为的司法工作人员。

同时，对于具有上述情形的责任人员，有关机关应当依法给予行政处分；构成犯罪的，应当依法追究刑事责任。

四、刑事赔偿方式和计算标准

（一）赔偿方式

（1）支付赔偿金。这是国家赔偿的主要方式，包括侵犯人身权造成损害的；侵犯财产权造成损害不能恢复原状的，按照损害程度给付相当的赔偿金；应当返还的财产灭失的，给付相应的赔偿金等。

（2）返还财产或者恢复原状。侵犯公民、法人和其他组织的财产权造成损害的，能够返还财产或者恢复原状的，应当返还财产或者恢复原状。返还的财产可能是金钱，也可能是原物，但必须以原财产存在为前提。

（3）消除影响，恢复名誉，赔礼道歉，支付精神损害抚慰金。根据《国家赔偿法》第三十五条的规定，赔偿义务机关对于依法确认有该法第三条或者第十七条规定情形之一，致人精神损害的，应当在侵权行为影响的范围内，为受害人消除影响，恢复名誉，赔礼道歉；造成严重后果的，应当支付相应的精神损害抚慰金。

（二）计算标准

（1）侵犯公民人身自由的，每日赔偿金按照国家上年度职工日平均工资计算。国家上年度职工日平均工资数额，应当以职工年平均工资除以全年法定工作日数的方法计算。年平均工资以国家统计局公布的数字为准。

（2）造成公民身体伤害的，应当支付医疗费、护理费，以及赔偿因误工减少的收入。减少的收入每日的赔偿金按照国家上年度职工日平均工资计算，最高额为国家上年度职工年平均工资的五倍。

（3）造成部分或者全部丧失劳动能力的，应当支付医疗费、护理费、残疾生活辅助具费、康复费等因残疾而增加的必要支出和继续治疗所必需的费用，以及残疾赔偿金。残疾赔偿金根据丧失劳动能力的程度，按照国家规定的伤残等级确定，最高不超过国家上年度职工年平均工资的二十倍。造成全部丧失劳动能力的，对其扶养的无劳动能力的人，还应当支付生活费。

（4）造成死亡的，应当支付死亡赔偿金、丧葬费，总额为国家上年度职工年平均工资的二十倍。对死者生前扶养的无劳动能力的人，还应当支付生活费。生活费的发放标准，参照当地最低生活保障标准执行。被扶养的人是未成年人的，生活费给付至十八周岁止；其他无劳动能力的人，生活费给付至死亡时止。

（5）致人精神损害的，应当在侵权行为影响的范围内，为受害人消除影响，恢复名誉，赔礼道歉；造成严重后果的，应当支付相应的精神损害抚慰金。

（6）处罚款、罚金、追缴、没收财产或者违法征收、征用财产的，返还财产。

（7）查封、扣押、冻结财产的，解除对财产的查封、扣押、冻结；造成财产损坏的，能够恢复原状的恢复原状，不能恢复原状的，按照损害程度给付相应的赔偿金；应当返还的财产灭失的，应给付相应的赔偿金。

（8）财产已经拍卖或者变卖的，给付拍卖或者变卖所得的价款；变卖的价款明显低于财产价值的，应当支付相应的赔偿金。

（9）吊销许可证和执照、责令停产停业的，赔偿停产停业期间必要的经常性费用开支。

（10）返还执行的罚款或者罚金、追缴或者没收的金钱，解除冻结的存款或者汇款的，应当支付银行同期存款利息。

（11）对财产权造成其他损害的，按照直接损失给予赔偿。

（三）赔偿费用的来源和支付

我国《国家赔偿法》第三十七条规定，赔偿费用列入各级财政预算。国务院公布实施的《国家赔偿费用管理条例》规定：国家赔偿费用由各级人民政府按照财政管理体制分级负担；各级人民政府应当根据实际情况，安排一定数额的国家赔偿费用，列入本级年度财政预算。当年需要支付的国家赔偿费用超过本级年度财政预算安排的，应当按照规定及时安排资金。国家赔偿费用由各级人民政府财政部门统一管理。

赔偿义务机关应当自收到支付赔偿金申请之日起七日内，依照预算管理权限向有关的财政部门提出支付申请。财政部门应当自收到支付申请之日起十五日内支付赔偿金。

赔偿义务机关应向有关财政部门提出书面支付的申请，并提供下列材料：赔偿请求人请求支付国家赔偿费用的申请；生效的判决书、复议决定书、赔偿决定书或者调解书；赔偿请求人的身份证明等。

财政部门对赔偿义务机关的申请进行审核后，应当及时核拨、支付国家赔偿费用；财政部门发现赔偿项目、计算标准违反国家赔偿规定的，应当提交作出赔偿决定的机关或者其上级机关依法处理、追究有关人员的责任。

案例解析

（一）

本案中，侵权主体是A县人民检察院。A县人民法院宣告刘某无罪的一审生效判决确认了A县人民检察院批准逮捕刘某的行为是错误逮捕行为，并与刘某人身自由受到侵害的损害事实之间具有因果关系，因此具备了国家赔偿责任的构成要件。故应支持刘某的错误羁押赔偿请求，并按法定的赔偿标准和羁押天数确定赔偿金。但刘某释放后的医疗费用若经查明与错误羁押之间无因果关系的，则不应支持其赔偿请求。根据《国家赔偿法》第三十六条“对财产权造成其他损害的，按照直接损失给予赔偿”的规定，律师代理费及其他费用不属于错误羁押带来的直接损失，按现行法律可不予支持。

（二）

本案中，黄某显然是由于刑讯才违心作出虚假口供的，绝非基于自愿。尽管其在客观上提供了虚假陈述,但却不可无视其背后的刑讯逼供行为。显然这与立法规定的情况并不相同。而且,A市人民检察院在不起诉决定书中也认定本案事实不清、证据不足,这也辅助证明了之前实施的是错误的逮捕。因此,检察机关的理由难以成立。黄某除向检察机关请求错误羁押赔偿外,还可向侦查机关请求健康权损害赔偿。

本章小结

刑事赔偿是基于国家专门机关及其工作人员在行使职权时发生司法错误或者侵权行为而进行的赔偿。受害者提起刑事赔偿请求必须符合我国法律规定的条件。刑事赔偿有明确的赔偿范围,包括侵犯人身权的赔偿和侵犯财产权的赔偿,但特定情况下国家不承担赔偿责任。在刑事赔偿程序运作中,法定主体可以依法向赔偿义务机关提出赔偿请求,后者应在法定期限内进行审查并作出是否赔偿的决定。同时,赔偿申请人可以通过复议程序和赔偿委员会的决定程序来寻求进一步的救济。而赔偿义务机关在作出赔偿后,可以向有关工作人员进行追偿,并追究其相关的责任。总之,通过刑事赔偿可以在一定程度上维护公民、法人和其他组织的合法权益,并促使司法机关及其工作人员在行使职权时能够依法、正确地行使职权。

思考题

1. 简述我国刑事赔偿的条件。
2. 怎样理解我国刑事赔偿的归责原则?
3. 国家不承担刑事赔偿的情形有哪些?
4. 我国的刑事赔偿的方式包括哪几种?

第十七章 刑事特别程序

学习目标

通过本章的学习，你可以……

- 了解未成年人诉讼程序的概念、特征及法律依据
- 掌握未成年人诉讼程序的特有原则及程序
- 了解公诉案件和解程序的概念、意义
- 掌握我国公诉案件和解程序运作的主要内容
- 了解缺席审判的概念、性质、特征
- 掌握缺席审判程序的适用情形和具体程序
- 了解违法所得没收程序的概念、特点、功能
- 掌握违法所得没收程序的适用范围和适用条件
- 了解强制医疗程序的概念、特征及功能
- 掌握强制医疗程序的具体程序

案例研讨

(一)

被告人邢某,男,2005 年 3 月 2 日生。2020 年 4 月 5 日,因涉嫌故意杀人罪被 A 县人民检察院起诉至 A 县基层人民法院。县人民法院认为该案不属本院管辖,遂决定将案件移送市中级人民法院。市中级人民法院受理案件后,在审查公诉时,认为检察院起诉的犯罪事实不清,证据不足,于是退回人民检察院补充侦查。后市中级人民法院依法由审判员李某、刘某、陈某及人民陪审员孙某、赵某组成合议庭。由于本案作案手段残忍,合议庭中多数人认为应当公开审判,以便更好地进行法制宣传,根据少数服从多数的原则,最终决定公开审判。4 月 27 日,市中级人民法院依法对被告人邢某故意杀人一案进行公开审理。审判过程中,被告人邢某趁人不备脱逃,案件在较长时间内无法继续审理,审判长宣布延期审理。6 月 6 日,邢某被抓获归案后,市中级人民法院对案件继续进行审理,以故意杀人罪当庭宣告判处被告人邢某无期徒刑。6 月 15 日将判决书送达了当事人和市人民检察院。

问题:本案第一审程序有无不当之处? 请说明理由。

(二)

2013 年 1 月 1 日晚,杜某在某酒店与朋友吃饭时,与邻桌的吴某发生口角,吴某顺手打了杜某一巴掌,杜某气恼之下与吴某扭打在一起。扭打中,杜某将吴某从酒店二楼窗口处推下楼,导致吴某坠楼并且头部着地。两人扭打时,有人拨打了 110 报警,民警赶到后迅速将杜某控制起来。吴某被送至医院救治,经过抢救吴某虽脱离了生命危险,但始终处于昏迷状态,后经医院确诊吴某变成植物人。

在侦查阶段,杜某起初承认犯罪事实,但随后认为自己是正当防卫。经过公安机关侦查终结后，被移送至某人民检察院审查起诉。杜某聘请了律师何某作为辩护人。何某找到被害人吴某的妻子李某，提出被告方愿意给予赔偿，但要求李某接受和解。李某起初拒绝。何某告诉李某，如果拒绝的话，即便将来提起附带民事诉讼，杜某也未必愿意赔偿，杜某很可能宁愿坐牢也不愿意支付赔偿金；同时，吴某治疗费用也很昂贵，如果没有足够的经费，恐怕会耽误吴某的治疗。李某无奈之下，答应了和解的要求。

后何某找到人民检察院的承办人，提出其当事人愿意赔偿被害人相关的费用，并愿意赔礼道歉，希望可以按照和解程序解决本案。承办人经过询问杜某和李某，双方都表示愿意和解。双方经过协商，由杜某一次性赔偿吴某46万元的赔偿金，并作出书面道歉。承办人认为，当事人双方过去并无仇怨，且双方都愿意和解，因此本着化解矛盾、促进和谐的理念，认可了双方的和解协议，在对杜某进行法制教育后作出不起诉的决定。

问题：检察机关在办理本案中是否存在不当之处？为什么？

（三）

2018年3月12日，被告人谢某与被害人顾某因超车发生争执，为发泄情绪逞强耍横，谢某邀集刘某、吴某、孙某（三人均已判刑）采取轻微暴力手段，强行向顾某索要9 000元。

然而，2018年8月2日，被告人谢某在依法被取保候审期间，发生车祸致重度颅脑损伤、脑疝、意识昏迷。案件诉至人民法院后，因被告人谢某迟迟未恢复意识，无法出庭，A县人民法院对该案裁定延期审理。

2019年4月12日，该案承办法官来到被告人谢某家中走访，此时谢某不仅行动不便，就连话也说不出来。承办法官查看了谢某的病历并询问、了解了其身体情况。4月15日，A县人民法院裁定该案适用缺席审判程序恢复审理。

问：本案中人民法院的处理是否正确？

（四）

2004年10月至2013年2月，被告人李某（某省某厅副厅长）利用职务上的便利，为多人谋取利益，先后收受贿赂共计人民币2 030万元、港币780万元、美元68万元、日元120万元。案发后，李某携巨款逃至国外，至今未能归案。

问题：本案如果要适用违法所得没收程序的话，需满足何种条件？应由哪一个机关作出裁决？

（五）

2018年11月25日，张某因涉嫌故意杀人被某县公安局刑事拘留，同年12月24日被执行逮捕。然而，办案人员在侦查过程中发现张某精神意识与常人有别，遂对其进行精神病司法鉴定。经鉴定，张某患有精神分裂症，作案时无刑事责任能力，依法不负刑事责任，但有继续危害社会的可能。因此，公安机关遂作出撤销案件、送交强制医疗的决定，随后将张某送往县精神病医院接受治疗。

问题：本案中，公安机关的做法是否恰当？为什么？

引 言

2012年《刑事诉讼法》增设了公诉案件和解程序、违法所得没收程序和强制医疗程序，2018年《刑事诉讼法》增设了缺席审判程序，这四个程序加上1996年《刑事诉讼法》中的未成年人诉讼程序，形成了我国的刑事特别程序体系。刑事特别程序的构建对于实现刑事诉讼程序的专业化、精密化，完善刑事诉讼程序分流机制均具有重要意义。那么，这些特别程序的主要特点是什么？各自的功能是什么？程序运行中需要注意哪些问题？有何特别的救济机制？本章主要围绕这些问题加以展开。

第一节 未成年人诉讼程序

一、未成年人诉讼程序概述

（一）未成年人犯罪与未成年人诉讼程序

未成年人犯罪，是指已满十四周岁不满十八周岁的人实施了危害社会、应受刑罚处罚的行为。由于犯罪人尚未成年，在心理、生理等方面与成年人相比有很大的不同，这使得处理未成年人犯罪的诉讼程序也应与成年人的诉讼程序有所区别。例如，公安、司法机关在办理未成年人刑事案件时，必须认真审核犯罪嫌疑人、被告人的年龄，做到准确、无误。人民法院审理未成年人刑事案件，应当查明被告人实施指控犯罪时的年龄，并在裁判文书中写明被告人的具体出生日期。

未成年人诉讼程序，是指公安、司法机关在对未成年人刑事案件进行立案、侦查、审查起诉、审判和执行的过程中必须依法遵循的特殊方式和步骤。

未成年人诉讼程序具有如下特征。

（1）办案主体的专门性。公安机关、人民检察院、人民法院在办理未成年人刑事案件时，应当设立专门机构或者指定专人办理。相关的办案人员应当熟悉未成年人的特点、善于做未成年人的思想教育工作，同时还应具备心理学、犯罪学和教育学等方面的知识。另外，基层检察机关通常设立“未检科”（未成年人犯罪检查科）专门办理未成年人刑事案件，人民法院设立少年法庭专门审理未成年人刑事案件。

（2）刑事强制措施适用的特殊性。由于未成年犯罪人的心理和生理都尚未成熟，一般很难承受强制措施所带来的巨大压力，所以应严格限制或尽量减少对其适用强制措施。人民法院决定逮捕和人民检察院审查批准逮捕时，应当讯问未成年犯罪嫌疑人、被告人，听取辩护律师的意见。对被拘留、逮捕的未成年犯罪人与成年犯罪人，应当分别关押、分别管理。

（3）犯罪嫌疑人、被告人诉讼权利的特殊性。未成年犯罪嫌疑人、被告人，不仅依法享有成年犯罪嫌疑人、被告人享有的各项诉讼权利，而且享有法律赋予的特殊诉讼权利。例如，未成年犯罪嫌疑人、被告人没有委托辩护人的，人民法院、人民检察院、公安机关应当通知法律援助机构指派律师为其提供辩护。又如，对于未成年人刑事案件，在讯问和审判的时候，应当通知未成年犯罪嫌疑人、被告人的法定代理人到场。

(4) 程序运行的特殊性。在刑事诉讼过程中更加突出教育改造的方针，寓教育、感化、挽救于各个诉讼阶段之中。从侦查、起诉、审判到执行，均采取适合未成年人特点的诉讼制度和程序。

(二) 未成年人诉讼程序的法律依据

在我国，处理未成年人案件的法律依据主要包括《刑事诉讼法》、《中华人民共和国未成年人保护法》(以下简称《未成年人保护法》)、《中华人民共和国预防未成年人犯罪法》(以下简称《预防未成年人犯罪法》)等，其他依据还包括最高人民法院、最高人民检察院的相关司法解释以及公安部、司法部等部门的规章。

1991 年 1 月 26 日发布的《最高人民法院关于办理少年刑事案件的若干规定(试行)》，对审理少年刑事案件的审判组织、开庭前的准备工作、法庭审判、执行等问题都作了较为详尽的规定。

2001 年 4 月 12 日起施行的《最高人民法院关于审理未成年人刑事案件的若干规定》，规定了审理未成年人刑事案件应遵循的特有原则、审判组织、少年法庭的受案范围、开庭前的准备工作等内容。

2006 年 1 月 11 日颁布的《最高人民法院关于审理未成年人刑事案件具体应用法律若干问题的解释》，对未成年人的量刑、缓刑、假释等都作了明确规定，统一了司法尺度，同时对盗窃和强奸等犯罪行为的认定更为细化，明确了罪与非罪的界限。

2006 年 12 月 28 日，最高人民检察院通过了《人民检察院办理未成年人刑事案件的规定》，对未成年人刑事案件的审查批捕、审查起诉与出庭支持公诉、法律监督以及申诉检察工作的原则和程序作了详尽的规定。

此外，联合国通过的一系列法律文件，如《联合国少年司法最低限度标准规则》(《北京规则》)、《联合国预防少年犯罪准则》(《利雅得准则》)、《儿童权利公约》等，确立的处理未成年人刑事案件的原则、标准和规范，在我国的法律中也通过相应的条款得以体现和贯彻，成为我国设置未成年人刑事诉讼程序的法律依据。

二、未成年人诉讼程序的方针、原则和重要制度

(一) 教育、感化、挽救方针

教育、感化、挽救方针是我国处理未成年人刑事案件的主导思想。我国《刑事诉讼法》第二百七十七条对这一方针作了专门规定。这一方针要求在未成年人刑事案件诉讼的各个阶段，公安、司法机关都必须坚持教育为主、惩罚为辅原则，对未成年人不失时机地进行教育、挽救。办案人员应当照顾未成年人的身心特点，尊重其人格尊严，保障其合法权益，教育他们认清自己所犯的错误和罪行，唤醒他们的悔罪意识，教育他们认罪服法、接受改造、重新做人。

(二) 教育为主、惩罚为辅原则

教育为主、惩罚为辅原则要求公安、司法机关的办案人员在办理未成年人刑事案件时，要正确处理好教育与惩罚的关系，将教育工作放在主要地位，将惩罚放在辅助地位，将惩罚看作教育的一种方式。同时，该原则要求对涉嫌犯罪的未成年人要以矫治、康复回归为主，

尽可能地将未成年人犯罪以非刑罚的方式处置，避免给其贴上罪犯标签。

但是，需要指出的是，贯彻本原则并不意味着只进行教育而忽视惩罚的作用。毕竟未成年人犯罪同样对社会和被害人造成了危害，对其依法进行刑事处罚是正当的，只是这种惩罚要遵循教育、感化、挽救的方针。

（三）分案处理原则

分案处理原则，是指公安、司法机关在刑事诉讼中，将未成年人案件与成年人案件分开处理，对未成年人与成年人分别关押。具体来说，包括程序分离、分别关押、分案审理和分别执行。

程序分离，是指涉及未成年人和成年人的共同犯罪时，应当对未成年犯罪嫌疑人、被告人适用特别程序。分别关押，是指实施拘留、逮捕等强制措施时，应当将未成年犯罪嫌疑人、被告人和成年犯罪嫌疑人、被告人的羁押场所相分离，避免交叉感染。分案审理，是指在审理过程中，只要不是必须合并审理的，都应当进行分案审理。分别执行，是指在未成年人刑事案件的判决、裁定生效之后，其执行场所应当和成年罪犯的分开，以防止对未成年罪犯产生不良的影响。

（四）审理不公开原则

未成年人刑事案件实行不公开审理，人民法院在审理未成年人刑事案件时，不允许群众旁听，不允许记者采访，报纸等印刷品不得刊登未成年被告人的姓名、年龄、住址及照片等。

根据《刑事诉讼法》第二百八十五条和《最高法院解释》第四百六十七条的规定，开庭审理时被告人不满十八周岁的案件，一律不公开审理。经未成年被告人及其法定代理人同意，未成年被告人所在学校和未成年人保护组织可以派代表到场。到场代表的人数和范围，由法庭决定。到场代表经法庭同意，可以参与对未成年被告人的法庭教育工作。

另外，根据《预防未成年人犯罪法》第四十五条的规定，对未成年人犯罪案件，新闻报道、影视节目、公开出版物不得披露该未成年人的姓名、住所、照片及可能推断出该未成年人的资料。

需要指出的是，未成年人刑事案件宣告判决应当公开进行，但不得采取召开公审大会的形式。

（五）社会调查制度

公安、司法机关在办理未成年人刑事案件过程中，不仅要调查案件事实和证据，而且要对未成年犯罪嫌疑人、被告人的生理心理特征、性格特点、成长经历及生活环境等进行调查，以便弄清未成年犯罪嫌疑人、被告人的犯罪原因和条件，从而为教育改造选择最佳方案，以取得最佳的教育改造效果。

社会调查的主要内容包括：① 能够证明未成年被告人是否有罪及犯罪轻重的一切证据材料，如犯罪构成要件、犯罪情节、未成年犯罪人个人的情况、犯罪后的表现等证据；② 对未成年人的生活环境及与之相关的各种社会关系进行调查，如家庭情况、父母管教方式、在校学习情况、社交往来等；③ 着重查清促使未成年人走上犯罪道路的各种因素和社会关系；④ 着重查清未成年人的兴趣爱好、智力能力、身心发育成熟程度、情感类型等个性特征；⑤ 注意未成年人生理和心理上有无畸形变态等情况。

（六）隐私特别保护制度

我国《刑事诉讼法》第二百八十六条规定:“犯罪的时候不满十八周岁,被判处五年有期徒刑以下刑罚的,应当对相关犯罪记录予以封存。犯罪记录被封存的,不得向任何单位和个人提供,但司法机关为办案需要或者有关单位根据国家规定进行查询的除外。依法进行查询的单位,应当对被封存的犯罪记录的情况予以保密。”

据此,我国确立了针对未成年犯罪人的隐私特别保护制度,即对于被判处轻罪的未成年人的犯罪记录应当予以封存,除法律特别规定外,任何单位和个人都不得查询。这一制度有助于加强对未成年人的保护,使其能够更快、更好地回归社会。

三、未成年人诉讼程序的内容

（一）立案程序

未成年人刑事案件的立案程序有其自身的特点：① 在进行立案审查时,除了需查明是否具备立案条件外,还应当查明犯罪嫌疑人确切的出生时间;② 应查明未成年犯罪嫌疑人是否被教唆犯罪,以及其生活环境、经历、心理特征等内容。

经过审查,对于不符合立案条件的,如果属于案件显著轻微、危害不大、不认为是犯罪的,可将案件材料移交其他有关部门,作出适当处理,或通知其监护人对其严加监护、教育;对于符合立案条件的,应制作立案报告,除写明立案材料来源、案发时间和地点、犯罪事实、证据材料、立案的法律依据和初步意见外,还应当着重写明犯罪嫌疑人的确切出生时间、生活环境、心理性格特征、犯罪的原因等有关情况。

（二）侦查程序

未成年人刑事案件在侦查过程中,除了应遵循侦查程序的一般规定外,还应当注意以下几个方面。

(1) 办理未成年人刑事案件,应当贯彻教育、感化、挽救方针,照顾其身心特点,尊重其人格尊严,保护其合法权益。同时,侦查人员除了查明案情、收集证据外,还应坚持全面审查的原则,即不仅要对与定罪量刑有关的事实和情节进行调查,还要对案外事实进行详尽的调查,包括未成年犯罪嫌疑人的生活学习环境、性格特点、成长经历、心理状态、社会交往等情况,以便于更好地对未成年犯罪嫌疑人开展教育、挽救和改造工作。

(2) 对未成年犯罪嫌疑人采用强制措施时,要慎重对待,尽量不采用和少采用强制措施,对可捕可不捕的,不宜逮捕,以免给其带来不必要的心理负担。检察机关在审查批捕时,应当根据未成年犯罪嫌疑人涉嫌犯罪的事实、主观恶性、有无监护与社会帮教条件等,综合衡量其社会危险性,以确定有无逮捕必要。

(3) 讯问未成年犯罪嫌疑人时,应注意以下几个问题。① 讯问未成年犯罪嫌疑人时,应当通知其法定代理人到场,告知法定代理人依法享有的诉讼权利和应当履行的义务。到场的法定代理人认为办案人员在讯问中侵犯未成年人合法权益的,可以提出意见。无法通知、法定代理人不能到场或者法定代理人是共犯的,也可以通知未成年犯罪嫌疑人、被告人的其他成年亲属,以及所在学校、单位、居住地基层组织或者未成年人保护组织的代表到场,并将有关情况记录在案。② 对未成年人的讯问可以在公安机关进行,也可以到未成年人的住所或学校进行。③ 讯问未成年人时，应当耐心听取其陈述或辩解，认真审核、查证与案件有关的证据和线索，并针对其思想顾虑、抵触情绪进行疏导。④ 讯问女性未成年犯罪嫌疑人时，应当有女工作人员在场。⑤ 讯问未成年犯罪嫌疑人一般不得使用戒具。对于确有人身危险性、必须使用戒具的，在现实危险消除后，应当立即停止使用。

(4) 对于被羁押的未成年人应当与成年人分别关押、管理，并根据其生理和心理特点在生活和学习等方面给予照顾。

(三) 审查起诉程序

(1) 人民检察院办理未成年人案件时，应当依法保护未成年人的名誉，尊重其人格尊严，不得公开或者传播涉案未成年人的姓名、住所、照片、图像以及可能推断出其身份的资料。

(2) 人民检察院审查起诉时，应当听取未成年犯罪嫌疑人的父母或者其他法定代理人、辩护人，未成年被害人及其法定代理人的意见。

(3) 人民检察院办理未成年人案件，可以应犯罪嫌疑人家属、被害人及其家属的要求，告知其审查逮捕、审查起诉的进展情况，并对有关情况予以说明和解释。

(4) 对于犯罪情节轻微，并具有下列情形之一，依照《刑法》规定不需要判处刑罚或者免除刑罚的未成年犯罪嫌疑人，一般应作出不起诉决定：① 被胁迫参与犯罪的；② 犯罪预备、中止、未遂的；③ 在共同犯罪中起次要或者辅助作用的；④ 系又聋又哑的人或者盲人的；⑤ 因防卫过当或者紧急避险过当构成犯罪的；⑥ 有自首或者立功表现的；⑦ 其他依照刑法规定不需要判处刑罚或者免除刑罚的情形。

(5) 附条件不起诉的适用。未成年人涉嫌《刑法》分则第四章、第五章、第六章规定的犯罪，可能判处一年有期徒刑以下刑罚，符合起诉条件，但有悔罪表现的，人民检察院可以作出附条件不起诉的决定。人民检察院在作出附条件不起诉的决定之前，应当听取公安机关、被害人的意见。如果未成年犯罪嫌疑人及其法定代理人对人民检察院决定附条件不起诉有异议的，人民检察院应当作出起诉的决定。

附条件不起诉有一定的考验期，其间一般为六个月以上、一年以下，从人民检察院作出附条件不起诉的决定之日起计算。在考验期内，由人民检察院对未成年犯罪嫌疑人进行监督考察。在考验期内，未成年犯罪嫌疑人应当遵守下列规定：① 遵守法律、行政法规，服从监督；② 按照考察机关的规定报告自己的活动情况；③ 离开所居住的市、县或者迁居，应当报经考察机关批准；④ 按照考察机关的要求接受教育和矫治。

被附条件不起诉的未成年犯罪嫌疑人，在考验期内发现有下列情形之一的，人民检察院应当撤销附条件不起诉的决定，提起公诉：① 实施新的犯罪或者发现决定附条件不起诉之前还有其他犯罪需要追诉的；② 违反治安管理规定或者考察机关有关附条件不起诉的监督管理规定，情节严重的。

被附条件不起诉的未成年犯罪嫌疑人，在考验期内没有上述情形，考验期满的，人民检察院应当作出不起诉的决定。

附条件不起诉决定书应当向被不起诉的未成年犯罪嫌疑人及其法定代理人公开宣布，并阐明相对不起诉的理由和法律依据。附条件不起诉决定书应当送达被不起诉的未成年犯罪嫌疑人及其法定代理人，并告知其依法享有的权利和应当遵守的义务。

(6) 人民检察院在审查未成年人和成年人共同犯罪的案件时，通常应当将未成年犯罪嫌疑人和成年犯罪嫌疑人分案提起公诉。但具有下列情形时,可以不分案起诉:① 未成年人系犯罪集团的组织者或者其他共同犯罪中的主犯的;② 案件重大、疑难、复杂,分案起诉可能妨碍案件审理的;③ 涉及刑事附带民事诉讼,分案起诉妨碍附带民事诉讼部分审理的;④ 具有其他不宜分案起诉情形的。

(四) 审判程序

(1) 我国审判未成年被告人的审判组织为少年法庭。中级人民法院和基层人民法院可以建立未成年人刑事审判庭,条件尚不具备的地方,应当在刑事审判庭内设立未成年人刑事案件合议庭或由专人负责办理未成年人刑事案件。高级人民法院可以在刑事审判庭内设立未成年人刑事案件合议庭。未成年人刑事审判庭和未成年人刑事案件合议庭统称"少年法庭"。

少年法庭由审判员或者由审判员和人民陪审员组成,少年法庭的审判长应当熟悉未成年人的特点、善于做未成年人的思想工作。少年法庭主要受理两类案件:① 被告人实施被指控的犯罪时不满十八周岁、人民法院立案时不满二十周岁的案件;② 被告人实施被指控的犯罪时不满十八周岁、人民法院立案时不满二十周岁,并被指控为首要分子或者主犯的共同犯罪案件。其他共同犯罪案件有未成年被告人的,或者其他涉及未成年人的刑事案件是否由少年法庭审理,由人民法院院长根据少年法庭工作的实际情况决定。

(2) 少年法庭开庭审理前,合议庭的准备工作包括以下四个方面。① 应重点查明是否附有未成年被告人年龄的有效证明材料,对于没有附送未成年被告人年龄有效证明材料的,应当通知人民检察院在三日内补送。② 应当通知未成年被告人的法定代理人出庭,法定代理人无法出庭或者确实不适宜出庭的,应当通知其他监护人或其他成年近亲属出庭,经通知不到庭的,人民法院应当记录在卷。③ 审判长认为有必要的,可以安排法定代理人或者其他成年近亲属、教师等人员与未成年被告人见面,以减轻其思想顾虑。④ 审判长一般应当主动与公诉人联系,了解未成年被告人的成长经历、性格心理状态、犯罪原因以及其在侦查、起诉阶段的表现。

(3) 法庭审理中应注意的问题包括以下六个方面。① 开庭审理时,被告人不满十八周岁的,一律不公开审理。未成年被告人没有委托辩护人的,法院应当通知法律援助机构指派律师为其提供辩护。② 在法庭审理时,审判语言要结合未成年被告人的特点,适应其心理承受能力,要做到态度严肃而和蔼、用语准确、通俗易懂。③ 在法庭调查中,审判人员应当核实未成年被告人在实施犯罪时的年龄,同时还应查明其实施犯罪时的主观和客观原因。④ 未成年被告人最后陈述后,其法定代理人可以进行补充陈述。然后,审判长宣布休庭,合议庭进行评议。⑤ 对未成年人刑事案件宣告判决应当公开进行,但不得采取召开大会等形式。宣告判决时,应当明确告知被告人的上诉权利,并讲明上诉不加刑的法律规定。⑥ 少年法庭对于符合《刑事诉讼法》第二百一十四条规定的未成年人刑事案件,可以适用简易程序。决定适用简易程序审理案件时,应当通知被告人的法定代理人、辩护人出庭。

(五) 执行程序

(1) 对于判决、裁定已经发生法律效力并应当收监服刑的未成年犯,少年法庭应当将结案登记表、未成年犯的调查材料、未成年犯在审理中的表现材料以及起诉书副本、执行通知书送达执行机关。

（2）人民法院可以与未成年犯管教所等服刑场所建立联系，了解未成年犯的改造情况，协助做好帮教、改造工作，并可以对正在服刑的未成年犯进行回访考察。

（3）人民法院认为必要时，可以督促被收监服刑的未成年犯的父母或者其他监护人及时探视。

（4）对被判处管制、宣告缓刑、裁定假释、决定暂予监外执行的未成年犯，人民法院可以协助社区矫正机构制定帮教措施。

（5）人民法院可以适时走访被判处管制、宣告缓刑、免除刑事处罚、裁定假释、决定暂予监外执行等的未成年犯及其家庭，了解未成年犯的管理和教育情况，引导未成年犯的家庭承担管教责任，为未成年犯改过自新创造良好环境。

（6）被判处管制、宣告缓刑、免除刑事处罚、裁定假释、决定暂予监外执行等的未成年犯，具备就学、就业条件的，人民法院可以就其安置问题向有关部门提出司法建议，并附送必要的材料。

第二节　公诉案件和解程序

一、公诉案件和解程序概述

（一）公诉案件和解程序的概念、意义

公诉案件和解程序，是指在法定范围的公诉案件中，犯罪嫌疑人、被告人真诚悔罪，通过向被害人赔偿损失、赔礼道歉等方式获得其谅解，双方当事人自愿达成和解协议，从而获得从宽处理的程序。

在我国早期的司法实践中，仅在自诉案件中当事人可以和解。1996年《刑事诉讼法》第一百七十二条规定："人民法院对自诉案件，可以进行调解；自诉人在宣告判决前，可以同被告人自行和解或者撤回自诉。"

直至21世纪初，各地的司法机关在办案中开始探索在公诉案件中运用和解的方式解决刑事纠纷。例如，2002年，北京市朝阳区人民检察院颁布的《轻伤害案件处理程序实施规则（试行）》，规定了在轻伤害案件中适用刑事和解的条件、范围和程序等；2004年，浙江省高级人民法院、浙江省人民检察院、浙江省公安厅联合发布了《关于当前办理轻伤害犯罪案件适用法律若干问题的意见》；2006年5月，上海市高级人民法院、上海市人民检察院、上海市公安局、上海市司法局联合制定《关于轻伤害案件委托人民调解的若干意见》；2007年，江苏省无锡市和扬州市分别颁布了《关于刑事和解工作的若干意见（试行）》；等等。

2012年，修正后的《刑事诉讼法》将公诉案件的和解作为专章纳入"特别程序"，在第二百七十七条、第二百七十八条、第二百七十九条中对公诉案件和解程序的适用主体、适用条件、适用程序和适用结果予以明确的规定。

创建公诉案件和解程序的意义在于：① 有助于贯彻宽严相济的刑事政策；② 有助于促进社会秩序的和谐安定；③ 有助于提高诉讼效率和有效地解决纠纷。

(二) 当事人和解与相关概念的区别

1. 当事人和解与"私了"

"私了",是指纠纷双方不经过国家专门机关的处理而自行协商解决纠纷的活动。实践中,"私了"的情况较为复杂,既有民事纠纷的"私了",也有刑事纠纷的"私了"。通过"私了",双方达成协议,能在一定程度上形成某种"双赢",但并非所有的"私了"都是合法的。依照我国法律的规定,公诉案件的追诉权应由专门机关来行使,此类案件就不可以"私了"。尽管如此,"私了"在此类案件中还是颇为常见的一种纠纷解决方式。

公诉案件和解程序确立后,当事人双方可在司法机关的监督下达成和解协议,这是一种规范化的沟通和协商过程,可以避免以往"私了"中可能存在的胁迫、欺诈等情况,从而较好地维护双方当事人的合法权益。

2. 当事人和解与辩诉交易

辩诉交易,是指在刑事案件中,被告人就较轻的罪名或者数项指控中的一项或几项作出有罪答辩,以换取检察官的某种让步,在控辩双方之间经过协商达成协议的一种诉讼活动。这种交易的协议随后会提交给法庭由其审查,一般情况下都会得到法官的认可。

我国的公诉案件和解程序与辩诉交易的主要区别包括四点。第一,辩诉交易的双方是检察官和被告方,被害人不参加辩诉交易,并且交易的结果可能违背被害人的意愿;当事人和解则是加害人与被害人之间的协商,其结果往往是朝着有利于双方的方向发展。第二,辩诉交易只以被告人认罪为条件,而不要求其对被害人赔偿、道歉;当事人和解中,不仅需要加害人认罪,而且加害人要通过赔礼、道歉、赔偿等方式取得被害人的谅解,使之同意自愿和解为条件。第三,辩诉交易主要在审判阶段进行,由法官作出处理;而当事人和解在侦查、起诉和审判阶段都可以进行,并由公安机关、人民检察院、人民法院作出不同的处理。第四,辩诉交易是控方为了保证胜诉,在对判决具有不确定性时的一种应变措施,可以看成是一种风险规避;当事人和解主要是为了建立对话,消解纠纷,恢复被破坏的社会关系,实现被害人与加害人之间利益的最大化。

3. 当事人和解与恢复性司法

恢复性司法起源于20世纪60—70年代北美洲的刑事司法改革运动,意指在刑事纠纷的解决中,在加害人、受害人之间建立一种对话关系,通过社区等有关方面的参与,以消解双方冲突、修复受损社会关系为目的的一种替代性司法活动。当事人和解与恢复性司法有相通之处,但也有明显的区别。

首先,恢复性司法意味着被害人、加害人和社会共同寻求解决的方案,从而修复被破坏的社会关系,使受害人、加害人重新融入社会。而当事人和解则侧重于解决社会纠纷。

其次,恢复性司法一般没有法定刑的限制,既可以适用于轻罪,也可以适用于比较严重的犯罪。当事人和解一般仅适用于法定刑比较轻的轻罪案件。

最后,恢复性司法适用于各个诉讼阶段,从立案到执行阶段。当事人和解一般适用于侦查、起诉、审判阶段,不包括执行阶段。

二、公诉案件和解程序的运作

(一) 公诉案件和解程序的适用范围

根据《刑事诉讼法》第二百八十八条的规定,公诉案件和解程序的适用范围包括以下三个方面。

(1) 因民间纠纷引起，涉嫌《刑法》分则第四章、第五章规定的犯罪案件，可能判处三年有期徒刑以下刑罚的。此类案件必须符合三个条件。第一，犯罪是因民间纠纷引起的。民间纠纷一般是指公民之间有关人身、财产权益和其他日常生活中发生的纠纷。第二，涉嫌的是《刑法》分则第四章、第五章中的罪名。《刑法》分则第四章规定的是侵犯公民人身权利和民主权利的犯罪，第五章规定的是侵犯公民财产权利的犯罪。第三，可能判处三年有期徒刑以下刑罚。上述三个条件必须同时具备，缺一不可。

(2) 除渎职犯罪以外的可能判处七年有期徒刑以下刑罚的过失犯罪案件。此类案件也必须同时符合三个条件。第一，过失犯罪。过失犯罪，是指应当预见自己的行为可能发生危害社会的结果，因为疏忽大意而没有预见，或者已经预见而轻信能够避免，以致发生这种结果的犯罪。第二，可能判处七年有期徒刑以下刑罚。第三，渎职犯罪除外。渎职犯罪，是指《刑法》分则第九章规定的犯罪，主要是指国家机关工作人员在履行职务或者行使职权的过程中，滥用职权或者玩忽职守，妨害国家机关的正常管理活动，致使公共财产、国家与人民利益遭受重大损失或者情节严重的行为。

(3) 犯罪嫌疑人、被告人在五年以内曾经故意犯罪的，不适用刑事和解。也就是说，即使属于上述两种案件的范围，但如果该犯罪嫌疑人、被告人在五年内曾经故意犯罪，不论其是否被判处刑罚，禁止适用本程序。此类案件中，犯罪嫌疑人、被告人的社会危害性、人身危险性以及主观恶性较大，因而此类案件不得适用本程序。

另外，自诉案件中自诉人与被告人之间的和解、附带民事诉讼中原告人与被告人之间的和解也不适用本程序。

(二) 公诉案件和解的主体、条件与方式

根据《刑事诉讼法》的规定，当事人和解的主体是犯罪嫌疑人、被告人和被害人。在和解过程中，公安机关、人民检察院和人民法院有权进行审查与监督。在不同的诉讼阶段，当事人双方进行和解后，应由对应阶段的办案机关进行审查和确认，只有这样和解协议才可生效。

和解的条件包括：① 犯罪嫌疑人、被告人自愿真诚悔罪，也就是说，犯罪嫌疑人、被告人应如实交代犯罪事实，并对其罪行有悔悟之心；② 被害人必须是自愿和解，如果仅有犯罪嫌疑人、被告人愿意和解，但被害人不同意和解的，则不得强迫和解。

根据《刑事诉讼法》的规定，公诉案件和解的方式是犯罪嫌疑人、被告人向被害人赔偿损失、赔礼道歉等，以获得被害人的谅解。赔偿损失包括赔偿物质损失和精神损失。这与附带民事诉讼中的赔偿不同，附带民事诉讼只允许当事人提起物质损害赔偿。赔礼道歉则既可以通过书面的方式，也可以通过口头的方式进行。

(三) 审查的程序、内容及结果

双方当事人进行和解的，公安机关、人民检察院、人民法院应当听取当事人和其他有关人员的意见，对和解的自愿性、合法性进行审查，并主持制作和解协议书。

这里的“当事人”是指犯罪嫌疑人、被告人和被害人。“其他有关人员”是指当事人之外的其他诉讼参与人及相关人员，包括双方当事人的法定代理人、近亲属及辩护人、诉讼代理人等。

公安、司法机关应重点审查双方和解的自愿性、合法性。“自愿性”强调双方均愿意以和解的方式解决纠纷,“合法性”则要求和解必须符合实体法和程序法的规定。之所以设置这一程序,是为了防止强势群体侵害弱势群体、花钱买刑、强迫和解等不公正情形的发生。

例如,根据《人民检察院刑事诉讼规则》第四百九十七条的规定,人民检察院应当对和解的自愿性、合法性进行审查,重点审查以下内容:① 双方当事人是否自愿和解;② 犯罪嫌疑人是否真诚悔罪,是否向被害人赔礼道歉,赔偿数额与其所造成的损害和赔偿能力是否相适应;③ 被害人及其法定代理人或者近亲属是否明确表示对犯罪嫌疑人予以谅解;④ 是否符合法律规定;⑤ 是否损害国家、集体和社会公共利益或者他人的合法权益;⑥ 是否符合社会公德。

审查时,应当听取双方当事人和其他有关人员对和解的意见,告知刑事案件可能从宽处理的法律后果和双方的权利义务,并制作笔录附卷。被害人死亡的,其法定代理人、近亲属可以与犯罪嫌疑人和解。被害人系无行为能力或者限制行为能力人的,其法定代理人可以代为和解。

公安、司法机关经过认真审查后,认为和解符合自愿性与合法性的,应主持制作和解协议。和解协议书对双方当事人均具有法律拘束力。

和解协议书的主要内容包括:① 双方当事人的基本情况;② 案件的主要事实;③ 犯罪嫌疑人真诚悔罪,承认自己所犯罪行,对指控的犯罪没有异议,向被害人赔偿损失、赔礼道歉等,赔偿损失的,应当写明赔偿的数额、履行的方式、期限等;④ 被害人及其法定代理人或者近亲属对犯罪嫌疑人予以谅解,并要求或者同意公安机关、人民检察院、人民法院对犯罪嫌疑人依法从宽处理。

(四) 不同诉讼阶段达成和解协议后的处理

1. 侦查阶段

根据《刑事诉讼法》的规定,在侦查阶段,当事人达成和解协议的,公安机关可以向人民检察院提出从宽处理的建议。据此,公安机关对于此类案件不得作出撤销案件或其他处理,而只能向人民检察院移送起诉,并在起诉意见书中提出从宽处理的建议。

2. 审查起诉阶段

在审查起诉阶段,人民检察院对当事人和解的案件主要有两种处理方式:一是,对一般的当事人和解的案件,人民检察院在提起公诉时可以在起诉书中载明当事人已达成和解,建议人民法院对被告人从宽处罚,并附卷移送当事人和解协议书;二是,对犯罪嫌疑人犯罪情节轻微、不需要判处刑罚的和解案件,人民检察院可以根据《刑事诉讼法》第一百七十七条第二款的规定作出不起诉决定。

人民检察院拟对当事人达成和解的公诉案件作出不起诉决定的,应当听取双方当事人对和解的意见,并且查明犯罪嫌疑人是否已经切实履行和解协议、不能及时履行的是否已经提供有效担保,将其作为是否决定不起诉的因素予以考虑。

当事人在不起诉决定作出之前反悔的,可以另行达成和解。不能另行达成和解的,人民检察院应当依法作出起诉或者不起诉决定。当事人在不起诉决定作出之后反悔的,人民检察院不撤销原决定,但有证据证明和解违反自愿性、合法性原则的除外。

3. 审判阶段

在审判阶段,对于当事人达成和解协议的案件,人民法院可以依法对被告人从宽处理。"从宽"主要是指对于情节较轻、社会危害性较小的犯罪，或者罪行虽然严重，但具有法定、酌定从宽处罚情节，以及主观恶性相对较小、人身危险性不大的被告人，可以依法从轻、减轻或者免除处罚；对于具有一定社会危害性，但情节显著轻微危害不大的行为，不作犯罪处理；对于依法可不监禁的，尽量适用缓刑或判处管制、单处罚金等非监禁刑。

第三节 缺席审判程序

一、缺席审判程序概述

缺席审判程序，是指在特定刑事案件中，被告人因逃匿、严重疾病、死亡等原因缺席庭审，人民法院根据控诉方的起诉对案件进行审理，依法追究缺席被告人刑事责任的一种特殊审判程序。

缺席审判程序是我国2018年修正的《刑事诉讼法》中新增的特别程序，其目的是为了解决以往司法实践中由于犯罪嫌疑人没有到案而产生的无法定罪量刑、无法处置赃款赃物、无法及时补偿被害人损失等问题。

缺席审判程序的特点在于，被告人不在庭审现场的情形下对案件进行审理和裁判。这是其与普通程序、简易程序、速裁程序最大的差异，后三者的审理中被告人必须在庭审现场才能进行审理。

需要指出的是，由于被告人不参加庭审，这使得缺席审判程序带上了一些先天的缺陷，如法庭上事实调查可能打折扣、辩护权可能无法保障等。为了更好地发挥缺席审判程序的法律价值，减少其负面因素的影响，我国刑事诉讼法一方面严格规定了缺席审判程序适用的案件情形，另一方面规定了对被告人的特别权利保护。

二、缺席审判程序的适用情形

根据《刑事诉讼法》第二百九十一条、二百九十六条、二百九十七条的规定，缺席审判程序适用的情形包括以下四类。

(1) 贪污贿赂犯罪案件，以及需要及时进行审判，经最高人民检察院核准的严重危害国家安全犯罪、恐怖活动犯罪案件，犯罪嫌疑人、被告人在境外的情形。

此类案件由犯罪地、被告人离境前居住地或者最高人民法院指定的中级人民法院组成合议庭进行审理。

(2) 因被告人患有严重疾病无法出庭，中止审理超过六个月，被告人仍无法出庭，被告人及其法定代理人、近亲属申请或者同意恢复审理的，人民法院可以在被告人不出庭的情况下缺席审理。

(3) 被告人死亡的，但有证据证明被告人无罪，人民法院经缺席审理确认无罪的，应当依法作出判决。

（4）人民法院按照审判监督程序重新审判的案件，被告人死亡的，人民法院可以缺席审理，依法作出判决。

三、对“在境外”的被告人的缺席审判具体程序

（一）向被告人送达传票和起诉书副本

《刑事诉讼法》第二百九十二条规定，人民法院应当通过有关国际条约规定的或者外交途径提出的司法协助方式，或者被告人所在地法律允许的其他方式，将传票和人民检察院的起诉书副本送达被告人。

人民法院送达传票和起诉书副本的方式有三种，即有关国际条约规定的司法协助方式、外交途径提出的司法协助方式、被告人所在地法律允许的其他方式。送达传票和起诉书副本是为了保障被告人的知情权，其法律效果是传票和起诉书副本送达后，被告人未按要求到案的，人民法院应当开庭审理（缺席审判），依法作出判决。

（二）委托辩护和指定辩护

《刑事诉讼法》第二百九十三条规定，人民法院缺席审判案件，被告人有权委托辩护人，被告人的近亲属可以代为委托辩护人。被告人及其近亲属没有委托辩护人的，人民法院应当通知法律援助机构指派律师为其提供辩护。

缺席审判案件的基本特点是被告人不在庭审现场，其辩护权应该给予特别的保护，辩护权由辩护人来行使；辩护人要么由被告人委托或者近亲属委托，要么由法院通知法律援助机构指派律师担任。

（三）判决书的送达

《刑事诉讼法》第二百九十四条规定，人民法院应当将判决书送达被告人及其近亲属、辩护人。对被告人送达判决书，可参照《刑事诉讼法》第二百九十二条规定的三种方式。

（四）上诉和抗诉

《刑事诉讼法》第二百九十四条规定，被告人或者其近亲属不服判决的，有权向上一级人民法院上诉；辩护人经被告人或者其近亲属同意，可以提出上诉。人民检察院认为人民法院的判决确有错误的，应当向上级人民法院提出抗诉。

与普通审判程序相比，缺席判决程序增加了近亲属的上诉权。这里的近亲属，包括夫、妻、父、母、子、女、同胞兄弟姊妹。

（五）被告人归案后的重新审理

《刑事诉讼法》第二百九十五条规定了两种“重新审理”：① 在审理过程中，被告人自动投案或者被抓获的，人民法院应当重新审理，但案件应当按照普通程序审理；② 罪犯在判决、裁定发生法律效力后到案的，交付执行刑罚前，人民法院应当告知罪犯有权对判决、裁定提出异议；罪犯对判决、裁定提出异议的，人民法院应当按照第一审普通刑事审判程序进行重新审理。

第四节　违法所得没收程序

一、违法所得没收程序概述

（一）违法所得没收程序的概念、特点

违法所得，是指逃匿或者死亡的犯罪嫌疑人、被告人因实施犯罪行为而直接或者间接获得的利益。违法所得没收程序，是指国家司法机关根据法律的规定，针对特定类型的犯罪案件，在犯罪嫌疑人、被告人逃匿或者死亡后，依法定程序对违法所得及其他涉案财物进行处理的特别程序。

违法所得没收程序是我国2012年修正的《刑事诉讼法》中新增的特别程序，是一种弥补因犯罪嫌疑人或被告人逃匿、死亡而无法在审判阶段对其进行定罪量刑的补充性刑事特别程序。本程序具有如下几个特点。

第一，违法所得没收程序仅适用于特定的案件。根据《刑事诉讼法》的规定，本程序只针对贪污贿赂犯罪、恐怖活动犯罪等重大的犯罪案件，而对于其他案件并不适用。

第二，违法所得没收程序不以对被告人定罪为前提。违法所得没收程序独立于对人的刑事诉讼程序，因而无须建立在对被告人定罪的基础上。

第三，违法所得没收程序适用的对象仅针对财物，而不涉及对被告人的定罪量刑。

（二）违法所得没收程序的功能

（1）违法所得没收程序是一种特别程序，其功能首先在于剥夺犯罪收益，解决因犯罪嫌疑人或被告人逃匿、死亡而引起的难以处理其违法所得的问题。任何人都不应该从犯罪中获利，所获收益必须被没收用以弥补犯罪受害者的损失，包括个人或国家。

（2）违法所得没收程序不但能够有力打击犯罪，挽回犯罪所造成的经济损失，而且能够斩断犯罪的资金链条，兼具社会防卫和预防犯罪之功效。

（3）违法所得没收程序可以使潜在的犯罪分子认识到，无论犯罪所得处于何处，均存在被没收的可能性。这有助于从心理上遏制犯罪动机的萌发，从而起到一定的威慑作用。

二、违法所得没收程序的适用

（一）适用的案件范围

根据《刑事诉讼法》第二百九十八条的规定，违法所得没收程序适用的案件包括以下三个方面。

1. 贪污贿赂犯罪

贪污贿赂犯罪，是指国家工作人员或国有单位实施的贪污、受贿等侵犯国家廉政建设制度，以及与贪污、受贿犯罪密切相关的侵犯职务廉洁性的行为。此类犯罪可以划分为两类：第一类是贪污犯罪，包括贪污罪、挪用公款罪、巨额财产来源不明罪、隐瞒境外存款罪、私分

国有资产罪和私分罚没财产罪;第二类是贿赂犯罪,包括受贿罪、单位受贿罪、利用影响力受贿罪、行贿罪、对单位行贿罪、介绍贿赂罪、单位行贿罪。

2. 恐怖活动犯罪

恐怖活动犯罪,是指以制造社会恐怖为目的,采取暴力、破坏、恐吓或者其他手段,造成或者意图造成人员伤亡、重大财产损失、公共设施损坏、社会秩序混乱等严重社会危害的行为。较为典型的恐怖活动犯罪包括组织、领导、参加恐怖组织罪,资助恐怖活动罪,劫持航空器罪,劫持船只、汽车罪,暴力危及飞行安全罪等。

3. 其他重大犯罪案件

此类犯罪的性质要与前两类的严重程度相当。一般包括黑社会性质组织犯罪,危害国家安全犯罪,走私犯罪,金融诈骗犯罪,邪教组织犯罪,洗钱犯罪,走私、贩卖、运输、制造毒品犯罪等。

(二) 适用条件

根据《刑事诉讼法》第二百九十八条的规定,违法所得没收程序除了有明确的适用范围外,还应满足以下条件。

1. 被追诉人不能到案

对于犯罪嫌疑人、被告人潜逃的情况,必须在通缉一年后不能到案时才能适用。犯罪嫌疑人或被告人在公安机关、人民检察院或者人民法院采取强制措施之前或者办理案件期间逃匿,经过公安机关通缉时间达一年之后仍未到案的,才适用本程序,而非一旦逃匿就直接适用。

对于犯罪嫌疑人、被告人死亡的情况,要求在刑事诉讼过程中,已经查清的犯罪事实、证据能够证明犯罪嫌疑人、被告人应当被追究刑事责任。在此种情况下,由于被追诉人死亡,没有必要也不可能追究其刑事责任,但相关涉案财物并没有处理,因此有必要专门针对财物适用本程序。

2. 有追缴财产的需要

对于贪污贿赂犯罪、恐怖活动犯罪等重大犯罪案件,如果犯罪嫌疑人、被告人潜逃或者死亡,只有在依照《刑法》规定应当追缴其违法所得及其他涉案财产的,如需要追缴贪污财产、没收恐怖活动资金等,才能适用本程序。如果犯罪嫌疑人或被告人逃匿、死亡,但是案件并不涉及财物的,就不需要启动本程序。

3. 由检察机关向人民法院提出申请

在符合前述条件的情况下,如果是公安机关侦查的案件,公安机关不能直接向人民法院提出没收申请,而是应当比照普通程序,制作没收财产意见书,移送人民检察院。经人民检察院审查后,认为有必要提起违法所得没收程序的,才决定向人民法院提出申请。人民法院在必要的时候,可以查封、扣押、冻结申请没收的财产。

三、违法所得没收的审理

(一) 审判管辖

《刑事诉讼法》第二百九十九条第一款规定:“没收违法所得的申请,由犯罪地或者犯罪嫌疑人、被告人居住地的中级人民法院组成合议庭进行审理。”

这一规定明确了本程序中的地域管辖和级别管辖。一方面，此类案件应由犯罪地或者犯罪嫌疑人、被告人居住地的法院管辖，这与一般刑事案件中的地域管辖基本一致。另一方面，此类案件应由中级人民法院审理。

（二）启动与受理

违法所得没收程序的启动权由人民检察院掌握，并且在决定是否启动本程序时，检察机关可以根据起诉便宜主义原则作出决定。同时，人民检察院在提出违法所得没收申请时应该承担举证的义务，即应当提供与犯罪事实、违法所得相关的证据材料，并列明财产的种类、数量、所在地及查封、扣押、冻结的情况。

没收违法所得及其他涉案财产的申请，应当向犯罪地、犯罪嫌疑人或者被告人居住地的中级人民法院提出。人民法院在收到检察机关提供的相关材料后要进行审查，以确定检察机关提交的材料是否齐备，从而决定是否受理。材料不齐的，人民法院应当要求检察机关补充；材料齐备的，人民法院应在合理的期间内作出受理的决定，同时进行必要的公告和庭审准备。

决定受理之后，中级人民法院应组成合议庭进行审理。

（三）公告

《刑事诉讼法》第二百九十九条第二款规定："人民法院受理没收违法所得的申请后，应当发出公告。公告期间为六个月。"公告应当写明以下内容：① 案由；② 犯罪嫌疑人、被告人通缉在逃或者死亡等基本情况；③ 申请没收财产的种类、数量、所在地；④ 犯罪嫌疑人、被告人的近亲属和其他利害关系人申请参加诉讼的期限、方式；⑤ 应当公告的其他情况。

在此期间，犯罪嫌疑人、被告人的近亲属和其他利害关系人有权申请参加诉讼，也可以委托诉讼代理人参加诉讼。这种做法使得犯罪嫌疑人、被告人的近亲属和其他利害关系人有足够的时间了解案情，对没收程序提出异议，从而使人民法院有机会更加全面、客观地审查与犯罪事实、违法所得相关的证据材料，财产的种类、数量、所在地，以及决定是否应当查封、扣押、冻结这些财产。

（四）审理

《刑事诉讼法》第二百九十九条第三款规定："人民法院在公告期满后对没收违法所得的申请进行审理。利害关系人参加诉讼的，人民法院应当开庭审理。"

人民法院审理此类案件时应当组成合议庭，对申请进行审理。在利害关系人对检察机关没收财产的申请提出异议并要求参加没收程序时，人民法院必须开庭审理案件。

根据《最高法院解释》第五百一十五条的规定，开庭审理申请没收违法所得的案件，按照下列程序进行：① 审判长宣布法庭调查开始后，先由检察员宣读申请书，后由利害关系人、诉讼代理人发表意见；② 法庭应当依次就犯罪嫌疑人、被告人是否实施了贪污贿赂犯罪、恐怖活动犯罪等重大犯罪并已经通缉一年不能到案，或者是否已经死亡，以及申请没收的财产是否依法应当追缴进行调查；调查时，先由检察员出示有关证据，后由利害关系人发表意见、出示有关证据，并进行质证；③ 法庭辩论阶段，先由检察员发言，后由利害关系人及其诉讼代理人发言，并进行辩论。

利害关系人接到通知后无正当理由拒不到庭，或者未经法庭许可中途退庭的，可以转为不开庭审理,但还有其他利害关系人参加诉讼的除外。

(五) 审理结果

根据《刑事诉讼法》第三百条的规定,人民法院经审理,对经查证属于违法所得及其他涉案财产,除依法返还被害人的以外,应当裁定予以没收;对不属于应当追缴的财产的,应当裁定驳回申请,解除查封、扣押、冻结措施。

据此,对于经查证属于违法所得的财产,有三种处理方式:① 对于被害人的财产,应当依法返还被害人;② 如果不能认定是违法所得的,应当裁定解除查封、扣押、冻结等措施,将财产返还原所有人或者其他人;③ 如果有充分的证据证明涉案财产属于违法所得,而且不属于其他人合法所有,法院应当裁定予以没收,上缴国库。

(六) 上诉与抗诉

根据《刑事诉讼法》第三百条第一款的规定,对于人民法院作出的裁定,犯罪嫌疑人、被告人的近亲属和其他利害关系人可以提起上诉;人民检察院可以提出抗诉。根据《最高法院解释》第五百一十七条的规定,对没收违法所得或者驳回申请的裁定,犯罪嫌疑人、被告人的近亲属和其他利害关系人或者人民检察院可以在五日内提出上诉、抗诉。

可见,违法所得没收的裁定与定罪量刑的判决一样,具有可救济性,即可以通过近亲属、利害关系人上诉,人民检察院抗诉等形式,寻求对裁定的准确性和公正性再次审查。具体来说:① 如果犯罪嫌疑人、被告人死亡,其财产继承人为了保护其合法财产权益,有权上诉;② 如果犯罪嫌疑人、被告人逃匿,为了保护其合法权利,其近亲属也有权上诉;③ 如果违法所得没收程序中有被害人,而且被害人认为涉案财产属于其合法所有,但是人民法院裁决予以没收,由于与案件有直接的利害关系,也应当有上诉权;④ 如果在公告期间,有其他利害关系人参加诉讼并主张涉案财产为其合法所有,而人民法院裁决没收该财产,此利害关系人也应有权上诉;⑤ 如果人民检察院认为人民法院裁决确有错误的,有权提起抗诉。

(七) 终止审理与国家赔偿

《刑事诉讼法》第三百零一条规定:"在审理过程中,在逃的犯罪嫌疑人、被告人自动投案或者被抓获的,人民法院应当终止审理。没收犯罪嫌疑人、被告人财产确有错误的,应当予以返还、赔偿。"

据此,在违法所得没收程序进行过程中,如果在逃的犯罪嫌疑人、被告人自动投案或者被抓获,则本程序应当终止,而与之相关的刑事普通程序得以恢复。如果犯罪嫌疑人在侦查阶段潜逃,在其被抓获后,侦查程序继续进行,相关财物的处理也随着对嫌疑人的处理一并进行。如果犯罪嫌疑人在审查起诉阶段潜逃,在其被抓获后,检察机关应恢复审查起诉程序,相关财物也应一并处理。如果在审判阶段被告人潜逃,在其被抓获后,人民法庭应当恢复审理,对被告人和相关财物一并作出相应的裁决。

同时,如果人民法院发现没收犯罪嫌疑人、被告人财产确有错误的,在财物能够返还的情形下,应当裁定返还财产;如果由于财物已经处理,或者因为没收程序的错误对相关利害关系人造成损失,则国家应当予以赔偿。没收案件的具体赔偿程序应当参照《国家赔偿法》的相关规定进行。

我国《国家赔偿法》第十八条规定,行使侦查、检察、审判职权的机关以及看守所、监狱管理机关及其工作人员在行使职权时有下列侵犯财产权情形之一的，受害人有取得赔偿的权利：① 违法对财产采取查封、扣押、冻结、追缴等措施的；② 依照审判监督程序再审改判无罪，原判罚金、没收财产已经执行的。第三十六条规定，侵犯公民、法人和其他组织的财产权造成损害的，按照下列规定处理：① 处罚款、罚金、追缴、没收财产或者违法征收、征用财产的，返还财产；② 查封、扣押、冻结财产的，解除对财产的查封、扣押、冻结，造成财产损坏或者灭失的，依照本条第三项、第四项的规定赔偿；③ 应当返还的财产损坏的，能够恢复原状的恢复原状，不能恢复原状的，按照损害程度给付相应的赔偿金；④ 应当返还的财产灭失的，给付相应的赔偿金；⑤ 财产已经拍卖或者变卖的，给付拍卖或者变卖所得的价款；变卖的价款明显低于财产价值的，应当支付相应的赔偿金；⑥ 吊销许可证和执照、责令停产停业的，赔偿停产停业期间必要的经常性费用开支；⑦ 返还执行的罚款或者罚金、追缴或者没收的金钱，解除冻结的存款或者汇款的，应当支付银行同期存款利息；⑧ 对财产权造成其他损害的，按照直接损失给予赔偿。

第五节　强制医疗程序

一、强制医疗程序概述

（一）强制医疗程序的概念、特点

强制医疗程序，是指公安、司法机关对不负刑事责任且有社会危险性的精神病人采取强制治疗措施的特别诉讼程序。

强制医疗程序是我国2012年修正的《刑事诉讼法》中新增的特别程序，其目的不是为了解决犯罪嫌疑人、被告人的刑事责任问题，而是为了审查决定是否对精神病人采取强制医疗措施。在此之前，我国《刑法》和《中华人民共和国人民警察法》（以下简称《人民警察法》）对强制医疗作了一些规定。《刑法》第十八条第一款规定："精神病人在不能辨认或者不能控制自己行为的时候造成危害结果，经法定程序鉴定确认的，不负刑事责任，但是应当责令他的家属或者监护人严加看管和医疗；在必要的时候，由政府强制医疗。"《人民警察法》第十四条规定："公安机关的人民警察对严重危害公共安全或者他人人身安全的精神病人，可以采取保护性约束措施。需要送往指定的单位、场所加以监护的，应当报请县级以上人民政府公安机关批准，并及时通知其监护人。"但是总的来说，这些规定过于原则化，适用条件也不明确。2012年《刑事诉讼法》设专章规定了强制医疗程序，规定了该程序的适用对象、审理程序、法律援助、救济程序以及法律监督等内容。可以说，这是立法上的一大进步。

强制医疗程序的特征包括：① 强制医疗程序的适用对象必须是具有一定人身危险性且无刑事责任能力的精神病人；② 强制医疗程序着眼于特殊预防，强制医疗不是对已发生的行为的惩罚，而是对精神病人可能再次危害社会的预防；③ 强制医疗程序的启动以专门的医疗机构或者鉴定机构进行精神病鉴定为前提。

（二）强制医疗程序的功能

（1）强制医疗程序有利于保护精神病人的合法权益。通过将患有精神疾病且具有人身

危险性的精神病人隔离并强制进行医疗，能够使这些患者远离来自社会的威胁，也能够努力使其恢复健康，复归社会。

（2）强制医疗程序有助于保障非精神病人不受非法拘禁。在司法实践中，一些本不具有精神病或者具有精神疾病但未达到需要强制医疗程度的人，因为强制医疗而被非法拘禁，这一状况值得我们警惕。因此，通过强制医疗程序的运行，借助专业医学人员的技术支持，经过人民法院的审查，可以保障心智健全的人不受强制医疗的威胁和侵害。

（3）强制医疗程序有助于维护社会的公共利益。强制医疗程序能够有效防止“被精神病”情况的发生，有助于人权保障；也能够阻止因强制医疗的滥用造成社会的恐慌，从而有助于维护社会的公共利益。

二、强制医疗程序的运行

（一）强制医疗的适用条件

我国《刑事诉讼法》第三百零二条规定：“实施暴力行为，危害公共安全或者严重危害公民人身安全，经法定程序鉴定依法不负刑事责任的精神病人，有继续危害社会可能的，可以予以强制医疗。”据此，强制医疗的适用条件包括以下三个方面。

1. 实体条件

我国的强制医疗只有在“实施暴力行为，危害公共安全或者严重危害公民人身安全”的情形下才有可能适用。一方面，必须是精神病人实施了暴力行为。因而，倘若精神病人没有实施任何暴力行为，则不能被采取强制医疗。另一方面，精神病人实施的暴力行为应当达到严重的程度，即“危害公共安全或者严重危害公民人身安全”。换言之，即便精神病人实施了暴力行为，但情节轻微的话，也不能对其实施强制医疗。

2. 医学条件

强制医疗只能对经过鉴定程序确定为精神病人的行为人才有可能适用。确定犯罪嫌疑人、被告人是否适用强制医疗程序的关键，是查明其在实施暴力行为时，是否患有精神病或者严重精神障碍而丧失辨别能力、控制能力。

一旦确定行为人是精神病人，而且是完全无刑事责任能力人，就应当及时终止普通诉讼程序，并根据其社会危害性来决定是否启动强制医疗程序。换言之，并非所有的精神病人都可以接受强制医疗，间歇性精神病人在精神正常时实施的行为或者限制刑事责任能力的精神病人实施的行为，构成犯罪的，应当受到刑罚处罚。

3. 社会危险性条件

在我国，对行为人实施强制医疗，除了应满足实体条件和医学条件外，还应审查其是否可能继续危害社会。社会危险性，是指精神病人已实施的行为性质及其精神、生理状态等，使法律保护的社会关系处于危险状态。

在司法实践中，应综合精神病人实施的行为及其事后状态进行分析，如果其有继续危害社会的可能性，则应采取强制医疗措施，否则就没有必要采取此措施。

（二）强制医疗程序的启动

根据《刑事诉讼法》的规定，公安机关在办案中，如果发现精神病人符合强制医疗条件的，应当写出强制医疗意见书，移送人民检察院。对于公安机关移送的或者在审查起诉过程中自行发现的精神病人符合强制医疗条件的，人民检察院应当向人民法院提出强制医疗的申请。人民法院在审理案件过程中发现被告人符合强制医疗条件的，可以作出强制医疗的决定。

可见，公安机关、人民检察院和人民法院在各自的诉讼阶段，在发现犯罪嫌疑人、被告人是依法不负刑事责任的精神病人时，均有权启动强制医疗程序。

（三）强制医疗的决定主体

《刑事诉讼法》第三百零三条第一款规定："根据本章规定对精神病人强制医疗的，由人民法院决定。"根据这一规定，对于依法不负刑事责任的精神病人适用强制医疗的决定主体是人民法院，公安机关、人民检察院均无权对这类精神病人作出强制医疗的决定。

具体来说，人民法院在本程序中的职责主要包括三个方面：一是对人民检察院移送的符合适用强制医疗条件的精神病人作出适用强制医疗的决定；二是对人民法院在审判过程中发现的符合适用强制医疗条件的精神病人作出强制医疗的决定；三是对已经不具有人身危险性、不需要继续强制医疗的，应批准解除。

（四）强制医疗案件的审理

1. 审理法院和审判组织

根据相关司法解释的规定，人民检察院申请对依法不负刑事责任的精神病人强制医疗的案件，由被申请人实施暴力行为所在地的基层人民法院管辖；由被申请人居住地的人民法院审判更为适宜的，可以由被申请人居住地的基层人民法院管辖。

考虑到强制医疗案件的复杂性，即人民法院除了要审查行为人是否实施了暴力行为，还要查明行为人实施暴力时是否患有精神病、是否因精神病而无刑事责任能力、在实施暴力后是否仍然具有社会危险性等，因此，在审理强制医疗案件时，人民法院应当组成合议庭。

同时，根据《最高法院解释》第五百二十九条的规定，审理强制医疗案件，应当组成合议庭，开庭审理。但是，被申请人、被告人的法定代理人请求不开庭审理，并经人民法院审查同意的除外。

2. 告知程序

人民法院审理强制医疗案件时，应当通知被申请人或者被告人的法定代理人到场。

这里，如果是由检察机关提出强制医疗的申请，此类案件中的行为人称为"被申请人"；如果是检察机关提起公诉，要求追究行为人的刑事责任，而人民法院可能对其决定适用强制医疗措施，此类案件中的行为人称为"被告人"。

法定代理人包括被代理人的父母、养父母、监护人或者负有保护职责的机关和团体的代表。法定代理人在此类案件的审理中具有独立的法律地位，不受被代理人的意志约束。

3. 开庭审理的程序

开庭审理申请强制医疗的案件，应按照下列程序进行：① 审判长宣布法庭调查开始后，先由检察员宣读申请书，后由被申请人的法定代理人、诉讼代理人发表意见；② 法庭依次就被申请人是否实施了危害公共安全或者严重危害公民人身安全的暴力行为、是否属于依法不负刑事责任的精神病人、是否有继续危害社会的可能进行调查；调查时，先由检察员出示有关证据，后由被申请人的法定代理人、诉讼代理人发表意见、出示有关证据，并进行质证；③ 法庭辩论阶段，先由检察员发言，后由被申请人的法定代理人、诉讼代理人发言，并进行辩论。被申请人要求出庭，人民法院经审查其身体和精神状态，认为可以出庭的，应当准许。出庭的被申请人，在法庭调查、辩论阶段，可以发表意见。

4. 法律援助

在强制医疗案件的审理中，如果被申请人或者被告人没有委托诉讼代理人的，人民法院应当通知法律援助机构指派律师为其提供法律帮助，从而维护其合法权益。

5. 审理期限

人民法院审理强制医疗案件的期限为一个月，应当自收到检察机关的强制医疗申请书时起算。由于不可抗拒的原因致使案件审理中止的，或者由于被申请人、被告人更换诉讼代理人而延期审理的，此期限不应计算在审限之内。

6.审理后的处理

人民法院审理后，应当按照下列情形分别处理：① 符合刑事诉讼法规定的强制医疗条件的，应当作出对被申请人强制医疗的决定；② 被申请人属于依法不负刑事责任的精神病人，但不符合强制医疗条件的，应当作出驳回强制医疗申请的决定；被申请人已经造成危害结果的，应当同时责令其家属或者监护人严加看管和医疗；③ 被申请人具有完全或者部分刑事责任能力，依法应当追究刑事责任的，应当作出驳回强制医疗申请的决定，并退回人民检察院依法处理。

人民法院决定强制医疗的，应当在作出决定后五日内，向公安机关送达强制医疗决定书和强制医疗执行通知书，由公安机关将被决定强制医疗的人送交强制医疗。

7. 利害关系人申请复议

人民法院经过审查作出强制医疗的决定后，被决定强制医疗的人、被害人及其法定代理人或近亲属对强制医疗决定不服的，可以自收到决定书之日起五日内向上一级人民法院申请复议。复议期间不停止执行强制医疗的决定。

对不服强制医疗决定的复议申请，上一级人民法院应当组成合议庭审理，并在一个月内，按照下列情形分别作出复议决定：① 被决定强制医疗的人符合强制医疗条件的，应当驳回复议申请，维持原决定；② 被决定强制医疗的人不符合强制医疗条件的，应当撤销原决定；③ 原审违反法定诉讼程序，可能影响公正审判的，应当撤销原决定，发回原审人民法院重新审判。

（五）强制医疗的复查和法律监督

如果精神病人已经恢复正常或者不具有社会危害性，则强制医疗就失去了前提和必要性。因此，为了保障公民人身自由不受非法侵犯，强制医疗机构应当定期对接受强制医疗的人的精神状况进行审查。

强制医疗机构经过复查，如果认为被强制医疗的人已经没有社会危险性，可以提出解除强制医疗的意见。同时，被强制医疗的人及其近亲属也可以向决定强制医疗的人民法院提出解除强制医疗的申请。对此，人民法院应当组成合议庭进行审查，并在一个月内，按照下列情形分别处理：① 被强制医疗的人已不具有人身危险性，不需要继续强制医疗的，应当作出解除强制医疗的决定，并可责令被强制医疗的人的家属严加看管和医疗；② 被强制医疗的人仍具有人身危险性，需要继续强制医疗的，应当作出继续强制医疗的决定。

人民法院应当在作出决定后五日内，将决定书送达强制医疗机构、申请解除强制医疗的人、被决定强制医疗的人和人民检察院。决定解除强制医疗的，应当通知强制医疗机构在收到决定书的当日解除强制医疗。

另外，由于不服下级人民法院采取强制医疗措施的决定，相关当事人及其法定代理人、近亲属有权向上一级法院申请复议；此时有权解除强制医疗措施的主体是上一级人民法院。

《刑事诉讼法》第三百零七条规定："人民检察院对强制医疗的决定和执行实行监督。"可以看出，人民检察院对强制医疗的监督具有全程性，既包括人民法院强制医疗决定的作出，也包括强制医疗在强制医疗机构的执行。

人民检察院认为作出强制医疗决定或者解除强制医疗决定不当，在收到决定书后二十日内提出书面纠正意见的，人民法院应当另行组成合议庭审理，并在一个月内作出决定。

案例解析

(一)

本案第一审程序的不当之处主要有以下六点。

(1) A县人民法院认为该案不属本院管辖，不应决定将案件移送市中级人民法院，由中级人民法院直接受理。市中级人民法院认为提起公诉的案件不属本院管辖的，应当退回人民检察院。

(2) 市中级人民法院审查公诉时，不应决定将案件退回人民检察院补充侦查。中级人民法院审查公诉只进行程序性审查，不应对实体进行审查。

(3) 市中级人民法院的合议庭组成不合法。中级人民法院审判第一审案件，应当由审判员三人或者由审判员和人民陪审员共三人或者七人组成合议庭进行。

(4) 市中级人民法院不应对本案公开审理。对不满十八周岁的未成年人进行审判时，一律不公开。

(5) 审判过程中，被告人脱逃，审判长不应宣布延期审理。案件起诉到人民法院后被告人脱逃的，应当裁定中止审理。

(6) 市中级人民法院不应在宣判后第七天才送达判决书，应当在当庭判决后五日以内送达。

(二)

本案中，检察机关至少有两点不当之处。

(1) 认可当事人双方的和解协议是错误的。根据我国《刑事诉讼法》的规定，当事人和解的案件范围有两个方面：因民间纠纷引起，涉嫌《刑法》分则第四章、第五章规定的犯罪案件，可能判处三年有期徒刑以下刑罚的；除渎职犯罪以外的可能判处七年有期徒刑以下刑罚的过失犯罪案件。同时，当事人和解的条件包括：犯罪嫌疑人、被告人自愿真诚悔罪；被害人必须是自愿和解。

从本案的案情来看，第一，吴某的伤情已经构成重伤，依照我国《刑法》可能判处三年以上的刑罚，因此，本案并不属于我国《刑事诉讼法》所规定的公诉案件和解程序的受案范围；第二，本案中，检察机关并未对当事人的自愿性进行认真审核。实际上，吴某的妻子是被迫接受和解的。

(2) 作出不起诉的决定是错误的。根据我国《刑事诉讼法》的规定，对犯罪嫌疑人犯罪情节轻微、不需要判处刑罚的和解案件，人民检察院可以根据《刑事诉讼法》第一百七十七条第二款的规定作出不起诉决定。显然本案并不符合这一条件，因而不起诉决定是错误的。

（三）

本案处理中至少有两点不当之处。

一是案件诉至人民法院后，因被告人谢某迟迟未恢复意识，无法出庭，A县人民法院对该案裁定延期审理。根据《刑事诉讼法》第二百零六条的规定，在审判过程中，“被告人患有严重疾病，无法出庭的”，致使案件在较长时间内无法继续审理的，可以中止审理。本案中A县人民法院应该裁定中止审理，而不是延期审理。

二是A县人民法院决定适用缺席审判程序恢复审理的做法存在瑕疵。根据《刑事诉讼法》第二百九十六条的规定，因被告人患有严重疾病无法出庭，中止审理超过六个月，被告人仍无法出庭，被告人及其法定代理人、近亲属申请或者同意恢复审理的，人民法院可以在被告人不出庭的情况下缺席审理，依法作出判决。本案中，承办法官没有征求被告人法定代理人或近亲属的意见，后者也没有提出申请，因而人民法院不能适用缺席审判程序。

（四）

本案系较为典型的贪官外逃案件。对于本案，在李某不能到案的情况下，如果司法机关认为需要追缴其不法收入的话，可以由检察机关向人民法院提出申请。但是需要注意的是，必须在通缉李某一年后不能到案时才能适用本程序。

人民法院受理后，经过审查，对经查证属于违法所得及其他涉案财产的，应当裁定予以没收；对不属于应当追缴的财产的，应当裁定驳回申请，解除查封、扣押、冻结措施。

（五）

根据我国《刑事诉讼法》的规定，在刑事案件办理中，如果侦查机关发现精神病人符合强制医疗条件的，应当写出强制医疗意见书，移送人民检察院。人民检察院依法进行审查，认为符合强制医疗条件的，应当向人民法院提出强制医疗的申请。人民法院应组成合议庭进行审理，认为符合条件的，才能作出强制医疗的决定。也就是说，强制医疗的决定权只能由人民法院行使。因此，本案中县公安局无权作出强制医疗的决定。

本章小结

未成年人诉讼程序具有一定特殊性，这体现在诸多方面，如办案主体、强制措施的适用、诉讼权利的保护、程序的运行等。

在我国，确立公诉案件和解程序有助于贯彻宽严相济的刑事政策、有助于促进社会秩序的和谐安定、有助于提高诉讼效率和有效地解决纠纷。

缺席审判程序的确立解决了四类被告人无法参与法庭审理的特殊情形，完善了我国刑事审判程序的类型，也有助于加强对此类案件中被告人的权利保障。

违法所得没收程序首要功能在于剥夺犯罪收益，解决因犯罪嫌疑人或被告人逃匿、死亡而引起的难以处理其违法所得的问题，这有助于挽回犯罪所造成的经济损失，保护国家、集体及公民的财产免遭侵害，并将惩罚犯罪与预防犯罪有机结合起来。

强制医疗程序的实施有助于保护精神病人的合法权益、有助于保障非精神病人不受非法拘禁、有助于维护社会的公共利益。

思 考 题

1. 简述未成年人诉讼程序的特征。

2. 什么是分案处理原则？实行分案处理的意义何在？

3. 在侦查阶段讯问未成年犯罪嫌疑人时，应注意哪些问题？

4. 当事人和解与恢复性司法的主要区别有哪些？

5. 公诉案件中的当事人和解必须满足哪些条件？

6. 试比较《刑事诉讼法》第二百九十一条与二百九十六条规定的两种缺席审判程序的异同。

7. 违法所得没收程序适用于哪些类型的案件？

8. 试分析强制医疗程序的功能与价值。

9. 如何有效避免强制医疗程序的不当适用？

附录 新旧《刑事诉讼法》条款变化对照表

	2018 年《刑事诉讼法》新增条款	2012 年《刑事诉讼法》被修条款原文
第一编 总则	**第一章 任务和基本原则** 第十五条 犯罪嫌疑人、被告人自愿如实供述自己的罪行，承认指控的犯罪事实，愿意接受处罚的，可以依法从宽处理。 注：认罪认罚从宽原则首次写入《刑事诉讼法》	
	第二章 管辖 第十九条 刑事案件的侦查由公安机关进行，法律另有规定的除外。 人民检察院在对诉讼活动实行法律监督中发现的司法工作人员利用职权实施的非法拘禁、刑讯逼供、非法搜查等侵犯公民权利、损害司法公正的犯罪，可以由人民检察院立案侦查。对于公安机关管辖的国家机关工作人员利用职权实施的重大犯罪案件，需要由人民检察院直接受理的时候，经省级以上人民检察院决定，可以由人民检察院立案侦查。 自诉案件，由人民法院直接受理。 注：人民检察院的职务犯罪侦查权交由监察机关行使，但其在诉讼监督中发现的司法工作人员利用职权实施的侵害公民权利、损害司法公正的案件仍由人民检察院负责侦办。同时，检察机关对公安机关管辖的国家机关工作人员利用职权实施的重大犯罪案件的侦查权仍然保留	第十八条 刑事案件的侦查由公安机关进行，法律另有规定的除外。 贪污贿赂犯罪，国家工作人员的渎职犯罪，国家机关工作人员利用职权实施的非法拘禁、刑讯逼供、报复陷害、非法搜查的侵犯公民人身权利的犯罪以及侵犯公民民主权利的犯罪，由人民检察院立案侦查。对于国家机关工作人员利用职权实施的其他重大的犯罪案件，需要由人民检察院直接受理的时候，经省级以上人民检察院决定，可以由人民检察院立案侦查。 自诉案件，由人民法院直接受理
	第四章 辩护与代理 第三十三条 犯罪嫌疑人、被告人除自己行使辩护权以外，还可以委托一至二人作为辩护人。下列的人可以被委托为辩护人： （一）律师； （二）人民团体或者犯罪嫌疑人、被告人所在单位推荐的人； （三）犯罪嫌疑人、被告人的监护人、亲友。 正在被执行刑罚或者依法被剥夺、限制人身自由的人，不得担任辩护人。 被开除公职和被吊销律师、公证员执业证书的人，不得担任辩护人，但系犯罪嫌疑人、被告人的监护人、近亲属的除外	第三十二条 犯罪嫌疑人、被告人除自己行使辩护权以外，还可以委托一至二人作为辩护人。下列的人可以被委托为辩护人： （一）律师； （二）人民团体或者犯罪嫌疑人、被告人所在单位推荐的人； （三）犯罪嫌疑人、被告人的监护人、亲友。 正在被执行刑罚或者依法被剥夺、限制人身自由的人，不得担任辩护人

续 表

	2018 年《刑事诉讼法》新增条款	2012 年《刑事诉讼法》被修条款原文
第一编 总则	**第四章 辩护与代理** 第三十六条 法律援助机构可以在人民法院、看守所等场所派驻值班律师。犯罪嫌疑人、被告人没有委托辩护人，法律援助机构没有指派律师为其提供辩护的，由值班律师为犯罪嫌疑人、被告人提供法律咨询、程序选择建议、申请变更强制措施、对案件处理提出意见等法律帮助。 人民法院、人民检察院、看守所应当告知犯罪嫌疑人、被告人有权约见值班律师，并为犯罪嫌疑人、被告人约见值班律师提供便利。 注：为了配合认罪认罚从宽制度的实施，《刑事诉讼法》对值班律师制度作了规定，明确了办案机关的告知义务	
	第四章 辩护与代理 第三十九条 辩护律师可以同在押的犯罪嫌疑人、被告人会见和通信。其他辩护人经人民法院、人民检察院许可，也可以同在押的犯罪嫌疑人、被告人会见和通信。 辩护律师持律师执业证书、律师事务所证明和委托书或者法律援助公函要求会见在押的犯罪嫌疑人、被告人的，看守所应当及时安排会见，至迟不得超过四十八小时。 危害国家安全犯罪、恐怖活动犯罪案件，在侦查期间辩护律师会见在押的犯罪嫌疑人，应当经侦查机关许可。上述案件，侦查机关应当事先通知看守所。 辩护律师会见在押的犯罪嫌疑人、被告人，可以了解案件有关情况，提供法律咨询等；自案件移送审查起诉之日起，可以向犯罪嫌疑人、被告人核实有关证据。辩护律师会见犯罪嫌疑人、被告人时不被监听。 辩护律师同被监视居住的犯罪嫌疑人、被告人会见、通信，适用第一款、第三款、第四款的规定。 注：特别重大贿赂犯罪案件改由监察机关调查，故《刑事诉讼法》中将此类案件删去	第三十七条 辩护律师可以同在押的犯罪嫌疑人、被告人会见和通信。其他辩护人经人民法院、人民检察院许可，也可以同在押的犯罪嫌疑人、被告人会见和通信。 辩护律师持律师执业证书、律师事务所证明和委托书或者法律援助公函要求会见在押的犯罪嫌疑人、被告人的，看守所应当及时安排会见，至迟不得超过四十八小时。 危害国家安全犯罪、恐怖活动犯罪、特别重大贿赂犯罪案件，在侦查期间辩护律师会见在押的犯罪嫌疑人，应当经侦查机关许可。上述案件，侦查机关应当事先通知看守所。 辩护律师会见在押的犯罪嫌疑人、被告人，可以了解案件有关情况，提供法律咨询等；自案件移送审查起诉之日起，可以向犯罪嫌疑人、被告人核实有关证据。辩护律师会见犯罪嫌疑人、被告人时不被监听。 辩护律师同被监视居住的犯罪嫌疑人、被告人会见、通信，适用第一款、第三款、第四款的规定
	第六章 强制措施 第七十五条 监视居住应当在犯罪嫌疑人、被告人的住处执行；无固定住处的，可以在指定的居所执行。对于涉嫌危害国家安全犯罪、恐怖活动犯罪，在住处执行可能有碍侦查的，经上一级公安机关批准，也可以在指定的居所执行。但是，不得在羁押场所、专门的办案场所执行。 指定居所监视居住的，除无法通知的以外，应当在执行监视居住后二十四小时以内，通知被监视居住人的家属。 被监视居住的犯罪嫌疑人、被告人委托辩护人，适用本法第三十四条的规定。 人民检察院对指定居所监视居住的决定和执行是否合法实行监督	第七十三条 监视居住应当在犯罪嫌疑人、被告人的住处执行；无固定住处的，可以在指定的居所执行。对于涉嫌危害国家安全犯罪、恐怖活动犯罪、特别重大贿赂犯罪，在住处执行可能有碍侦查的，经上一级人民检察院或者公安机关批准，也可以在指定的居所执行。但是，不得在羁押场所、专门的办案场所执行。 指定居所监视居住的，除无法通知的以外，应当在执行监视居住后二十四小时以内，通知被监视居住人的家属。 被监视居住的犯罪嫌疑人、被告人委托辩护人，适用本法第三十三条的规定。 人民检察院对指定居所监视居住的决定和执行是否合法实行监督

续 表

	2018 年《刑事诉讼法》新增条款	2012 年《刑事诉讼法》被修条款原文
第一编 总则	**第六章 强制措施** 第八十一条 对有证据证明有犯罪事实,可能判处徒刑以上刑罚的犯罪嫌疑人、被告人,采取取保候审尚不足以防止发生下列社会危险性的,应当予以逮捕: (一)可能实施新的犯罪的; (二)有危害国家安全、公共安全或者社会秩序的现实危险的; (三)可能毁灭、伪造证据,干扰证人作证或者串供的; (四)可能对被害人、举报人、控告人实施打击报复的; (五)企图自杀或者逃跑的。 批准或者决定逮捕,应当将犯罪嫌疑人、被告人涉嫌犯罪的性质、情节,认罪认罚等情况,作为是否可能发生社会危险性的考虑因素。 对有证据证明有犯罪事实,可能判处十年有期徒刑以上刑罚的,或者有证据证明有犯罪事实,可能判处徒刑以上刑罚,曾经故意犯罪或者身份不明的,应当予以逮捕。 被取保候审、监视居住的犯罪嫌疑人、被告人违反取保候审、监视居住规定,情节严重的,可以予以逮捕。 注:认罪认罚情况被纳入审查批准逮捕的考察内容,作为社会危险性的考虑因素之一	第七十九条 对有证据证明有犯罪事实,可能判处徒刑以上刑罚的犯罪嫌疑人、被告人,采取取保候审尚不足以防止发生下列社会危险性的,应当予以逮捕: (一)可能实施新的犯罪的; (二)有危害国家安全、公共安全或者社会秩序的现实危险的; (三)可能毁灭、伪造证据,干扰证人作证或者串供的; (四)可能对被害人、举报人、控告人实施打击报复的; (五)企图自杀或者逃跑的。 对有证据证明有犯罪事实,可能判处十年有期徒刑以上刑罚的,或者有证据证明有犯罪事实,可能判处徒刑以上刑罚,曾经故意犯罪或者身份不明的,应当予以逮捕。 被取保候审、监视居住的犯罪嫌疑人、被告人违反取保候审、监视居住规定,情节严重的,可以予以逮捕
	第九章 其他规定 第一百零八条 本法下列用语的含意是: (一)"侦查"是指公安机关、人民检察院对于刑事案件,依照法律进行的收集证据、查明案情的工作和有关的强制性措施; …… 注:"侦查"的概念与旧法不同,以明确公安机关、人民检察院在刑事案件中的侦查权,同时也为了区别其与监察机关所采取的"调查"措施	第一百零六条 本法下列用语的含意是: (一)"侦查"是指公安机关、人民检察院在办理案件过程中,依照法律进行的专门调查工作和有关的强制性措施; ……
第二编 立案、侦查和提起公诉	**第二章 侦查** 第一百二十条 侦查人员在讯问犯罪嫌疑人的时候,应当首先讯问犯罪嫌疑人是否有犯罪行为,让他陈述有罪的情节或者无罪的辩解,然后向他提出问题。犯罪嫌疑人对侦查人员的提问,应当如实回答。但是对与本案无关的问题,有拒绝回答的权利。 侦查人员在讯问犯罪嫌疑人的时候,应当告知犯罪嫌疑人享有的诉讼权利,如实供述自己罪行可以从宽处理和认罪认罚的法律规定	第一百一十八条 侦查人员在讯问犯罪嫌疑人的时候,应当首先讯问犯罪嫌疑人是否有犯罪行为,让他陈述有罪的情节或者无罪的辩解,然后向他提出问题。犯罪嫌疑人对侦查人员的提问,应当如实回答。但是对与本案无关的问题,有拒绝回答的权利。 侦查人员在讯问犯罪嫌疑人的时候,应当告知犯罪嫌疑人如实供述自己罪行可以从宽处理的法律规定

	2018年《刑事诉讼法》新增条款	2012年《刑事诉讼法》被修条款原文
第二编　立案、侦查和提起公诉	**第二章　侦查** 第一百五十条 公安机关在立案后，对于危害国家安全犯罪、恐怖活动犯罪、黑社会性质的组织犯罪、重大毒品犯罪或者其他严重危害社会的犯罪案件，根据侦查犯罪的需要，经过严格的批准手续，可以采取技术侦查措施。 人民检察院在立案后，对于利用职权实施的严重侵犯公民人身权利的重大犯罪案件，根据侦查犯罪的需要，经过严格的批准手续，可以采取技术侦查措施，按照规定交有关机关执行。 追捕被通缉或者批准、决定逮捕的在逃的犯罪嫌疑人、被告人，经过批准，可以采取追捕所必需的技术侦查措施	第一百四十八条 公安机关在立案后，对于危害国家安全犯罪、恐怖活动犯罪、黑社会性质的组织犯罪、重大毒品犯罪或者其他严重危害社会的犯罪案件，根据侦查犯罪的需要，经过严格的批准手续，可以采取技术侦查措施。 人民检察院在立案后，对于重大的贪污、贿赂犯罪案件以及利用职权实施的严重侵犯公民人身权利的重大犯罪案件，根据侦查犯罪的需要，经过严格的批准手续，可以采取技术侦查措施，按照规定交有关机关执行。 追捕被通缉或者批准、决定逮捕的在逃的犯罪嫌疑人、被告人，经过批准，可以采取追捕所必需的技术侦查措施
	第二章　侦查 第一百六十二条 公安机关侦查终结的案件，应当做到犯罪事实清楚，证据确实、充分，并且写出起诉意见书，连同案卷材料、证据一并移送同级人民检察院审查决定；同时将案件移送情况告知犯罪嫌疑人及其辩护律师。 犯罪嫌疑人自愿认罪的，应当记录在案，随案移送，并在起诉意见书中写明有关情况。 注：本条第二款增加了认罪记录随案移送的规定，以确保认罪认罚从宽制度的有效运行	第一百六十条 公安机关侦查终结的案件，应当做到犯罪事实清楚，证据确实、充分，并且写出起诉意见书，连同案卷材料、证据一并移送同级人民检察院审查决定；同时将案件移送情况告知犯罪嫌疑人及其辩护律师
	第三章　提起公诉 第一百七十条 人民检察院对于监察机关移送起诉的案件，依照本法和监察法的有关规定进行审查。人民检察院经审查，认为需要补充核实的，应当退回监察机关补充调查，必要时可以自行补充侦查。 对于监察机关移送起诉的已采取留置措施的案件，人民检察院应当对犯罪嫌疑人先行拘留，留置措施自动解除。人民检察院应当在拘留后的十日以内作出是否逮捕、取保候审或者监视居住的决定。在特殊情况下，决定的时间可以延长一日至四日。人民检察院决定采取强制措施的期间不计入审查起诉期限。 注：本条是《刑事诉讼法》新增条款，主要是为了解决监察机关移送审查起诉案件的处理问题，体现了《刑事诉讼法》与《监察法》的衔接	
	第三章　提起公诉 第一百七十二条 人民检察院对于监察机关、公安机关移送起诉的案件，应当在一个月以内作出决定，重大、复杂的案件，可以延长十五日；犯罪嫌疑人认罪认罚，符合速裁程序适	第一百六十九条 人民检察院对于公安机关移送起诉的案件，应当在一个月以内作出决定，重大、复杂的案件，可以延长半个月。

续 表

	2018 年《刑事诉讼法》新增条款	2012 年《刑事诉讼法》被修条款原文
第二编 立案、侦查和提起公诉	用条件的，应当在十日以内作出决定，对可能判处的有期徒刑超过一年的，可以延长至十五日。 人民检察院审查起诉的案件，改变管辖的，从改变后的人民检察院收到案件之日起计算审查起诉期限。 注：本条体现了《监察法》与《刑事诉讼法》的衔接，同时对认罪认罚案件审查起诉的期限作了规定	人民检察院审查起诉的案件，改变管辖的，从改变后的人民检察院收到案件之日起计算审查起诉期限
	第三章　提起公诉 第一百七十三条 人民检察院审查案件，应当讯问犯罪嫌疑人，听取辩护人或者值班律师、被害人及其诉讼代理人的意见，并记录在案。辩护人或者值班律师、被害人及其诉讼代理人提出书面意见的，应当附卷。 犯罪嫌疑人认罪认罚的，人民检察院应当告知其享有的诉讼权利和认罪认罚的法律规定，听取犯罪嫌疑人、辩护人或者值班律师、被害人及其诉讼代理人对下列事项的意见，并记录在案： （一）涉嫌的犯罪事实、罪名及适用的法律规定； （二）从轻、减轻或者免除处罚等从宽处罚的建议； （三）认罪认罚后案件审理适用的程序； （四）其他需要听取意见的事项。 人民检察院依照前两款规定听取值班律师意见的，应当提前为值班律师了解案件有关情况提供必要的便利。 注：本条在原有规定的基础上，增加了对认罪认罚案件的处理规定，包括值班律师的参与、认罪认罚情况的审查等内容	第一百七十条 人民检察院审查案件，应当讯问犯罪嫌疑人，听取辩护人、被害人及其诉讼代理人的意见，并记录在案。辩护人、被害人及其诉讼代理人提出书面意见的，应当附卷
	第三章　提起公诉 第一百七十四条 犯罪嫌疑人自愿认罪，同意量刑建议和程序适用的，应当在辩护人或者值班律师在场的情况下签署认罪认罚具结书。 犯罪嫌疑人认罪认罚，有下列情形之一的，不需要签署认罪认罚具结书： （一）犯罪嫌疑人是盲、聋、哑人，或者是尚未完全丧失辨认或者控制自己行为能力的精神病人的； （二）未成年犯罪嫌疑人的法定代理人、辩护人对未成年人认罪认罚有异议的； （三）其他不需要签署认罪认罚具结书的情形。 注：本条是关于认罪认罚具结书签署程序的规定以及三种例外	
	第三章　提起公诉 第一百七十六条 人民检察院认为犯罪嫌疑人的犯罪事实已经查清，证据确实、充分，依法应当追究刑事责任的，应当作出起诉决定，按照审判管辖的规定，向人民法院提起公诉，并将案卷材料、证据移送人民法院。 犯罪嫌疑人认罪认罚的，人民检察院应当就主刑、附	第一百七十二条 人民检察院认为犯罪嫌疑人的犯罪事实已经查清，证据确实、充分，依法应当追究刑事责任的，应当作出起诉决定，按照审判管辖的规定，向人民法院提起公诉，并将案卷材料、证据移送人民法院

	2018 年《刑事诉讼法》新增条款	2012 年《刑事诉讼法》被修条款原文
第二编 立案、侦查和提起公诉	加刑、是否适用缓刑等提出量刑建议，并随案移送认罪认罚具结书等材料。 注：本条在原有规定的基础上，增加了认罪认罚案件中检察机关提出量刑建议的规定	
	第三章 提起公诉 第一百七十七条 犯罪嫌疑人没有犯罪事实，或者有本法第十六条规定的情形之一的，人民检察院应当作出不起诉决定。 对于犯罪情节轻微，依照刑法规定不需要判处刑罚或者免除刑罚的，人民检察院可以作出不起诉决定。 人民检察院决定不起诉的案件，应当同时对侦查中查封、扣押、冻结的财物解除查封、扣押、冻结。对被不起诉人需要给予行政处罚、处分或者需要没收其违法所得的，人民检察院应当提出检察意见，移送有关主管机关处理。有关主管机关应当将处理结果及时通知人民检察院。 注：本条将"行政处分"改为"处分"，主要是因为"处分"既可能是"行政处分"，也可能是"纪律处分"，从而确保立法的周延性	第一百七十三条 犯罪嫌疑人没有犯罪事实，或者有本法第十五条规定的情形之一的，人民检察院应当作出不起诉决定。 对于犯罪情节轻微，依照刑法规定不需要判处刑罚或者免除刑罚的，人民检察院可以作出不起诉决定。 人民检察院决定不起诉的案件，应当同时对侦查中查封、扣押、冻结的财物解除查封、扣押、冻结。对被不起诉人需要给予行政处罚、行政处分或者需要没收其违法所得的，人民检察院应当提出检察意见，移送有关主管机关处理。有关主管机关应当将处理结果及时通知人民检察院
	第三章 提起公诉 第一百八十二条 犯罪嫌疑人自愿如实供述涉嫌犯罪的事实，有重大立功或者案件涉及国家重大利益的，经最高人民检察院核准，公安机关可以撤销案件，人民检察院可以作出不起诉决定，也可以对涉嫌数罪中的一项或者多项不起诉。 根据前款规定不起诉或者撤销案件的，人民检察院、公安机关应当及时对查封、扣押、冻结的财物及其孳息作出处理。 注：本条是新增内容，是针对认罪认罚案件中存在重大立功表现或者涉及国家重大利益的特别规定，以鼓励相关人员检举重大犯罪、维护国家利益	
第三编 审判	**第一章 审判组织** 第一百八十三条 基层人民法院、中级人民法院审判第一审案件，应当由审判员三人或者由审判员和人民陪审员共三人或者七人组成合议庭进行，但是基层人民法院适用简易程序、速裁程序的案件可以由审判员一人独任审判。 高级人民法院审判第一审案件，应当由审判员三人至七人或者由审判员和人民陪审员共三人或者七人组成合议庭进行。 最高人民法院审判第一审案件，应当由审判员三人至七人组成合议庭进行。 人民法院审判上诉和抗诉案件，由审判员三人或者五人组成合议庭进行。 合议庭的成员人数应当是单数。	第一百七十八条 基层人民法院、中级人民法院审判第一审案件，应当由审判员三人或者由审判员和人民陪审员共三人组成合议庭进行，但是基层人民法院适用简易程序的案件可以由审判员一人独任审判。 高级人民法院、最高人民法院审判第一审案件，应当由审判员三人至七人或者由审判员和人民陪审员共三人至七人组成合议庭进行。 人民陪审员在人民法院执行职务，同审判员有同等的权利。 人民法院审判上诉和抗诉案件，由审判

续 表

	2018年《刑事诉讼法》新增条款	2012年《刑事诉讼法》被修条款原文
第三编 审判	注：根据最新的《中华人民共和国人民陪审员法》和《刑事诉讼法》中关于速裁程序的规定，本条对原有合议庭组成的规则做了微调。基层和中级人民法院审理第一审案件时，旧法规定审判员和人民陪审员组成合议庭只能是三人，新法规定可以是三人，也可以是七人，注意是三人或七人，而非三人至七人。 旧法规定，高级人民法院审理第一审案件，审判员和人民陪审员组成合议庭是三人至七人，新法规定是三人或七人，意味着以前可以五人组成合议庭，现在不可以。旧法规定，最高人民法院审理第一审案件可以由审判员和人民陪审员组成合议庭，新法规定只能由审判员组成合议庭。 此外，本条删除了旧法中“人民陪审员在人民法院执行职务，同审判员有同等的权利”和“合议庭由院长或者庭长指定审判员一人担任审判长。院长或者庭长参加审判案件的时候，自己担任审判长”的规定	员三人至五人组成合议庭进行。 合议庭的成员人数应当是单数。 合议庭由院长或者庭长指定审判员一人担任审判长。院长或者庭长参加审判案件的时候，自己担任审判长
	第二章　第一审程序 第一百九十条 开庭的时候，审判长查明当事人是否到庭，宣布案由；宣布合议庭的组成人员、书记员、公诉人、辩护人、诉讼代理人、鉴定人和翻译人员的名单；告知当事人有权对合议庭组成人员、书记员、公诉人、鉴定人和翻译人员申请回避；告知被告人享有辩护权利。 被告人认罪认罚的，审判长应当告知被告人享有的诉讼权利和认罪认罚的法律规定，审查认罪认罚的自愿性和认罪认罚具结书内容的真实性、合法性。 注：本条在原有规定的基础上，增加了认罪认罚案件审查重点的规定，即被告人认罪认罚的自愿性、真实性及合法性	第一百八十五条 开庭的时候，审判长查明当事人是否到庭，宣布案由；宣布合议庭的组成人员、书记员、公诉人、辩护人、诉讼代理人、鉴定人和翻译人员的名单；告知当事人有权对合议庭组成人员、书记员、公诉人、鉴定人和翻译人员申请回避；告知被告人享有辩护权利
	第二章　第一审程序 第二百零一条 对于认罪认罚案件，人民法院依法作出判决时，一般应当采纳人民检察院指控的罪名和量刑建议，但有下列情形的除外： （一）被告人的行为不构成犯罪或者不应当追究其刑事责任的； （二）被告人违背意愿认罪认罚的； （三）被告人否认指控的犯罪事实的； （四）起诉指控的罪名与审理认定的罪名不一致的； （五）其他可能影响公正审判的情形。 人民法院经审理认为量刑建议明显不当，或者被告人、辩护人对量刑建议提出异议的，人民检察院可以调整量刑建议。人民检察院不调整量刑建议或者调整量刑建议后仍然明显不当的，人民法院应当依法作出判决。 注：本条是新增内容，对于认罪认罚案件，人民法院在一般情况下应当采纳检察机关的指控罪名和量刑建议，以不采纳为例外	

	2018 年《刑事诉讼法》新增条款	2012 年《刑事诉讼法》被修条款原文
第三编　审判	**第二章　第一审程序** 第二百二十二条 基层人民法院管辖的可能判处三年有期徒刑以下刑罚的案件，案件事实清楚，证据确实、充分，被告人认罪认罚并同意适用速裁程序的，可以适用速裁程序，由审判员一人独任审判。 人民检察院在提起公诉的时候，可以建议人民法院适用速裁程序。 第二百二十三条 有下列情形之一的，不适用速裁程序： （一）被告人是盲、聋、哑人，或者是尚未完全丧失辨认或者控制自己行为能力的精神病人的； （二）被告人是未成年人的； （三）案件有重大社会影响的； （四）共同犯罪案件中部分被告人对指控的犯罪事实、罪名、量刑建议或者适用速裁程序有异议的； （五）被告人与被害人或者其法定代理人没有就附带民事诉讼赔偿等事项达成调解或者和解协议的； （六）其他不宜适用速裁程序审理的。 第二百二十四条 适用速裁程序审理案件，不受本章第一节规定的送达期限的限制，一般不进行法庭调查、法庭辩论，但在判决宣告前应当听取辩护人的意见和被告人的最后陈述意见。 适用速裁程序审理案件，应当当庭宣判。 第二百二十五条 适用速裁程序审理案件，人民法院应当在受理后十日以内审结；对可能判处的有期徒刑超过一年的，可以延长至十五日。 第二百二十六条 人民法院在审理过程中，发现有被告人的行为不构成犯罪或者不应当追究其刑事责任、被告人违背意愿认罪认罚、被告人否认指控的犯罪事实或者其他不宜适用速裁程序审理的情形的，应当按照本章第一节或者第三节的规定重新审理。 注：本节是新增内容，对速裁程序作了较为详细的规定	
第四编　执行	第二百六十一条 最高人民法院判处和核准的死刑立即执行的判决，应当由最高人民法院院长签发执行死刑的命令。 被判处死刑缓期二年执行的罪犯，在死刑缓期执行期间，如果没有故意犯罪，死刑缓期执行期满，应当予以减刑的，由执行机关提出书面意见，报请高级人民法院裁定；如果故意犯罪，情节恶劣，查证属实，应当执行死刑的，由高级人民法院报请最高人民法院核准；对于故意犯罪未执行死刑的，死刑缓期执行的期间重新计算，并报最高人民法院备案。	第二百五十条 最高人民法院判处和核准的死刑立即执行的判决，应当由最高人民法院院长签发执行死刑的命令。 被判处死刑缓期二年执行的罪犯，在死刑缓期执行期间，如果没有故意犯罪，死刑缓期执行期满，应当予以减刑，由执行机关提出书面意见，报请高级人民法院裁定；如果故意犯罪，查证属实，应当执行死刑，由高级人民法院报请最高人民法院核准

续 表

	2018年《刑事诉讼法》新增条款	2012年《刑事诉讼法》被修条款原文
第四编 执行	注：本条对旧法做了较大的修改，将原来的死刑缓期执行期间故意犯罪一律执行死刑修改为以下两种情形。故意犯罪、情节恶劣的，由最高人民法院核准死刑；情节并非恶劣的，死刑缓期执行期间重新计算	
	第二百七十一条 被判处罚金的罪犯，期满不缴纳的，人民法院应当强制缴纳；如果由于遭遇不能抗拒的灾祸等原因缴纳确实有困难的，经人民法院裁定，可以延期缴纳、酌情减少或者免除。 注：本条对旧法做了一定的修改，增加了特殊情况罚金延期缴纳的规定	第二百六十条 被判处罚金的罪犯，期满不缴纳的，人民法院应当强制缴纳；如果由于遭遇不能抗拒的灾祸缴纳确实有困难的，可以裁定减少或者免除
第五编 特别程序	**第三章　缺席审判程序** 第二百九十一条 对于贪污贿赂犯罪案件，以及需要及时进行审判，经最高人民检察院核准的严重危害国家安全犯罪、恐怖活动犯罪案件，犯罪嫌疑人、被告人在境外，监察机关、公安机关移送起诉，人民检察院认为犯罪事实已经查清，证据确实、充分，依法应当追究刑事责任的，可以向人民法院提起公诉。人民法院进行审查后，对于起诉书中有明确的指控犯罪事实，符合缺席审判程序适用条件的，应当决定开庭审判。 前款案件，由犯罪地、被告人离境前居住地或者最高人民法院指定的中级人民法院组成合议庭进行审理。 第二百九十二条 人民法院应当通过有关国际条约规定的或者外交途径提出的司法协助方式，或者被告人所在地法律允许的其他方式，将传票和人民检察院的起诉书副本送达被告人。传票和起诉书副本送达后，被告人未按要求到案的，人民法院应当开庭审理，依法作出判决，并对违法所得及其他涉案财产作出处理。 第二百九十三条 人民法院缺席审判案件，被告人有权委托辩护人，被告人的近亲属可以代为委托辩护人。被告人及其近亲属没有委托辩护人的，人民法院应当通知法律援助机构指派律师为其提供辩护。 第二百九十四条 人民法院应当将判决书送达被告人及其近亲属、辩护人。被告人或者其近亲属不服判决的，有权向上一级人民法院上诉。辩护人经被告人或者其近亲属同意，可以提出上诉。 人民检察院认为人民法院的判决确有错误的，应当向上一级人民法院提出抗诉。 第二百九十五条 在审理过程中，被告人自动投案或者被抓获的，人民法院应当重新审理。 罪犯在判决、裁定发生法律效力后到案的，人民法院	

续　表

	2018年《刑事诉讼法》新增条款	2012年《刑事诉讼法》被修条款原文
第五编　特别程序	应当将罪犯交付执行刑罚。交付执行刑罚前，人民法院应当告知罪犯有权对判决、裁定提出异议。罪犯对判决、裁定提出异议的，人民法院应当重新审理。 依照生效判决、裁定对罪犯的财产进行的处理确有错误的，应当予以返还、赔偿。 第二百九十六条 因被告人患有严重疾病无法出庭，中止审理超过六个月，被告人仍无法出庭，被告人及其法定代理人、近亲属申请或者同意恢复审理的，人民法院可以在被告人不出庭的情况下缺席审理，依法作出判决。 第二百九十七条 被告人死亡的，人民法院应当裁定终止审理，但有证据证明被告人无罪，人民法院经缺席审理确认无罪的，应当依法作出判决。 人民法院按照审判监督程序重新审判的案件，被告人死亡的，人民法院可以缺席审理，依法作出判决。 注：本章是新增内容，对缺席审判程序作了较为详细的规定	
附　则	第三百零八条 军队保卫部门对军队内部发生的刑事案件行使侦查权。 中国海警局履行海上维权执法职责，对海上发生的刑事案件行使侦查权。 对罪犯在监狱内犯罪的案件由监狱进行侦查。 军队保卫部门、中国海警局、监狱办理刑事案件，适用本法的有关规定。 注：本条对旧法做了一定的完善，主要是增加了享有侦查权的主体，即中国海警局。中国海警局主要履行海上维权执法职责，负责侦办海上发生的刑事案件	第二百九十条 军队保卫部门对军队内部发生的刑事案件行使侦查权。 对罪犯在监狱内犯罪的案件由监狱进行侦查。 军队保卫部门、监狱办理刑事案件，适用本法的有关规定